Histoires Des Conquestes De Mouley Archy, Connu Sous Le Nom De Roy De Tafilet

Germain Moiiette

In the interest of creating a more extensive selection of rare historical book reprints, we have chosen to reproduce this title even though it may possibly have occasional imperfections such as missing and blurred pages, missing text, poor pictures, markings, dark backgrounds and other reproduction issues beyond our control. Because this work is culturally important, we have made it available as a part of our commitment to protecting, preserving and promoting the world's literature. Thank you for your understanding.

HISTOIRE
DES CONQUESTES
DE MOULEY ARCHY,

CONNU SOUS LE NOM DE
Roy de Tafilet ; Et de Mouley
Ifmaël, ou Seméin fon frere, &
fon Succeffeur à prefent Regnant.

*Tous deux Rois de Fez, de Maroc,
de Tafilet, de Sus, &c.*

Contenant une defcription de ces Royaumes, des Loix, des Couftumes, & des
Mœurs des Habitans.

Avec une Carte du Païs, à laquelle on a joint les
plans des principales Villes & Fortereffes du
Royaume de Fez, deffinées fur les lieux.

Par le Sieur G. Moüette, *qui y a demeuré
Captif pendant onze années.*

A PARIS,
Chez EDME Couterot, rue S. Jacques,
au bon Pafteur.

M. DC. LXXXIII.
AVEC PRIVILEGE DV ROY.

A MONSIEUR
LE MARQUIS
DE TORCY.

ONSIEUR,

Quoy qu'il n'y ait point de misere égale à celle de l'esclavage, je n'oserois plus me plaindre de celuy dont la Barbarie m'a veu éprouver les rigueurs, puis-qu'il me donne lieu de vous mar-

ã iij

EPISTRE.

quer aujourd'huy mon zele, en vous presentant l'Histoire moderne des Royaumes de Fez & de Maroc, que j'ay composée pendant le temps que j'y ay esté retenu captif. Elle contient le regne de Mouley Archy dernier Roy de cette partie de l'Affrique, assez connu en France par ses conquestes, sous le nom de Roy de Tafilet. Et celuy de Mouley Ismael ou Semein son frere & son successeur, dont vous avez vû depuis peu l'Ambassadeur à la Cour; & mesme dans la maison de MONSEIGNEUR vostre Pere, qui a conclud & signé par ordre du Roy le traité de Paix que Sa Majesté a bien voulu faire avec ce Prince Af-

EPISTRE.

friquain. Si la maniere dont je l'ay écrite n'eſt ny elegante ny polie, & ſi elle manque des graces & des ornemens qu'une meilleure plume que la mienne auroit eſté capable de luy donner: Du moins, MONSIEUR, vous y remarquerez des evenemens aſſez conſiderables; & j'oſe eſperer qu'à cauſe de ſa matiere, vous ne la jugerez pas tout à fait indigne de porter voſtre Nom à ſa teſte. Il n'y en avoit point qui puſt y eſtre mis à plus juſte titre, le Roy confiant uniquement aux ſoins de ceux de voſtre illuſtre Famille ce qui regarde les Païs Eſtrangers. Tous les Livres qui en parlent ne doivent paroiſtre au jour que

EPISTRE.

sous ses auspices ; & de tous ceux qui ont l'honneur d'en estre ; j'ay crû que vous estiez celuy à qui je devois plûtost m'adresser pour luy dedier le mien : puisque c'est ordinairement à vôtre âge, qu'on se sent le plus enflâmé de cette ardeur de tout apprendre & de tout sçavoir; & de cette loüable curiosité qui est la marque d'un Esprit au dessus du commun. Celle que vous faites paroistre pour les belles choses, est, MONSIEUR, un grand prejugé de ce que vous ferez quelque jour ; Et ne laisse aucun lieu de douter que vous ne soûteniez hautement la gloire de ce sublime & vaste Genie, qui est le partage de toute vostre

.EPISTRE.
maison, & qui semble luy estre
essentiel. Nostre judicieux Monarque, qui sçait si parfaitement
l'art de connoistre les esprits,
& qui ne se trompe jamais à les
distinguer, a bien fait voir qu'il
en estoit persuadé, quand il y
a fait choix de ceux qu'il vouloit élever aux premiers emplois
de son Estat; & quand il a mis
dans une seule Famille un grand
nombre de charges & de dignitez, dont la moindre répandroit
de l'éclat sur les plus considerables du Royaume. C'est dans ces
postes éminents que les grands
hommes qui les occupent se font
admirer tous les jours, & qu'ils
donnent des marques d'une suffisance, & travaillant avec une

ã v

EPISTRE.

application qui ne contentent pas moins leur Maistre, qu'elles sont avantageuses au bien de son peuple. Ce seroit icy le lieu, MONSIEUR, de m'étandre davantage sur les loüanges particulieres de Monseigneur Colbert vostre Oncle, & de Monseigneur du Croissy vostre Pere: mais pourrois-je l'entreprendre sans temerité, n'ayant pas plus d'eloquence que j'en ay? & ne seroit-ce pas ravaler leur gloire, que d'en parler avec des termes si peu dignes d'elle? Où trouverois-je des paroles pour exprimer la vigilance, l'exactitude, la prudence, & toutes les autres vertus, & les merveilleux talens du premier, ce Ministre si

EPISTRE.

éclairé, dont les soins assidus font fleurir le Commerce & les Arts, & naistre l'abondance dans le Royaume ? Comment éleverois-je assez haut cette bonté d'ame & cette affabilité, qui donnent un si facile accés auprés de luy, & qui luy font écouter les plaintes de tous ceux qui recourent à sa protection ? Que dirois-je enfin pour loüer dignement l'estime qu'il fait des personnes doctes, ou que quelqu'autre talent extraordinaire rend recommandables, le soin qu'il prend de les aider de son credit & de sa faveur ? Serois-je non plus capable de faire concevoir une parfaite idée de ce jugement solide, de cette force de genie, & de cette gran-

EPISTRE.

de intelligence dans les affaires que Monseigneur vostre Pere a fait paroistre lors des Traitez de Paix d'Aix-Lachapelle & de Nimegue, qu'il a conclud en qualité de Plenipotentiaire de la France; aussi bien que dans les autres glorieuses Ambassades dont Sa Majesté l'a honoré : Et sur tout dans celle de Baviere où il a traité un mariage qui comble aujourd'huy le bon-heur de l'Estat par la naissance d'un Prince qui en doit estre la gloire & l'appuy. Tout cela, MONSIEVR, est infiniment au dessus de mes forces, ce sont des choses qui ne doivent estre décrites que par des plumes celebres; & qui ne rendent pas

EPISTRE.

moins fameux ces deux habiles & parfaits Ministres, parmy les Nations les plus éloignées que chez les François. I'en dois estre un assez bon témoin, à mon retour d'une captivité d'onze années. Ie n'ay rien appris sur leur sujet que je ne sçeusse dés la Barbarie, & que je n'eusse aussi bien ouy publier à Miquenez qu'à Paris. Mais, MONSIEVR, je m'apperçois qu'en voulant m'excuser de toucher à leurs loüanges, j'en ay déja plus dit sans y penser que je n'en avois le dessein. Ie reviens à mon Ouvrage, & je finis en vous disant que je n'en tireray pas peu de vanité, s'il a le bon-heur de ne vous pas déplaire, & de

EPISTRE.

vous divertir quelques momens; & que ie me tiendray trop payé de la peine que j'ay prise à le faire, pourveu qu'il me produise ce fruit, & qu'il m'obtienne la permission de me dire avec un profond respect,

MONSIEUR,

Voftre tres-humble & tres-
obeïssant serviteur,
G. MOÜETTE.

PREFACE.

Es Roys dont j'écris les vies & les conqueſtes dans cette Hiſtoire, ont fait aſſez de bruit dans le monde pour eſperer qu'on ſera bien-aiſe d'eſtre informé de leur origine, & de leurs principales actions. C'eſt ce que j'entreprens de faire ſur les memoires qui m'ont eſté donnez par des perſonnes de probité & dignes de foy, reconnus pour tels, generalement dans leur païs, où j'ay eu occaſion de les entretenir ſouvent, pendant onze ans d'un ennuyeux ſejour que j'y ay fait, & par le moyen des langues Eſpagnolle & Arabeſque que j'ay eu le loiſir d'apprendre.

PREFACE.

Le premier de ces Princes fut Mouley Archy, ce fameux Conquerant des deux Mauritanies, qui a esté si connu en France & dans toute l'Europe, sous le nom de Roy de Tafilet. Il estoit fils de Mouley Cherif, & frere de Mouley Mahamet Roys de Tafilet, qui se disoient Cherifs, issus du sang de Mahomet, par le mariage de sa fille appellée Fatma, avec Mouley Haly son neveu, dont les descendans se répandirent dans les Royaumes qui avoient embrassé l'Alcoran. Mouley Meherez l'un d'eux, qui commandoit les Arabes, qui s'estoient habituez dans le Royaume de Tripoly, voloit tous les Marchands & les Pelerins des Royaumes de Tremesen, de Fez, de Maroc, de Tafilet & de Sus qui alloient à la Mecque; ce qui obligea le Roy de Maroc de se mettre en campagne pour arrester ses courses. Aprés l'avoir vaincu

PREFACE.

& defarmé, il l'amena avec les fiens, pour habiter dans les Provinces de Tafilet, de Sara, & de Dras, qui font au delà de l'Athlas.

Mouley Meherez devenu vaffal, vécut depuis comme une perfonne privée; il avoit grand nombre d'enfans, & la pauvreté dans laquelle il eftoit reduit, ne luy permettant pas de les entretenir felon leur qualité, ils le quitterent, & fe répandirent deçà & delà dans l'étenduë de ces Provinces; quelques-uns mefmes pafferent avec les Arabes qui habitoient les plaines des Royaumes de Fez & de Maroc, defquels ils en furent fort bien receus, & vécurent parmy eux en grande confideration; mais ils fe multiplierent tellement, qu'aujourd'huy les Villes & les Provinces font remplies des defcendans de ces Cherifs, qui font la plufpart miferables.

PRÉFACE.

Environ l'année 1500. lorsque les affaires des Chrestiens prosperoient en Afrique, & qu'Emanuel Roy de Portugal, par un zele Chrestien, voulut poursuivre les glorieuses conquestes que le Roy Dom Juan son pere y avoit commencées, par la prise des Places Maritimes de Ceoüta, de Tanger, d'Alcassar, d'Arzille, d'Azamor, de Mazagam, & d'Aguader-Aguer, appellé communément Sainte Croix par les Chrêtiens. Il y avoit dans la Numidie un Caciz naturel de Tigumedet, village de la Province de Dras, qui commança d'y acquerir une grande reputation. Cet homme qui estoit fort sçavant dans les sciences naturelles, & sur tout grand Negromancien, se nommoit Mahamet Ben-hamet Cherif, & il se disoit de la lignée de Mahomet, comme descendant de ce Mouley Meherez dont je viens

PREFACE.
de parler, qui eſtoit le premier autheur de cette race dans le païs qu'il habitoit.

Ce Caciz qui avoit trois enfans, nommez Abdel-Quivir, Mahomet, & Hamet, reſolut en l'année 1506. d'envoyer les deux plus jeunes en pelerinage à la Mecque, pour viſiter le ſepulchre de Mahomet, à cauſe que ceux d'entre les Maures qui font ce voyage, ſont à leur retour conſiderez & reſpectez comme Saints : Ils joignirent par ce moyen à la qualité de Cherifs celle de Morabites, qui les rendit beaucoup plus aimez & honorez des Barbares ; car ils n'alloient en aucun lieu que la populace ne fuſt au devant d'eux pour leur baiſer la robbe, & lorſqu'ils marchoient par les ruës de quelque Ville, les Maures crioient toûjours *Alla arby Mouley Nan, Cidna arra ſoull-illa*, qui veut dire, Dieu eſt noſtre Dieu & noſtre

PREFACE.

Maiſtre, & Mahomet eſt ſon Prophete, & ne mangeoient que de ce qu'on leur donnoit par aumône & pour l'amour de Dieu. Ceté hypocriſie politique qui leur avoit acquis cette grande reputation, confirma le peuple dans la croyance qu'il avoit, que de ſi ſaints perſonnages ne pouvoient eſtre ſortis que du ſang de Mahomet leur Prophete. Lors qu'ils furent de retour à Tigumedet, leur pere Mahamet fit de grandes réjouïſſances, de voir qu'ils commençoient ſi bien à faire réüſſir le deſſein qu'il avoit, de les voir élevez au deſſus de tous les autres Maures, comme ſon art le luy promettoit.

Pour executer les grandes choſes à quoy il les animoit, ils ſe ſervirent des moyens & entreprirent les guerres qui ſont rapportées par les Autheurs qui ont écrit leur Hiſtoire, que je ne rappor-

PREFACE.
teray point icy. Je diray feulement qu'aprés avoir remporté quelques avantages en guerre ouverte, contre Mouley Hamet Elotaz Mariny Roy de Fez, & leur bienfaicteur (des enfans duquel l'un d'eux avoit esté Precepteur) & qui leur avoit pour ainsi dire mis les armes à la main pour s'en servir contre luy. Et aprés avoir fait mourir par une signalée trahison le Roy de Maroc en 1519. qui les avoit receus à la Cour, avec toutes sortes d'honneurs. Ils s'intitulerent Rois de Fez & de Sus, & allerent assieger la ville de Tafilet, qu'ils prirent aprés l'avoir battuë avec l'artillerie qu'ils avoient gagnée sur le Roy de Fez en la bataille de Bua-Cuba. Quivir l'aisné des deux eut ce Royaume pour son partage, & aprés luy ses Successeurs y ont toujours regné.

Cependant le Roy de Fez ex-

PREFACE.

tremement fasché de voir ces Cherifs plus puissans que luy, arma une seconde fois contr'eux pour tascher de les détruire: Mais il n'y fut pas plus heureux que la premiere. Mahomet & Hamet eurent en suite de sanglantes guerres, dans lesquelles le Cherif Mahomet, qui estoit demeuré Roy de Maroc, receut de grands secours d'Elotaz Mariny Roy de Fez, avec qui il avoit fait la paix. Mais depuis les deux Cherifs s'étant accordez, le Roy de Maroc oubliant les obligations qu'il avoit au Roy de Fez, tourna ses armes contre luy, & le fit prisonnier dans une bataille avec un de ses fils, & les contraignit de luy donner pour leur rançon la ville de Miquenez.

Peu de temps aprés le Cherif de Maroc remit pour la troisiéme fois son armée en campagne contre Mariny Roy de Fez, & l'assie-

PREFACE.

gea dans sa Ville capitale, qui luy fut remise avec tout le Royaume, au mois de Fevrier de l'année 1550. Apres que le Cherif en eut pris possession, & qu'il se fust logé au Palais, tous les Alcaydes & les Grands du Royaume luy preterent le serment de fidelité, & luy rendirent hommage. Ensuite il épousa l'Ela-iû fille de Mariny, avec de grandes magnificences; le pere de laquelle il exila peu de temps aprés dans la Province de Dras. Le Prince son frere dans la ville de Tarudant: un de ses oncles dans celle de Maroc, & ses autres parens en d'autres lieux, où ils finirent leurs jours sans plus se revoir. Depuis ce temps-là ce Cherif ayant eu d'autres guerres avec le Hamet son frere puisné, qui estoit Roy de Sus. Il perdit ses Royaumes, & se vit contraint avec ses enfans de se retirer à Tafilet auprés de son aisné, où il

PREFACE.

finit sa vie. Le plus jeune des deux Cherifs demeurant ainsi Roy de Maroc, de Fez, & de Sus.

C'est de ces Cherifs que Mouley Archy, & les Rois de Tafilet ses predecesseurs tirent leur origine. Et quoy qu'il y ait plusieurs autres Cherifs dans la Barbarie, qui se disent aussi descendus de Mahomet, ceux de Tafilet, comme les plus nobles, sont les plus honorez, à cause que les Maures ont cette croyance qu'ils descendent directement de Fatma, fille de ce faux Prophete, & que les autres ne viennent que de ses neveux. C'est la raison pour laquelle lorsque le Roy de Fez écrit à d'autres Rois, il ne prend point d'autres qualitez que celle de Cherif, croyant qu'il n'y en peut avoir de plus relevée, & qu'elle surpasse les dignitez de Rois, d'Empereurs, & de Vainqueurs du monde, à cause du sang de Mahomet,

PREFACE.
Mahomet, qu'ils tiennent estre le Favory de Dieu.

Celuy dont j'ay appris la plus grande partie de l'Histoire de Mouley Archy, sa genealogie, & ses conquestes, estoit Talbe & Docteur de la Loy: Il s'appelloit Bougiman; il avoit esté du temps de ce Prince Secretaire de l'Alcayde Cidan, qui estoit l'un de ses plus favoris, & il s'estoit trouvé à la suite de son Maistre à toutes les conquestes & à toutes les guerres de Mouley Archy. Depuis que Cidan fut assassiné par les Grands du Royaume pour les raisons que je diray ailleurs, & que les biens de Bougiman, qui estoient dans Fez la vieille, eurent esté pillez, les Habitans de cette Ville le chafferent, & il se retira dans Fez la neuve, où il exerça le métier de Peintre, & de Sculpteur en plastre, qu'il avoit appris dans sa jeunesse; Et parce que je travail-
ẽ

PREFACE.

lois aussi de ce mestier, j'eus tout le loisir d'apprendre de luy ce que j'en desirois sçavoir.

Comme il estoit naturellement curieux, il s'enquit aussi de moy de beaucoup de choses, dont il n'avoit pas la connoissance: ce qui lia entre nous une amitié si forte, qu'il faisoit pour moy tout ce que je desirois. Je ne m'estudiay dans les commancemens, & pendant que nous fusmes à Fez, que d'apprendre à fonds la vie & l'origine de Mouley Archy, & qu'à tenir un journal exact de tout ce qui se passoit de plus considerable du Regne de Mouley Seméin.

Lorsque ce Prince transfera ses Captifs à Miquenez, où il établissoit sa Cour, Bougiman y vint aussi demeurer, à cause qu'il estoit employé aux ouvrages du Roy. Il acquit en peu de temps une si grande reputation dans cette Ville, que le principal Talbe de la

PREFACE.

grande Mosquée, luy donna une de ses filles en mariage, pour l'odeur de la bonne vie qu'il menoit, à cause qu'il étoit plus que religieux observateur des preceptes de l'Alcoran, en jeusnant plus qu'il ne commandoit. C'estoit un homme simple, sans malice, & fort affable : Je ne luy ay jamais oüy proferer une parole rude à qui que ce fust. Et lors qu'il nous voyoit maltraiter, il faisoit son possible pour nous excuser envers ceux qui nous commandoient.

Je travaillay avec luy plus de trois ans, pendant lesquels je m'informay avec soin de beaucoup de choses, qui ne m'étoient point tombées en la pensée, pendant que nous estions à Fez. Il m'aprit la maniere du gouvernement & la politique des Rois de Fez & de Maroc ; leur puissance, leurs revenus, & leurs exercices, dont j'avois déja remarqué quelque chose. Il

PREFACE.
m'enseigna les principaux points de leur Religion, & me sollicita mesme plusieurs fois de l'embrasser: Et lorsqu'il mourut de la peste en l'année 1680. il témoigna un sensible regret de n'avoir pû y réussir. Il me declara aussi la maniere que les Bourgeois des Villes, les Arabes, & les Barbares de la campagne vivoient chacun chez eux: les exercices de leurs femmes, l'education de leurs enfans; les ceremonies de leurs mariages, & de leurs enterremens. Il me dressa luy-mesme une Carte de tous les Païs où il avoit esté avec Mouley Archy; avec une description, & les noms des Provinces, des Villes, des Fleuves & des Rivieres; des animaux, des fruits, & des marchandises qui se pouvoient tirer de chaque Païs. C'est de ces instructions familieres que j'ay tiré la matiere de cet Ouvrage, & plusieurs Chrêtiens qui avoient accompagné

PREFACE.
Mouley Archy dans la conduitte de son artillerie m'ont confirmé la verité de tout ce qu'il m'avoit dit.

Mais afin d'oster au Lecteur tout sujet d'en douter, & de luy faire voir que cette Histoire a esté écrite sur les lieux, je luy diray que le jour de Noël de l'année 1680. le Sieur Barthelemy Gautier, frere du Consul de Salé, arriva à Miquenez, pour solliciter auprés du Roy le restablissement de son frere, que l'Alcayde Amarhadou, Vice-Roy des Algarbes, avoit chassé du Païs, à cause qu'il n'avoit pas obey assez promptement aux ordres qu'il luy avoit envoyez, de se trouver à Alcassar, lorsque les deputez du Chevalier de Chasteau Regnaud s'y rendirent, n'y estant arrivé que deux jours aprés qu'ils en furent partis.

Gautier accompagné d'un Marchand Bayonnois, & d'un autre Espagnol, vint plusieurs fois se

e iij

PREFACE.

promener dans noſtre priſon : & comme il ſçavoit que j'avois compoſé cette Hiſtoire, & que le Conſul ſon frere m'avoit écrit pluſieurs fois pour en avoir une copie, que je luy avois refuſée, il me la fit demander par le Marchand Bayonnois, au nom de Monſieur Catalan Conſul de la Nation Françoiſe à Cadis, qui s'intereſſoit pour ma liberté. Ce Marchand me dit que Gautier n'oſoit me la demander luy-meſme, à cauſe qu'il n'avoit pas ſur luy la lettre de Monſieur Catalan, qu'il avoit oubliée à Salé. Comme je croyois qu'on me parloit ſincerement, que j'avois crainte de fâcher Monſieur Catalan ſi je la refuſois, & que j'en avois deux copies, je luy donnay la ſatisfaction qu'il deſiroit, en luy en donnant une.

Peu de jours après le depart de Gautier, quelques Juifs partant de Miquenez pour aller trafiquer à

PREFACE.

Tanger, j'écrivis une lettre par leur moyen à Monsieur Catalan, par laquelle je luy donnois avis, que je n'avois pas manqué d'executer les ordres que Gautier m'avoit donnez de sa part, touchant le manuscrit qu'il avoit souhaité de voir, que je luy avois remis. Et au mois de Fevrier en suivant ayant receu la liberté, le R.P. Mege l'un de nos Redempteurs partit de Miquenez pour aller à Salé rachepter quelques Captifs: Je le priay de s'informer de Gautier s'il avoit envoyé mon manuscript à Cadiz. Lorsque le R.P. fut de retour à Toutoüan où nous l'attendions ; il me dit que Gautier en avoit fait une copie, qu'il luy avoit donnée à lire: & qu'il luy avoit répondu lorsqu'il luy en avoit parlé, que l'original que je luy avois donné à Miquenez, estoit à Cadiz. Au mesme instant j'écrivis encore à Monsieur Catalan par la voye de Ceoüta,

PREFACE.

pour luy donner avis de ma liberté, & pour le remercier des bontez qu'il m'avoit témoignées, ajoûtant que j'avois donné à Gautier l'un de mes manuscrits, qu'il m'avoit fait demander de sa part, & que je le priois de me faire sçavoir s'il l'avoit receu. Le 7. Avril suivant Monsieur Catalan me fit cette réponse.

Monsieur. J'ay esté bien aise d'avoir appris par vostre lettre du 27. Mars dernier vostre liberté, pour laquelle il est vray que j'avois prié le Sieur Messonnier de vouloir fournir deux cens écus; mais comme dans ce temps là le Sieur Messonnier n'executa l'ordre, parce qu'il faloit plus d'argent, la chose resta ainsi, jusqu'à une autre occasion. Mais dans celle-cy que vous estes racheptè, je crois que vous estes content. Je suis estonné comment le Sieur Gautier vous a demandé l'Histoire que vous aviez écrite, & mesme que vous l'eussiez délivrée sans vous en avoir prié. Ledit Sieur Gau-

PREFACE.

tier l'a fait sans mon ordre, & pour ses fins particulieres, & sans doute pour la remettre en France, ou la copie que vous dites qu'il en a tiré. Ie sçauray à qui il aura pû envoyer icy l'original, & si je le puis avoir, je vous le remettray à Marseille. En attendant vous m'écrirez par toutes voyes, & soyez tres-persuadé que je vous témoignetay en toutes rencontres, que je suis, Monsieur, vostre tres-humble serviteur: P. CATALAN.

Apres que j'eus receu cette lettre, je la fis voir au R. P. Mege, & à tous les Chrestiens racheptez, qui me dirent qu'assurément Gautier avoit envoyé mon Manuscrit en France, pour parvenir à ses fins, & qu'ils estoient prest de m'en signer une attestation, afin de m'en servir contre luy, en cas qu'il l'eût fait imprimer. J'acceptay volontiers leurs offres, & ils me firent cette attestation en cette forme.

Nous Paul le Vasseur de la ville de Pontoise, Iean Prieur de Poitiers,

PREFACE.

Iean Lecomte de Roüen, Mathurin de Romigny de Nantes, Claude Penamen d'Audierne en Bretagne, Claude Lanuzel de Brest, Nicolas Gaillard de Saint Malo, Iulien Chevalier de Paris, Mathurine Millaud de la Rochelle, & Bernard Bausset d'Aubaigne en Provence: Certiffions à tous qu'il appartiendra, comme le Sieur Germain Moüette, natif du Bourg de Bonnelle, du Diocese de Chartres, est le seul de tous les Captifs en ce Royaume qui a travaillé à la composition de l'Histoire des derniers Rois de Fez & de Maroc, avec beaucoup de peine. Laquelle luy a méchamment esté surprise au mois de Decembre dernier, par le Sieur Gautier Marchand à Salé, sous couleur de la remettre és mains de Monsieur Catalan Consul François à Cadiz, qu'il sçavoit procurer sa liberté, afin de le frustrer de ses peines, en la remettant en France pour en disposer à sa volonté. A raison de quoy ledit Sieur Moüette nous a requis le present acte,

PREFACE.

que nous avons sous signez de nos mains, pour s'en servir contre ledit Gautier, & tous autres qui se voudront ingerer de le faire imprimer sans son aveu, sous quelque titre que ce puisse estre. Fait à Toutouan au Champ de Martin le 25. Avril 1681. ainsi signé Paul le Vasseur, Iean Lecomte, Mathurin de Romigny, Iean Prieur, Mathurin Millaud, Claude Penamen, Nicolas Gaillard, Claude Lennzel, P. Havard de Roüen, Iullien Chevallier, Bernard Bausset d'Aubaigne en Provence. Et plus bas, F. MEGE Redempteur de France, vidi & legi à Salé.

Je pourrois encore produire d'autres lettres qui confirment tout ce que je viens de dire; mais comme je crois que le Lecteur en sera tres-persuadé, je n'allegueray rien davantage pour ne me rendre pas ennuyeux, me reservant de le faire lorsque je luy donneray l'Histoire de ma Captivité, qui ne sera pas moins curieuse que celle-cy, à cau-

PREFACE.
fe de la diverfité des chofes & des évenemens dont elle fera remplie ; l'un defquels entr'autres arrivé à un Captif appellé Bernard Beauffet, tient tellement du miracle, que depuis le fiecle de Daniel il ne s'en eft guere vû de plus memorable.

J'ay efté affez furpris dans la lecture de la petite Relation du voyage des R R. PP. de la Mercy, de voir que le Sieur Defmay qui l'a donnée au public, avance que je luy ay fourny mes memoires, afin de les publier un jour. Il eft bien vray que je les avois communiquez aux RR. PP. de la Mercy, mais non pas afin qu'il y mift rien de fa part, puifqu'ils eftoient dans le mefme ordre que je les donne aujourd'huy.

Au refte je me fuis moins attaché à l'elegance & au ftyle dans ma narration, qu'à la verité des chofes, & à la fimplicité que j'employe, dont j'efpere que le Lecteur me fçaura quelque gré.

HISTOIRE

HISTOIRE
DES CONQUESTES
DE MOULEY ARCHY,
connu sous le nom de Roy de Tafilet, & de Mouley Ismaël son Frere & son Successeur à present regnant : Tous deux Rois de Maroc, de Tafilet, de Sus, &c.

LIVRE PREMIER.

E ne consulte peut-estre pas assez mes forces, quand j'entreprens d'écrire l'Histoire des dernieres guerres & revolutions des Royaumes de Tafilet, de Fez & de Maroc; & d'y joindre un recit assez ample de leur gouvernement,

A

des mœurs & de la Religion de leurs peuples. J'avoue que je suis entierement dépourveu d'éloquence, & qu'une captivité de prés de onze années chez des Barbares qui me prirent sur mer à l'âge de dix-neuf ans, a pû me faire oublier une partie de la langue Françoise. Toutefois considerant que ce n'est pas tant la politesse que la verité qu'on cherche dans les Relations & les Histoires des Païs étrangers, j'ay crû que la rudesse de mon stile ne me devoit pas empescher d'entreprendre un Ouvrage, dont la matiere est d'elle-mesme assez digne de la curiosité du Lecteur, & auquel je puis assurer que j'ay apporté toute la fidelité & l'exactitude qui m'a esté possible, ayant appris tout ce qui concerne les Guerres dont je traite, de personnes dignes de foy, qui y avoient esté presentes ; & ayant pû connoistre par moy-mesme la plus

du Royaume de Maroc.

grande partie de ce que je dis touchant l'état du pays, & les coutumes qui s'y observent.

Mouley Cherif Roy de Tafilet dont ils racontent la genealogie jusqu'au faux Prophete Mahomet, de qui ils le font décendre par sa fille Fatime, eut quatre-vingt-quatre enfans mafles, & cent vingt-quatre filles: les principaux desquels & qui luy ont succedé en partie sont, Mouley Mahamet Roy de Tafilet; Mouley Quivir; Mouley Aran, Mouley Meherez, Mouley Archen, Mouley Archy qui fut aussi Roy de Tafilet, de Fez, de Maroc & de Sus, Mouley Bouferez; Mouley Ismaël ou Semeïn Roy de Tafilet, Fez & Maroc à present regnant, & Mouley Hamet Serere leur cadet. Mouley Cherif ayant gouverné le Royaume de Tafilet pendant plusieurs années, mourut regreté de tous ses sujets, qui reconnûrent

Origine des Rois de Fez.

Mouley Mahamet son fils aisné pour leur Roy, & se réjoüirent de son avenement à la Couronne, le connoissans aussi plein de bonté,& aussi juste que son pere.

Revolte de Mou-ly A-ci y & ses prisons.
Ce Prince gouvernoit paisible-ment son Estat,& vivoit sans aucu-ne défiance,lorsque Mouley Archy son frere dont le cœur fier & am-bitieux ne pouvoit se resoudre à obeïr, se revolta contre luy, se retirant de sa Cour, accompagné de trois des Alceydes, nommez Bargua Susy qui estoit noir, Be-gual & Tufer qui estoient Arabes avec quelques soldats qui les sui-virent & prirent le chemin de la Province de Dras, pour y faire quelqu'entreprise ; Mouley Maha-met voulant éteindre ce feu dés sa naissance, le suivit aussi-tost avec de la cavallerie, & l'ayant atreint, le prit,& les gens qui l'a-voient accompagné. Il condamna ceux-cy à avoir les jarets coupez,

puis a estre traînez à la queuë des mulles, & se contenta d'enfermer son frere dans une prison. Mouley Archy trouva le moyen de se sauver peu de temps aprés, & d'assembler quelques troupes, avec lesquelles il commença à se faire craindre ; mais Mouley Mahamet l'ayant défait & pris une seconde fois, il le fit reserrer plus étroitement qu'auparavant, deffendant à ses gardes de ne le luy laisser voir personne, ny de laisser entrer dans sa prison qu'un de ses plus fidelles Noirs, pour luy porter à manger, & les autres choses dont il auroit besoin. Il fut long-temps dans cette prison sans en pouvoir sortir ; mais enfin il fit si bien à force de flatterie & de promesses, qu'il corrompit ce Noir qui le servoit, & ayant remarqué que la porte de la tour, qui répondoit sur les jardins, n'estoit condamnée que d'un petit mur de brique, il fit pro-

6 *Histoire*
mettre au Noir qu'il apporteroit la nuit suivante deux pics pour y faire une ouverture, & de luy tenir prests des armes & des chevaux. A quoy le Noir n'ayant pas manqué, ils travaillerent si bien tous deux, l'un par dedans, & l'autre par dehors, qu'en peu de temps ils eurent rompu la muraille. Ainsi Mouley Archy se vit encore une fois en liberté ; mais il recompensa fort mal le Noir, de l'important service qu'il venoit de luy rendre ; car cét esclave s'estant baissé par son commandement pour luy accommoder ses esperons ; il luy déchargea sur le col deux coups de son cimeterre, qu'il avoit tiré, sous pretexte de voir s'il estoit bon ; & le renversa mort à ses pieds, voulant fuir seul, de peur d'estre reconnu, & ne jugeant pas à propos de se fier à celuy qui avoit trahy son Prince, & qui peut-estre ne luy seroit pas plus fidelle,

Mouley Archy mis en liberté & tué son liberateur.

du Royaume de Maroc.

quand il trouveroit quelqu'un qui entreprendroit de le corrompre.

Il gagna en diligence la ville de Zaoüias, qui donne son nom à toute la Province où elle est située, & où commandoit le Morabite Benbucar, que les habitās avoient éleu pour leur Prince à cause de sa vertu. Ceux qu'on appelle Morabites en Afrique sont à peu prés comme les Philosophes des Payens, ou comme les Religieux parmy nous, horsmis qu'ils ne vivent pas en commun. Ils font profession de science & de sainteté, & quelques-uns se retirent dans les deserts, où ils vivent comme nos Hermites. Le peuple les a en extrême veneration, & va quelquefois les chercher jusqu'au fond de leur solitude pour leur mettre la couronne sur la teste comme il avoit fait à Benbucar. Mouley Archy cachant ce qu'il estoit, alla luy offrir son service en qualité de sim-

Retraite de Mouley Archy aux Zaoüias.

ple soldat : Ce bon vieillard le reçût favorablement, & le jugeant homme de merite, il luy donna dans la suite divers emplois. Archy s'en acquita si bien qu'il acquit en peu de temps son amitié. Mais un jour qu'il passoit devant quelques Arabes de Tafilet qui avoient apporté des dattes à vendre, il en fut reconnu, & ils allerent le saluer comme le frere de leur Prince. Les fils du Benbucar ayant sçû qui il estoit, & le soupçonnant de n'estre pas venu dans les Estats de leur pere dans ce déguisement, sans avoir quelque dessein, resolurent de le faire mourir, & luy dresserent embuscade, dont il échapa, & se sauva à Quiviane. Celuy qui gouvernoit cette Ville, s'appelloit Haly Soliman, que les Barbares avoient choisi pour leur Prince, à cause de sa prudence & de sa valeur. Mouley Archy luy offrit son service, comme il avoit fait à Ben-

A Quiviane.

bucar : Haly l'accepta volontiers, luy donna d'abord une Charge dans son Palais, & dans peu l'aima de telle sorte, & eut si bonne opinion de son merite & de sa suffisance, qu'il le fit Intendant de sa Maison, & de ses Finances, & Chef de la Justice, se déchargeant sur luy presque de tout le soin du gouvernement. Il s'acquit dans ces grands emplois la faveur & la bien-veillance du peuple par son equité & par sa protection, qui les deffendoit de l'oppression des riches & des Grands ; Il faisoit du bien à tout le monde ; il assistoit les pauvres de ses liberalitez ; Il prenoit la deffence des orphelins & des veuves ; si bien que tous le regardoient comme un Ange envoyé du Ciel pour les soulager, & publioient sans cesse ses loüanges. Il n'en paroissoit point plus superbe, & donnoit la gloire de tout ce qu'il faisoit, à son Maistre, qui par ce moyen le cheriſſoit de plus en plus, & ſe confioit davantage en luy ; mais il ne connoiſſoit pas Mouley Archy, qui ſans eſtre touché des obligations qu'il luy avoit, couvoit le deſſein de s'emparer de ſon Eſtat, perſuadé qu'eſtant aimé du peuple, comme il l'eſtoit, il ne luy ſeroit pas difficile de s'en rendre maiſtre. Il voulut commencer par s'aſſurer de quelque fortereſſe, & il ſurprit le Chaſteau de Dar-Michal, ſous pretexte de viſiter le Gouverneur, qu'il fit mourir dans les tourmens, pour luy faire confeſſer où il avoit caché ſes treſors. Il oſta à un Juif, qui demeuroit dans le meſme Chaſteau, la valeur de plus de deux cent mil metecals, qui font preſque un million de noſtre monnoye, qu'il avoit amaſſé dans le commerce general de tout le Païs, qu'il avoit exercé luy ſeul ; enſuite ayant fait aſſembler le peuple des environs,

Surpriſe du Dar-Michal dont M. Archy fait mourir le Gouverneur.

& luy ayant diſtribué quelque argent, il luy parla de cette ſorte.

Mes chers amis, noſtre grand Prophete Mahomet m'a envoyé vers vous pour ranger ce païs ſous une plus douce domination, comme eſtant ſorty de ſon ſang par la maiſon de Tafilet, où j'ay pris naiſſance. Je ſuis fils de Mouley Cherif, & frere de Mouley Mahamet, aujourd'huy Roy de Tafilet ; ainſi vous voyez que vous ne pouvez choiſir pour vous commander un Prince plus illuſtre que moy pour la naiſſance. Quant au merite, il me ſieroit mal d'en parler, & vous avez pû connoiſtre vous-même par experience ce que je vaux depuis que j'exerce les premiers emplois de cet Eſtat. J'ay toûjours tâché de ne point donner de mécontentement à perſonne, & vous devez croire que ſi je vous ay fait quelques biens, n'eſtant encore que le Miniſtre d'un autre, je vous

Harangue de Mouley Archy.

A vj

en feray d'incomparablement plus grands quand je feray moy-même le Maiftre, & quand le defir que j'ay de vous rendre heureux, fera joint avec le pouvoir que j'en auray. Ne balancez donc point, mes chers amis : à vous declarer en ma faveur. La confideration & le refpect de celuy qui vous commande jufqu'icy, n'a pas droit de vous retenir : Il s'eft rendu indigne du pouvoir que vous luy avez donné fur vous, par le peu d'amour qu'il fait voir pour fon peuple, & le peu de foin qu'il prend des affaires de fon Eftat. Les Princes en montant fur le Trône, doivent fe fouvenir qu'ils ne font fi haut élevez que pour découvrir de plus loin les befoins de leurs fubjets, & y remedier promptement : ils ceffent d'eftre à eux-mêmes auffi-toft qu'ils commencent d'eftre maîtres des autres ; & s'ils negligent les affaires pour fe plonger dans les delices & l'oisiveté, ils meritent d'estre déposez. Je ne vous convie à m'élire pour vostre Roy qu'à condition de subir cette loy. Si je ne réponds pas à ce que je veux faire esperer de moy : obeïssez-moy tant que j'en seray digne, & cessez de me reconnoistre dés que je ne le seray plus. Ne craignez point d'estre desavoüez des habitans de Quiviane, & des autres lieux ; j'ay sujet d'esperer qu'ils approuveront vostre choix, & suivront à l'envy vostre exemple.

Cette harangue eût tout l'effet que Mouley Archy souhaitoit ; car Checq Loüéty, Chef des principales familles de ce peuple, accompagné de plusieurs autres Checqs le saluä pour Roy au nom de tous ces Barbares, & luy presta le serment de fidelité, & le supplia de luy donner les ordres necessaires pour leur défense, ce qu'il remit au lendemain ; cependant

M. Archy declaré Roy par les Arabes du Dara Michala

Haly Soliman qui n'avoit point prévû un tel coup, voyant qu'il ne pouvoit remedier à une telle surprife qu'en affaillant fon ennemy, avant qu'il fe rendift plus fort, ramaffa fix à fept mil Barbares qu'il fit marcher contre luy ; mais Mouley Archy, qui ne vivoit pas fans prévoyance, fut averty par fes efpions que fon ennemy fe mettoit en campagne pour venir le détruire. Sur ce rapport il fit marcher fes troupes, & dépefcha encore de nouveaux efpions pour connoiftre la marche d'Haly Soliman : Ayant appris qu'il eftoit proche, pour ne luy pas donner toute la peine, il luy alla au devant, & campa dans une plaine, où il vouloit luy livrer la bataille. Mouley Archy n'avoit que mil cinq cens hommes de pied, armez de fléches & de fufils, & quelques fix cens lanciers à cheval, bien payez, & fort refolus de faire merveille

au combat; au lieu que ceux d'Haly Soliman venoient sans avoir
rien receu & comme par force, &
avec la resolution de se ranger
plûtost du costé de l'ennemy que
de le combattre, ce que firent la
plûpart avant d'en venir aux
mains. Leurs camps estoient à demie journée l'un de l'autre, afin de
connoistre chacun quelles estoient
leurs forces. Mouley Archy envoyoit subtilement de nuit dans le
camp ennemy des gens apostez,
qui y semoient ses loüanges, & les
largesses qu'il avoit faites à ses
soldats; ce qui meût davantage
les troupes d'Haly Soliman de le
quitter, comme ils en avoient envie : Les espions l'ayant rapporté
à Mouley Archy, il en fut extrémement réjoüy, & sa joye fut encore plus grande lorsqu'il vit un
grand nombre de deserteurs qui
se vinrent rendre aussi-tost à luy;
ceux-cy receurent de Mouley Ar-

chy mesme paye que les siens, &
leur promit sa protection, s'ils luy
estoient fidelles. Haly Soliman fut
étonné de cette fuite, & le fut encore davantage lorsqu'il sceut que
ses troupes continuoient à défiler
ainsi peu à peu ; ce qui fit qu'au
plûtost il luy livra le combat, qui
fut accepté de son adversaire, lequel avoit conceu l'esperance
d'une pleine victoire, & quoy qu'il
eust moins de troupes que luy, il

Bataille gagnée par M. Archy contre Haly So- liman, qu'il fait mourir.
le receut vigoureusement, & ses
gens firent si bien leur devoir, que
ceux d'Haly Soliman tournerent
du party qui leur sembla le plus
fort, crierent, Vive Mouley Archy, & commencerent de donner
sur celuy qu'ils venoient d'abandonner. Haly Soliman se voyant
ainsi abandonné presque de tous
les siens, chercha son salut dans la
fuite, qui luy fut inutile : car ses
propres soldats qui suivoient la
fortune du vainqueur, le prirent

& le livrerent eux-mêmes à Mouley Archy, qui ayant esté au devant de luy, & l'ayant receu avec joye, le fit conduire dans sa tente. Là aprés plusieurs discours il luy representa l'inconstance des choses humaines & de la fortune, & que si quelques jours auparavant il luy avoit obeï comme à son Prince, il ne devoit point trouver étrange s'il se voyoit reduit à son tour sous la puissance de celuy qui luy avoit esté subjet ; ajoûtant que puisque Dieu l'avoit élevé à son rang, il estoit bien raisonnable que ses tresors qui luy estoient inutiles, luy fussent découverts, pour pousser plus outre ses Conquestes; que c'estoit le seul moyen qui luy pouvoit conserver la vie, & que sans cela une fin honteuse luy estoit destinée. Ce Prince malheureux connut par ce langage ce qu'il avoit à faire, & promit pour sauver ses jours, qu'à leur retour à Quiviane il l'en mettroit en possession. Les réjoüissances au Camp furent extraordinaires, les troupes se vantoient d'élever leur nouveau Roy sur les plus glorieux trônes d'Afrique, & durant plusieurs jours elles solemniserent cette victoire. Mouley Archy décampa de ce lieu, & fit marcher son armée droit au lieu où son prisonnier devoit luy indiquer ses tresors, qu'il fit déterrer aussi-tost & s'en rendit possesseur ; mais comme il soupçonnoit qu'il en eust encore d'autres, il luy dit qu'il ne luy conserveroit point la vie qu'il ne luy eust indiqué le reste. Haly Soliman luy protesta qu'il n'en avoit point davantage, & Mouley Archy voyant qu'il ne pouvoit plus rien tirer de luy, crût que pour affermir son trône, il devoit le faire mourir, ce qu'il fit à l'instant. Aprés cet excés d'inhumanité, il monta sur l'or & l'argent qu'il

du Royaume de Maroc.
avoit fait déterrer, & le foulant
aux pieds : Il est bien vray, dit-il,
que ces métaux sont precieux, «
& qu'ils attirent les affections de «
tous les humains ; mais le Prince «
qui les tenoit ainsi sous la terre, «
ne meritoit pas de gouverner des »
Provinces, ce miserable en fai- »
soit son Dieu, & s'il eust payé ses »
soldats, ma fortune eust esté au- «
tant déplorable que la sienne est «
tragique ; puis en prenant une «
poignée d'argent qu'il sema au
milieu des siens ; Venez mes chers
amis ! leur dit-il, partager ce que
vostre amour pour vostre Roy &
vos peines ont merité, & il commanda aussi-tost à ses Chefs de
départir à chacun ce qu'ils ju-
geroient à propos, reservant l'or
seulement pour s'en servir au be- *Mouley*
soin. *Hamet*
vient con-
Mouley Mahamet fut inconti- *tre M.*
nent averty des victoires de son *Archy,*
qui le
frere, qu'il estoit reconnu pour *met en*
déroute.

Roy, & qu'il avoit fait mourir son bien-faicteur: ce qui luy fit apprehender qu'il ne vinst enflé de ses victoires, venger les fers où il l'avoit détenu; & voulant prévenir cet orage, il alla au devant de luy pour empescher ses progrés. Mouley Archy, qui avoit des espions de toutes parts, ayant appris que son frere venoit contre luy, se disposa à le recevoir; il fit assembler ses Chefs, leur representa les fers dont son frere l'avoit chargé; les persecutions qu'il luy avoit faites, & leur dît que le tout retourneroit à leur confusion, s'ils ne vengeoient l'injure qui avoit esté faite à celuy qu'ils avoient reconnu pour leur Prince; & qu'ils passeroient pour infames chez leurs voisins, si elle demeuroit impunie: Ils protesterent tous d'employer jusques à la derniere goutte de leur sang, & de mourir pour ses interests: Et luy pour leur montrer l'eſtime qu'il faiſoit de leurs courages, leur fit quelques largeſſes en reconnoiſſance de l'affection qu'ils luy firent paroiſtre. Mouley Mahamet qui s'eſtoit mis en campagne avec cinq mil chevaux & neuf mil hommes d'infanterie, campa à quelques journées de ſon ennemy, qui luy vint à la rencontre avec huit mil hommes de pied & deux mil ſix cens chevaux, nombre à la verité bien moindre que celuy de l'autre ; mais qui pour eſtre des troupes d'élite & volontaires, promettoit de paſſer ſur tous les obſtacles qui ſe preſenteroient. Les voyant dans cette reſolution, il marcha au devant de Moüley Mahamet, & paſſant par les montagnes, il choiſit un lieu avantageux pour y camper, faiſant embuſquer deux mil fantaſſins pour envelopper ſon ennemy, qui ayant appris qu'il eſtoit proche, décampa pour l'aller joindre. Et parce que le païs luy estoit inconnu, ne l'en croyant pas tout-à-fait si proche, il fut la nuit surpris de l'embuscade qu'avoit dressé son frere, qui l'attaqua en même temps de front. Cette surprise épouvanta d'abord tous les siens; & leur fit prendre la fuite, & à leur Chef, pour ne pas tomber seul au pouvoir de celuy, dont il sçavoit qu'il n'auroit pas bon quartier, abandonnant ainsi son camp, où il demeura sur la place plus de trois mil morts, sans compter six à sept cens prisonniers. Il se retira promptement à Tafilet, afin d'y faire de nouvelles troupes, ayant laissé celles qui luy estoient restées pour empescher les passages pendant qu'il se remettroit sur pied. Mouley Archy aprés avoir departy les dépoüilles aux siens, voulut passer plus outre; mais ayant appris que son frere s'estoit refugié à Tafilet, il alla s'assurer des Ba-

du Royaume de Maroc. 23

bares des montagnes voisines, &
voyant qu'ils l'avoient volontiers
reconnu pour leur Roy, il campa
auprés d'eux, attendant son en‑
nemy qu'il sçavoit le devoir venir
rejoindre.

Mouley Mahamet ne manqua
point, aprés avoir fait ces recruës,
de venir derechef pour le combat‑
tre; il trouva Mouley Archy plus
proche qu'il ne pensoit, & pour se
venger de sa défaite precedente,
envoya luy offrir la bataille, qui
fut acceptée par Mouley Archy,
qui luy fit connoistre qu'il ne l'a‑
voit attendu qu'à ce dessein. Les
deux armées s'estant renduës à la
veuë l'une de l'autre, ceux de Ta‑
filet en plus grand nombre que les
autres, se vantoient de rempor‑
ter la victoire; mais ils se virent
bien-tost décheus de leur esperan‑
ce; car les troupes de Mouley Ar‑
chy déja accoûtumées à vaincre,
les repousserent si courageuse‑

Seconde déroute de M. Mahamet, & sa mort, qui rend M. Archy possesseur du Royau‑ me de Tafilet.

Hiſtoire

ment & avec tant de vigueur, qu'ils les mirent encore une fois en déroute, & firent derechef retirer Mouley Mahamet à Tafilet, avec une perte des ſiens plus conſiderable que la premiere. Mouley Archy les pourſuivit juſques dans leur païs, où il pilla tous ceux qui ne le vouloient pas reconnoiſtre, puis mit le ſiege devant Tafilet, où ſon frere s'eſtoit renfermé aprés ſa défaite, lequel de deſeſpoir & de crainte de tomber vif entre les mains de ſon vainqueur, dont il connoiſſoit l'inhumanité, mourut auſſi-toſt. La Ville aprés ſa mort, ſe rendit à Mouley Archy ; tous les Cherifs du païs vinrent ſe ſoûmettre à luy, mettant leurs Châteaux ſous ſon obeïſſance. La ville de Tafilet n'a pas plus de quatorze ou quinze cens maiſons, ſon Chaſteau y eſt tout en ruine, & à peu d'apparence d'une maiſon Royale: il eſt baſty de méchantes

tes pierres & de cailloux, qui sont liées de terre-rouge au lieu de chaux. Pour se rendre maistre du païs, il n'y a qu'à l'estre de la campagne, & chaque Cherif qui y a son Chasteau, releve toûjours de celuy qui la tient. Mouley Archy mit les enfans de son frere sous la tutelle de Mouley Aran son aîné, qu'il laissa à Tafilet pour y commander en qualité de Viceroy. Il fit enterrer son corps avec toutes les pompes funebres que la loy Mahometane ordonne que l'on fasse à ses Sectateurs, & principalement aux descendans de Mahomet; & aprés avoir pacifié ce Païs, il retourna à Quiviane, afin de passer l'année suivante au Riffe Province voisine, qui s'estend jusqu'à Toutoüan. S'estant mis en campagne au Printemps, l'Alcayde Mahamet Burholarafe, qui commandoit cette Province, n'ayant pas des troupes suffisan-

Conqueste du Riffe & reduction de Thetu.

tes pour foûtenir un combat, prit la fuitte au bruit de fon approche, avec quelques-uns de fes fils, & fit tranfporter fes biens dans la forterefle du Pignon, où il fe mit fous la protection du Roy d'Efpagne. Il laiffa feulement un de fes fils appellé Abdalazize, qui fut arrefté prifonnier, chargé de fers, & conduit à Theza, petite Ville à une journée de Fez, où Mouley Archy s'achemina de ce pas, & y fut auffi-toft reconnu de l'Alcayde.

Comme l'Hyver approchoit, il y fit fon fejour, & auffi de nouvelles recruës, pour aller au Printemps vifiter les deux villes de Fez, qui eftoient en guerres depuis fept ans l'une contre l'autre. L'Hyver eftant paffé, Mouley Archy prit feulement mil chevaux ; & alla camper dans une plaine d'oliviers, joignant les murs de Fez la vieille, vulgairement appellée Fez-Bellé. Les Habitans à son arrivée, borderent leurs remparts, & il les envoya sommer de se rendre; mais ils ne luy firent autre réponse, sinon qu'ils pourroient se soumettre à son obeïssance, lorsqu'il auroit conquis l'autre Ville, qui, parce qu'elle les commandoit, les fatiguoit beaucoup. Aussi-tost il alla camper devant Fez la Neuve, vulgairement appellée Fez-Gedide; Mais Abdala de Ringuy, qui en estoit possesseur (l'ayant usurpée sur le Ben-bucar) & qui y commandoit en personne, luy resista vigoureusement ; & aprés plusieurs escarmouches de part & d'autre, Mouley Archy qui avoit fait venir toute son Armée, & qui la voyoit deperir tous les jours sans rien avancer, reconnoissant qu'il n'y pouvoit entrer par force, leva honteusement le Camp, pour reprendre la route de

Siege de Fez.

Theza, aprés onze mois entiers de siege, esperant qu'un jour, par le moyen des Juifs de Theza, ils pourroient gagner ceux de leur Secte, qui demeuroient à Fez, & qu'ils luy donneroient entrée par leur quartier, qui est comme une autre petite Ville, separée simplement d'un mur, de Fez-Gedide. Et pour plus facilement venir à bout de ses desseins, il leur promit qu'il les soulageroit des grands tributs que les Rois de Barbarie leur avoient toûjours fait payer. La faim qui pressoit l'une & l'autre Ville, à cause des Guerres qu'elles avoient entr'elles, fit resoudre les Juifs de Fez à ce que Mouley Archy desiroit d'eux. Ils luy marquerent le jour & l'heure qu'ils luy donneroient entrée. Mouley Archy partit avec l'élite de ses troupes pour se rendre au jour qu'ils luy avoient donné, & s'estant embusqué la nuit dans les jardins tout proches, les Juifs reconnurent le signal dont ils estoient convenus ensemble, se rendirent les maistres de leur porte, aprés son ouverture, & luy donnerent entrée. Archy ayant gagné ce quartier, s'empara incontinent de la premiere porte de la Ville, & de son premier mur, y fit entrer toutes ses troupes, & avec son infanterie enfonça à coups de haches les secondes portes, & y entra victorieux. De Ringuy qui ne pensoit rien moins qu'à cela, ayant apris que Mouley Archy s'estoit emparé des portes, & que ses troupes bordoient le premier mur, prit la fuitte par la porte appellée Bebe-sebaa. Le Vainqueur qui en fut averty, envoya aussi-tost cent chevaux aprés luy, qui l'atteignirent sans peine, & le luy amenerent. Dés qu'il le vid, il luy demanda où estoit son argent; mais comme il faisoit le

Surprise de Fez Godine, & reddition de Fez-Sallé

sourd, il luy fit par des tourmens confesser où il le tenoit caché; puis il le fit mourir sur de longues pointes de fer qu'il fit faire exprés, sur lesquelles il languît plusieurs jours. Cide Serere, Alcayde de Fez-Bellé, le vint aussi-tost reconnoistre, & l'avoit même fait proclamer Roy devant que de sortir de la Ville. Mouley Archy le receut humainement, & luy promit, avec son amitié, une grande recompense, demeurant Roy de l'un des plus riches & opulens Royaume de l'Afrique, duquel il prit possession au mois de May de 1665. l'année 1665.

Tous les Checqs, qui sont les principaux des Arabes voisins, vinrent le trouver avec de riches presens, & l'Alcayde de Fez-Bellé vint une seconde fois vers luy, pour remettre entre ses mains son Gouvernement. Le Roy y consentit : mais il luy fit une proposition à laquelle l'Alcayde ne s'attendoit pas, parce que le Roy vit bien qu'il ne se vouloit deffaire de ce Gouvernement, que pour joüir plus paisiblement des grands biens qu'il pouvoit avoir amassez en gouvernant une si grande Ville : Il luy demanda une somme considerable pour faire un payement à ses soldats: L'Alcayde fit réponse au Roy, qu'il avoit presque tout employé aux frais de la guerre, & qu'il supplioit Sa Majesté de luy laisser le peu qui luy en restoit, pour l'entretien de sa famille, qui estoit grande. Mais sa demande ne fut point écoûtée. Le Roy qui sçavoit bien qu'il étoit riche, luy dît que pour conserver sa vie, il faloit qu'il luy trouvast la somme qu'il luy demandoit, & voyant qu'il ne se preparoit pas à le faire, il commanda qu'il fust tourmenté : Mais Cide Serere souffrit constamment ses cruau-

Mort du Gouverneur de Fez-Tel-li.

tez sans rien declarer ; au contraire le Roy n'en reçût que des injures, & il l'appella Ebde, ou Noir, fils d'une mere esclave, luy disant qu'il venoit non point pour dominer les peuples avec justice, comme il faisoit esperer à tous ; mais pour détruire la fleur des familles de la Barbarie par sa tyrannie ; qu'il estoit vray qu'il avoit de l'argent enterré, qui ne seroit
» pas pour luy : Je sçay bien, luy
» dit-il, que ta cruauté me fera
» perdre la vie ; mais mon argent
» quelque jour pourra servir à
» quelqu'un pour t'en faire la
» guerre, & pour détruire toute
» ta maison. Il finît ce discours avec la vie, & son corps, & ceux de ses enfans qu'on fit aussi mourir incontinent aprés, furent jettez dans la campagne prochaine pour servir de pasture aux bestes feroces. Le Roy dans ce temps-là se maria avec la plus belle des filles

Premieres nopces de Mouley Archy.

de Checq Loüety, chef d'une grande famille, ou Cafille d'Arabes, duquel nous avons parlé cy-devant. Il l'eſtablit le dominateur de ſes paſſions, luy ordonnant, lors qu'il ſeroit en colere & preſt à faire des meurtres, de ne le point abandonner, & de moderer ſa fureur, autant qu'il luy ſeroit poſſible, en intercedant pour ceux qu'il voudroit mettre à mort. Il le fit loger dans un des plus beaux Palais de Fez-Bellé; luy donna quantité d'Eſclaves noirs, & diſtribua à ceux de ſes fils, qui en eſtoient capables, pluſieurs Gouvernemens. Il fit un jour venir devant luy Abdalazize Araſe, qu'il tenoit chargé de fers, afin qu'il écriviſt à ſon pere, qu'il euſt à ſortir du lieu où il s'eſtoit retiré; & que s'il venoit à ſa Cour, il y demeureroit en qualité de l'un de ſes meilleurs amis: ce qu'Abdalazize executa en termes

B v

si pressans, que le Roy même en fut touché, admira la gentillesse de son esprit, luy osta ses fers, & l'honora de la dignité d'Alcayde de deux cens chevaux de ses Gardes. Le Vieillard qui, comme nous l'avons dit, s'estoit refugié avec le reste de sa famille au Pignon, recevant les Lettres de son fils qu'il croyoit mort, pleura de joye, les mit sur sa teste, les baisa plusieurs fois, & y connoissant le bon traitement qu'il recevoit du Roy, luy envoya la plus belle de ses filles, accompagnée d'une grande suite d'esclaves, la luy offrant pour Espouse, & fit charger sur des chameaux plusieurs riches presens, qu'il suivit peu de temps aprés. Le Roy ayant eu avis de l'arrivée de la fille de Mahamet Burhos Arafe, commanda à Abdalazize d'aller au devant de sa sœur avec sa cavalerie, afin qu'elle fust traitée & receuë en Reine partout où elle passeroit ; & luy-même la fut recevoir à une journée de Fez, où il demeura jusqu'à la venuë de son beau-pere, qu'il reçût avec autant de joye & de témoignage d'affection, que le meritoit sa venerable vieillesse. Il luy rendit le pouvoir qu'il avoit auparavant sur le Riffe sa Patrie, & le pria de laisser ses fils prés de luy, dautant qu'il leur vouloit donner les plus hauts emplois de son Royaume. Le Vieillard plein de joye se jetta aux pieds du Roy, & en les embrassant luy dît, que toute la gloire de sa famille consistoit à vivre à sa Cour, & que luy-même desiroit d'y passer le reste de ses jours. Ils arriverent à Fez, où le peuple les reçût avec de longs cris de joye. Les plus beaux logis de Fez-Bellé furent retenus pour loger l'Alcayde & ceux de sa suitte, & le Roy solemnisa ses nopces avec toute la pom-

Secondes nopces du Roy.

pe & la magnificence que les Rois Mahometans ont accoûtumé de faire paroiftre dans ces occafions. Il y eut pendant fept jours plufieurs courfes de lances, & de combats de lions, & le peuple ceffa toutes fortes de travaux, pour témoigner la part qu'il prenoit à la felicité de fon Roy, qui fit plufieurs largeffes pendant ce temps, & commanda qu'on ouvrift les prifons de toutes les Villes de fon Royaume ; ce qui ne contribua pas peu à le mettre dans l'eftime de fon peuple. Il luy arriva auffi-toft des Deputez de Miquenez, qui eft une petite Ville à douze leuës de Fez, pour la mettre fous fon obeïffance. Il la reçût, à la charge qu'elle feroit l'apanage de fon Frere à prefent regnant, qu'il venoit de marier avec la Princeffe de Toüet ; ce qu'ils n'oferent pas refufer. En fuite il fongea à faire des prepartifs pour fe

Reduction de Miquenet.

du Royaume de Maroc. mettre en campagne.

Avant que de sortir de Fez il manda Mouley Aran, qu'il avoit laissé à Tafilet, pour y gouverner en son absence; avec ordre d'amener les fils de Mouley Mahamet, & de Mouley Meherez ses freres, & de remettre le Gouvernement du Royaume entre les mains de Mouley Quivier leur aisné. Ceux de Mouley Mahamet s'excuserent du voyage, disans, qu'ils ne pouvoient voir celuy qui leur avoit osté leur pere, avec leurs Estats ; & la crainte qu'ils eurent qu'il ne s'en ressentît, les fit retirer dans quelques montagnes. Il n'y eut que ceux de Mouley Meherez qui l'accompagnerent, qui furent receus du Roy avec toute l'amitié possible, & il voulut que Mouley Hamet Meherez, l'aisné de ses neveux l'accompagnast, pour recevoir de luy le gouvernement des Provinces,

1666.

qu'il s'attendoit de conquerir. Il fit appeller devant que de partir les plus riches Marchands de Fez-Bellé, afin qu'ils eussent à faire bâtir chacun une maison dans Fez-Gedide, qui estoit toute démentelée des guerres dernieres, pour y loger ses Noirs à son retour, ce qu'ils promirent d'executer. Mais ils s'y employerent si froidement, qu'ils furent la plufpart recompensez, comme nous le dirons dans son lieu. Le Roy ayant composé son Armée de huit mil chevaux & de trente-deux mil fantaffins, se mit en campagne pour aller contre Abdelcader Gayland, lequel regnoit dans les Algarbes, qui est le terroüer situé depuis Toutoüan jusqu'au fleuve de Sebou, ou Mamora. Il prit la route d'Alcaffar, mais Gayland, qui ne demandoit pas mieux que de signaler son courage en pareille occasion, luy vint à la rencontre avec

Conqueste des Algarbes, & fuite de Gayland aprés la bataille.

une Armée de vingt-six mil hommes. Et dautant que ses soldats estoient bien instruits dans le métier de la guerre, pour estre accoûtumez à combattre les Chrêtiens, contre lesquels il faisoit souvent sur les costes des escarmouches, il esperoit un bon succés de la bataille qu'il se disposa de luy donner. Ils arriverent en peu de temps à la veuë du camp l'un de l'autre. Gayland distribua ses troupes par bataillons, selon la maniere qu'il avoit veu pratiquer aux Chrêtiens, & soûtint le chocq avec une vigueur incroyable, exhortant ses soldats à la deffence de leur patrie, contre l'usurpateur de l'Affrique, & les encourageant par sa parole, il chercha l'occasion de se rencontrer seul à seul avec le Roy pour le combattre: Mais ne le pouvant appercevoir, il vit que les siens commençoient à ployer. Le combat dura cinq heures entieres, & la victoire fut du costé de Mouley Archy, qui poursuivit le vaincu jusques dans les portes d'Arzille, où il se renferma. Il en sortit quelque temps aprés pour se retirer à Alger, où il avoit auparavant fait conduire ses biens & sa famille. Les villes d'Alcassar & Toutoüan se mirent aussi-tôt sous l'obeïssance du Roy; & Sallé qui estoit une Ville libre aima mieux implorer sa clemence & se soumettre à luy, que d'attendre qu'il l'allast visiter. Il demeura quelque temps dans ces Provinces pour y faire quelque levée d'argent, & payer ses troupes; & il envoya secrettement des presens aux principaux Checqs Barbares de Zaoüias, afin de gagner par ce moyen leur bien-veillance, & qu'ils prissent son party, lors qu'il iroit avec ses troupes contre le Benbucar leur Prince, qu'il s'attendoit de subjuguer bien-tost. Il

Reduction des villes de Sallé Alcassar Arzille & Toutoüan

du Royaume de Maroc. 41

réüffit en ce qu'il s'eſtoit propoſé, & les Checqs reſolurent entr'eux de ſe ranger de ſon party, en trahiſſant leur Prince, qui les avoit toûjours gouvernez juſtement.

Cependant le Ben-bucar ayant apris que Mouley Archy avoit intention de venir contre luy, aprés l'expedition où il alloit s'occuper, ne ſçachant rien du mauvais deſſein des Checqs, qui le vouloient abandonner: Il les fit tous aſſembler dans la ville de Zaoüias; leur remontra la paiſible domination qu'il avoit exercée ſur eux depuis qu'il les commandoit; & comme ils eſtoient obligez, par la foy qu'ils luy avoient jurée, d'employer leurs biens & leurs vies pour leur commune deffence, & pour détruire les Tyrans. Que Mouley Archy dans le commencement de ſes conqueſtes avoit fait connoiſtre combien ſa domi- *Remontrence du Benbucar aux ſiens.*

nation seroit cruelle, lors qu'il seroit paisible possesseur des terres qu'il pretendoit conquerir. Il les conjura de luy estre fidelles, comme ils l'avoient toûjours esté depuis quarante ans, leur promettant de leur en témoigner sa reconnoissance. Ces Barbares qui honoroient ce Vieillard qui les avoit toûjours gouvernez avec douceur, & le reveroient comme un autre Mahomet, disans, que si ce Prophete ne l'eût point devancé, Dieu ne pouvoit choisir un plus saint personnage pour leur faire entendre ses volontez, se jetterent la face en terre devant luy, comme c'est leur coustume, & luy promirent avec sermens de ne le point abandonner. Quelques-uns le disoient avec sincerité ; mais ceux que Mouley Archy avoit gagnez, ne le promettoient qu'à dessein de le mieux tromper. Le Ben-bucar se voyant assuré par leurs sermens, envoya ses fils par les montagnes pour faire prendre les armes à tous ceux qui les pourroient porter, avec ordre de se rendre auprés de leurs Checqs, & il leur commanda de demeurer dans les montagnes, & de garder avec eux une partie des troupes qu'ils auroient levées pour luy servir de recruës, au cas qu'il n'eust pas l'avantage de la bataille, dont les événemens estoient douteux. Ses fils ayans assemblé une grande armée de Barbares, & la luy ayant envoyée, il en fit la reveuë, & la jugea plusque suffisante pour combattre Mouley Archy. Il fit quelques largesses aux soldats, & leur commanda d'observer inviolablement tout ce que leurs Chefs leur ordonneroient. Ayant ainsi disposé ses affaires, il sortit de la Ville, avec dessein d'attendre l'arrivée du Roy : Cependant les traîtres attirerent plus sieurs Barbares à suivre le party de Mouley Archy, leur representant qu'il les recompenseroit de leurs services par toutes sortes de bien-faits ; qu'ils n'avoient rien à attendre du Vieillard, dont les richesses leur seroient distribuées aussi-tost que Mouley Archy s'en seroit rendu maistre ; qu'ils ne devoient point perdre l'occasion de devenir riches ; Que si le Roy les subjuguoit par force, il ne leur osteroit pas seulement leurs biens, mais détruiroit entierement leurs familles ; que c'estoit un foudre, à qui rien ne pouvoit resister, & qu'ils regardassent comme Gayland, le plus valeureux des Princes d'Affrique, venoit de prendre la fuitte, & abandonner ses Estats ; & qu'enfin s'ils prévenoient le malheur qui les menaçoit, ils seroient heureux & leur posterité. Ils les gagnerent par ces paroles ; sur quoy ces traîtres envoyerent

du Royaume de Maroc. 45
un Exprés vers le Roy, pour luy
donner avis comme tout réüssi-
roit en sa faveur, & pour le presser
de faire diligence, de crainte que
les Barbares ne vinssent à se repentir.

Lorsque Mouley Archy ap- *Conqueste*
prit ces nouvelles, il marchoit *des mon-*
contre les Barbares des monta- *tagnes de*
gnes appellées Jebelzebibe & *bibe &*
Benzeroël. Ceux de Jebelzebibe *Benze-*
aprés plusieurs escarmouches dans *roël.*
des défilez se mirent sous son
obeïssance, & en suite il alla contre le Cherif de Benzeroël, vieillard venerable, qui avoit esté élevé au gouvernement par les Barbares de ces montagnes, pour sa
grande douceur & ses bonnes
mœurs, & qui en estoit respecté
comme le Benbucar. Mouley
Benzeroël (c'est le nom de ce
Chef Barbare) embusqua ses soldats sur les avenuës de ces montagnes, pour en deffendre l'entrée

à Mouley Archy, qui d'abord à son arrivée rangea ses troupes pour luy donner le combat. Il fut trois fois vigoureusemēt repoussé, avec une perte considerable des siens, & se faschant de voir ses troupes ″plier : Je suis bien marry, leur ″dît-il, d'estre reputé Roy des ″Juifs; car quoy que vous parois-″siez Musulmans par les veste-″mens, vos courages abatus font ″connoistre que vous ressemblez ″aux Hebreux d'aujourd'huy; ″avez-vous moins de vertu que ″ces Barbares ? & vos peres n'ont-″ils pas subjugué toute l'Affrique ″& l'Espagne ? Quoy ? vous estes ″si lâches maintenant, que de dé-″generer de la vaillance de ces an-″ciens Arabes nos Ancestres ? Hé ″bien : ajoûta-t'il, si vous ne vou-″lez me suivre, je suis content ″d'aller plûtost vivre parmy ces ″peuples, que d'estre le Chef de ″tant de cœurs lâches & effeminez. Finissant ces paroles, il donna le premier, teste baissée, contre ses ennemis, qui redoublerent sur luy une graisle de cailloux & de flèches capable d'épouvanter tout autre que luy ; mais poussant toûjours sa pointe, il fut si vaillamment secondé des siens, qu'il contraignit cette fois ces Barbares de chercher leur salut dans la fuite, & demeura par ce moyen maistre de leur Camp. Il détacha quelques troupes de cavallerie, qu'il envoya par un détour de montagne, leur couper chemin, lesquels en tuerent plus de quatre mil. Mouley-Benzeroël voyant ses troupes défaites, vint trouver le Roy, qui le reçût comme s'ils n'avoient point eus de guerre ensemble, en l'appellant son oncle, & luy dît qu'à sa consideration il alloit faire cesser le carnage des siens. Aprés le pillage de tout ce qu'il y avoit de meilleur dans ces

montagnes, Mouley Archy demanda au Vieillard une partie de ses tresors, & sans user des cruautez qu'il avoit faits aux autres, il reçût ce qu'il luy en presenta, & l'envoya en qualité d'amy passer le reste de ses jours à Fez-Bellé, où estant arrivé il se vestit tout de noir, & porta au lieu de turban ou de bonnet rouge, comme c'est la coustume du Païs, un chapeau comme les Chrestiens, disant qu'il faisoit cela pour donner à connoistre combien peu il estimoit d'aller vêtu comme celuy qui venoit de luy oster tous ses biens, & qu'il croyoit plûtost un monstre sorty des Enfers, que l'un des descendans de son Prophete, dont il profanoit la Loy par sa tyrannie. Les Barbares furent contraints de payer au Roy de grandes contributions, & il marcha en suite contre le Benbucar, qui faisoit le principal motif de
son

du Royaume de Maroc. 49

fon voyage. Il le joignit au mi- *Conques-*
lieu de la campagne, qui l'atten- *tes des Za à ns*
doit de pied ferme avec ses trou- *& la mort de*
pes; mais lors qu'il falut comba- *Ben-bu-*
tre, les traitres le firent prison- *car.*
nier d'un homme qui ne luy laissa
la vie, que parce qu'il estoit reputé pour un Saint. Il fut envoyé
à Fez, & delà à quelques jours il
reçût ordre de se retirer à Tremesen; mais il fut, comme l'on croit,
assassiné des Noirs du Roy, qui
l'accompagnoient par son ordre.
Ses enfans, qui estoient pour lors
aux Montagnes, apprenans le
desastre de leur pere, s'enfuïrent
à la Mecque pour se souftraire
à l'inhumanité du Vainqueur.

Le Roy demeura tout l'Hyver 1667.
aux Zaoüias, & y fit de nouvelles
recruës pour aller au Printemps
contre Cromlehache, usurpateur
du Royaume de Maroc par la
mort injuste qu'il avoit donnée à *Mort de*
Mouley-Labesse, son Roy legiti- *Cromle-*

C

Barbe, Roy de Maroc.

me, dont il eſtoit Bacha ou General d'armée. Mais avant que de partir pour cette expedition, il apprit la mort de ce Tyran, qui arriva de cette ſorte. Aprés le maſſacre qu'il avoit fait de Mouley-Labeſſe, il s'eſtoit rendu maiſtre de Maroc, & avoit fait enfermer dans une tour les femmes & les enfans du deffunt Roy; enſuitte déquoy il s'eſtoit emparé du Palais, & entre toutes les Dames qu'il y rencontra, une ſœur du Roy luy plût ſi fort, qu'il en devint auſſi-tôt amoureux. Il luy fit d'abord des proteſtations ſi preſſantes, que toute autre qu'elle en eût eſté vaincuë; mais cette Princeſſe, qui ne pouvoit aimer celuy qui avoit maſſacré le Roy ſon frere, fit deſſein de ſe vanger de luy, & aprés l'avoir tenu en haleine pendant ſept années, elle feignit de conſentir à ce qu'il deſiroit; & connoiſſant qu'il aimoit le vin (ce qui est deffendu par leur loy) elle le conjura un jour de la venir trouver à son appartement, afin de recevoir les fruits que meritoit une si longue perseverance. Cependant elle fit preparer un flacon de vin du crû du pays, & du plus excellent, où elle avoit fait mettre quelques drogues propres à enyvrer, & le pria d'en boire pour l'amour d'elle, luy alleguant que cette liqueur ne contribueroit pas peu au plaisir de l'amour. Il n'eût pas si-tôt beu, qu'il tomba tout assoupy. La Princesse au même temps tira un poignard, qu'elle avoit preparé, dont elle luy coupa la gorge, & commanda aux Eunuques de traîner son corps hors du Palais. Elle fit ensuite advertir le fils de Cromlehache, que ce qu'elle en avoit fait, n'estoit qu'à dessein de se marier avec luy. Ce lâche fils, au lieu de tirer vangeance de la mort de son pere, ne fut point fâché que son corps luy servit de marche-pied pour monter au trône, & pour épouser sa meurtriere ; mais il joüit peu de temps de l'un & de l'autre ; car Mouley Archy s'estant mis en campagne, & ayant passé la riviere des Noirs sans obstacle, poussa droit à Maroc, où le nouveau Roy, qui songeoit à prendre ses plaisirs plûtôt qu'à faire des preparatifs de guerre, n'alla au devant de son ennemy, que lors qu'il estoit aux portes, & encore y fut-il avec des gens mal disciplinez & peu en ordre. Il fit quelque resistance, mais Mouley Archy donnant d'abord sur luy, ceux de Maroc, qui ne vouloient pas de bien à leur Roy, à cause que son pere les avoit fait gouverner par un Juif, ce qu'ils tenoient à grand opprobre, se rangerent du party de Mouley Archy, & le declarerent

du Royaume de Maroc.

leur Souverain. Mouley Ehecq le voyant ainsi abandonné voulut fuïr aux Montagnes, pour s'y fortifier, mais il fut pris & conduit à Mouley Archy, qui le fit aussi-tôt traîner à la queuë d'une mulle au quarantiéme jour de son regne. Juste châtiment de Dieu, sans doute, pour n'avoir pas vangé la mort de son pere. Mouley Archy donna la paix aux habitans de cette Ville, qui luy promirent derechef de ne point reconnoître d'autre Roy que luy, & le conjurerent de faire oster le corps de Cromlehache, qui avoit esté mis au sepulchre des anciens Roys de Maroc, à cause qu'il estoit parvenu à la Royauté par des voyes injustes. Il leur permit de le brûler conjointement avec le Juif, qui les avoit gouvernez sous luy, & toute sa famille qui estoit encore vivante, pour apprendre à ceux de cette Nation de ne plus s'entremettre

Conqueste de Maroc, & mort de Mouley Ehec.

C iij

d'aucunes affaires d'Eſtat. Cela
eſtant fait, le Roy fit appeller les
enfans de Mouley Labeſſe, & les
voyant tous dans un âge fort tendre, les envoya à Fez avec leur
mere, à la reſerve de la fille aînée,
qu'il fit épouſer ſolemnellement
à Mouley Hamet Meherez ſon
neveu, qu'il établit enſuite pour
Califfe, ou Viceroy du Royaume, avec une authorité abſolue,
& laiſſa prés de luy des Capitaines
experimentez, luy donnant entr'autres Abdalazize Arafe pour
chef de ſon conſeil. Aprés avoir
pourveu ainſi aux affaires du
Royaume, & reçeu la viſite des
Cheoqs ou Seigneurs circonvoi-
ſins, il délibera de marcher contre
le Prince du Sus, & de pouſſer ſes
Conqueſtes juſqu'au pays des
Noirs; mais comme la ſaiſon eſtoit
déja fort avancée, il remit cette
expedition à l'année ſuivante, &
prit ſa marche vers les Montagnes

de Guilaoa & de Zaimby, dont les habitans l'eſtoient venus reconnoiſtre. Delà il alla à celles d'Itata & d'Itatam, où on luy fit la même choſe. Les Provinces de Dras, le Gueriſy, Felquela, & Toüet dépendantes du Royaume de Tafilet, qui ne s'eſtoient point encore rangées au devoir, luy envoyerent auſſi leurs Deputez avec des preſens, enſuite dequoy il tira droit à Tarudant, où en chemin faiſant il vainquit quelques barbares qui s'y preſenterent.

Le peuple de la Ville ayant appris ſa venuë, deputa le Cady, pour luy témoigner qu'il deſiroit vivre ſous ſon obeïſſance, & le prier de luy laiſſer ſon Gouverneur, qui les avoit toujours regis avec toute ſorte d'equité, ce qu'il accorda pour la Ville, mais il mit un autre Gouverneur au Château, avec trois cens ſoldats qu'il y laiſſa pour garniſon.

Reduction de la Ville de Tarudant.

Retour du Roy à Fez & ses maſſacres. Comme le temps des pluyes approchoit, il reprit le chemin de Maroc, dans le deſſein de marcher contre les Chavanets, mais il changea de reſolution, & jugea plus à propos de retourner à Fez, & de charger de cette expedition Mouley Hamet ſon neveu, qu'il avoit étably Viceroy, comme nous avons dit. Il luy laiſſa pour cet effet la plus grande partie de ſes trouppes, & s'eſtant repoſé quelques jours; il prit ſeulement quatre mille chevaux pour l'accōpagner à Fez, où il fut receu du peuple avec toute ſorte de demonſtrations de joye. Les Marchands de Fez-Bellé, qui s'eſtoient imaginé que Mouley Archy ne reviendroit point de cette campagne, ou qu'il y ſeroit plus long-temps, n'avoient point executé les commandemens que le Roy leur avoit faits en partant, & n'avoient preſque pas encore jetté les fonde-

mens des logis qu'il leur avoit ordonné de bâtir ; ce que Mouley
Archy ayant veu, il les fit appeller au nombre de deux cens, &
les ayans tous fait lier à des orangers qui bordent un vivier dans la
cour du Palais, le cimeterre à la
main, il commença d'en faire une
cruelle boucherie, coupant les
testes des uns, & abattant les bras
des autres, & il eût plus long-
temps continué ce carnage s'il
n'eût esté arresté par l'arrivée de
Checq Loüety son beau-pere, auquel il avoit donné permission de
s'opposer à sa colere ; mais il ne
l'empescha pas de leur demander en commun trente quintaux
d'argent. Les femmes de ceux qui
estoient morts de sa main, croyans
devoir estre exemptes de cette
contribution, resisterent à cet Ar-
rest ; il voulut les voir pour entendre leurs raisons, & aprés les avoir
écoutées, il leur donna la gehenne

C v

d'une maniere la plus inhumaine qui ait jamais esté imaginée. Il leur fit mettre les mammelles entre les bords d'un coffre & le dessus, y monta luy-même pour les presser plus fort, & leur fit par ce moyen donner l'argent qu'il desiroit d'elles. Aprés qu'il l'eût receu, pour comble de cruauté, il ordonna qu'on les allast jetter dans la riviere; ce qui auroit esté executé si le Checq Loüety ne se fut encore opposé à ce commandement plus que barbare.

Persecution contre les Chrét és captifs.
La prosperité luy enflant le courage, il ne se contenta pas de persecuter ses sujets, mais il voulut encore avoir les Chrestiens que les Corsaires de Salé & de Toutoüan prenoient sur la mer, afin d'avoir la gloire de se voir servy par toutes sortes de Nations. Il donna ordre aux Gouverneurs de ses Places maritimes d'y tenir la main, & de choisir tous les Capitaines, Passe-

gers & principaux Officiers des Navires que l'on prendroit, & de les luy envoyer ; il ne donna cet ordre que pour en assembler jusques au nombre de mille, & les faire travailler aux travaux cruels qu'il leur commanda, au lieu des galeres qu'il ne pouvoit avoir sur mer, ainsi que quelques Potentats. Ces travaux sont décrits dans l'histoire de mon esclavage, où je renvoye le Lecteur.

Pendant cet Hyver il donna ordre aux affaires du Royaume, & fit de nouvelles recruës ; il continua les Princes ses freres dans leurs mêmes gouvernemens, & se tint prest pour aller au Printemps achever la conqueste du Sus. Mouley Hamet, que le Roy avoit laissé à Maroc lorsqu'il en partit, avec ordre d'aller contre les Chavanets, estant tombé malade d'une fiévre, ne pût aller luy-même à cette expedition ; il y envoya

Mouley Talbe son frere, accompagné des Capitaines que son Oncle luy avoit donnez. Mouley Talbe tira vers leur contrée, où les Chavanets l'attendoient pour le combattre ; il arriva en peu de jours à la veuë de leur Camp, & se disposa de leur livrer le combat, qu'ils receurent si vaillamment, qu'ils le firent plier, mais se raliant une seconde fois, il les attaqua encore vigoureusement, & ne fut pas plus heureux que la premiere fois, il falut se retirer. Mouley Hamet ayant appris que son frere avoit esté repoussé deux fois, quoy que malade monta à cheval pour se rendre au Camp, où il rencontra ce Prince confus de sa défaite. Il l'en consola, & luy dit qu'il vouloit aussi éprouver leur valeur, & qu'il seroit bien-aise de connoistre à son tour leur maniere de combattre. Ensuite s'estant reposé quelques jours, il marcha

Mouley Talbe mis en déroute par les Chavanets.

contr'eux, aprés les avoir sommez de reconnoistre le pouvoir de Mouley Archy; mais ils méprisèrent ses sommations, disans qu'il leur parloit avec des termes trop absolus pour une personne qu'ils avoient obligez à la retraite deux fois. Sur ces entrefaites il donna dessus, & fit d'abord une terrible décharge d'armes à feu, qui loin de les faire plier, les anima de telle sorte, qu'ils le contraignirent de leur laisser le champ de bataille avec quantité de morts, & de recamper plus loin, où il ralia ses troupes, qu'il harangua, en leur remontrant l'infamie qui leur demeureroit s'ils ne surmontoient les Chavanets, & s'ils ne les assujetissoient comme ils avoient déja fait tant d'autres peuples, sous la puissance de Mouley Archy. Au commancement du second côbat, qu'il leur donna ce même jour, il prist son Turban, qu'il attacha au bout d'une fléche, & le jetta luy-même au milieu des ennemis, disant à ses soldats, qu'il y alloit de leur gloire de ne le point laisser entre leurs mains ; cela les anima de telle sorte, qu'ils firent merveille à cette fois, & donnerent sur les Chavanets avec tant de vigueur, qu'ils les forcerent au premier choc d'abandonner leur camp pour se mettre en fuite ; il en fut fait plus de six cens prisonniers, qui furent envoyez à Maroc pour avoir les testes tranchées, lesquelles furent posées sur les murs de la Ville pour marque de cette victoire ; les vaincus furent poursuivis jusques dans leurs montagnes, & tous ceux qui furent pris furent attachez & traînez à la queuë des mules. Il ne sera point hors de propos de faire connoistre icy qu'elle a esté l'origine de ces Chavanets, qui ont toûjours esté, & qui estoient il n'y a pas encore dix

Les Chavanets déroutez par Mouley Hamet Viceroy de Maroc.

Origine des Chavanets.

du Royaume de Maroc. 65
ans les meilleurs soldats de cette
partie d'Afrique. Les Roys de
Maroc jusques à celuy-cy n'ont jamais pû les reduire par la force à
leur obeïssance ; ils ont toûjours
esté libres & pris le party de ceux
qui les payoient le mieux. Mouley
Jacob Almanzor Miramominin
Souverain de tous les païs qui sont
depuis la Mecque jusques en Sudan, aprés avoir conquis l'Espagne, fit passer en Afrique soixante mille captifs, dont il laissa cinquante mille à Salé pour en bastir
les murs du costé du Sud, que l'on
voit encore aujourd'huy, leur promettant la liberté aprés qu'ils auroient achevé cet ouvrage. Il envoya le reste à Maroc pour travailler à faire venir dans la Ville l'eau
d'une riviere, qui en est éloignée
de cinq lieuës, avec promesse de
leur donner aussi la liberté aprés
que cela auroit esté fait. Ils y travaillerent avec tant de chaleur &

tant de succés, que tout se trouva
bien-tost achevé. Le Roy estoit
sur le point de leur tenir parole,
comme il l'avoit tenuë à ceux qui
avoient fait les murs de Salé,
quand les Grands de Maroc & les
Talbes, qui sont les Prestres de
leur Loy, luy remontrerent qu'il
estoit à propos de ne les point laisser aller, dautant que s'ils retournoient en Espagne, ils pourroient
donner connoissance de l'Afrique, & revenir dans certains
temps accompagnez d'un plus
grand nombre de ceux de leur
païs pour chasser les Maures de
leurs terres, & même assieger Maroc, qui ne pourroit tenir longtemps si on luy ostoit l'eau qu'on
venoit d'y conduire par le moyen
de ces esclaves; que pour ne point
manquer à sa parole, il pouvoit les
laisser libres dans son Royaume,
& leur donner des terres pour s'y
habituer. Le Roy trouva bon cet

du Royaume de Maroc.

avis, & leur ayant declaré son dessein, leur ordonna de deputer un nombre d'entr'eux pour choisir un païs à leur gré dans son Royaume. Les Chavanets voyans que ce leur estoit une necessité, acceptèrent sa proposition, & choisirent de belles campagnes, qui sont tres-fertiles & tres-agreables, & environnées de montagnes d'une hauteur inaccessible. Le Roy en fit retirer les Barbares qui les habitoient, & les Chavanets s'y établirent chacun du mieux qui leur fut possible. La plufpart d'entre-eux y moururent Chrestiens ; & comme ils entrerent au mois que les Maures appellent Chaben, ceux qui se firent Renegats, & se marierent avec les filles de leurs voisins, donnerent le nom aux Chavanets d'aujourd'huy.

Mouley Archy qui estoit party 1668. de Fez en diligence sur la nouvelle de la défaite de son Néveu, arriva sur la fin de Mars à Maroc, où son armée devoit venir le joindre; Mouley Hamet qui apprît son arrivée, laissa Mouley Talbe au Camp, & fut rendre compte à Mouley Archy du succés de cette guerre. Le Roy le reçût favorablement, & le voyant encore peu rétably de sa maladie, il luy dit qu'il auroit mieux fait de prendre du repos, & de rétablir entierement sa santé, qui luy estoit plus chere que la perte d'une bataille; que d'aller en personne commander son armée contre les Chavanets, qui estoient des ennemis dont il n'avoit pas lieu de rien apprehender, & qu'il pouvoit se contenter d'y avoir envoyé son frere. Les troupes ausquelles Mouley Archy avoit ordonné de le venir trouver à Maroc, s'y estant rendües, aprés les avoir fait rafraischir quelque temps, il partit pour aller en personne à cette guerre, &

Paroles obligeantes de Mouley Archy envers Mouley Hamet.

du Royaume de Maroc. 67
toutes les troupes s'eſtans jointes
enſemble, il envoya ſommer les
Chavanets de ſe rendre à luy, promettant de les traiter doucement,
& de donner à ceux qui voudroient prendre party dans ſon
armée, la même ſolde qu'il donnoit à ceux qui avoient toûjours
eſté à ſon ſervice. Eux gagnez par
de ſi belles propoſitions, & ſe con-
noiſſans trop foibles pour faire
teſte à un Prince à qui rien ne re-
ſiſtoit, aprés avoir pris des lettres
d'abolition du paſſé & d'une entiere aſſurance, ils vinrent le trouver au nombre de ſix mille che- *Reduction*
vaux & en bel ordre, proteſtans *des Cha-*
qu'ils vouloient toûjours vivre *l'obeiſ-*
ſous ſon obeïſſance; leur Bacha *M. Ar-*
ayant mis pied à terre ſe jetta aux *chy.*
pieds du Roy, & luy preſenta ſon
étendart, qui eſt parmy eux la
marque de commandement, comme le baſton eſt parmy nous celle
de Mareſchal de France; le Roy

Histoire
le luy rendît à l'inſtant, & le continuât dans ſa Charge : Enſuite voyant ſon armée accruë d'un ſi grand nombre, picqué du deſir de poſſeder toute l'Afrique, il entra dans la Province de Haha. Tous les Checqs des Arabes qui avoient premedité de luy faire reſiſtance devant la redition des Chavanets, les voyans de ſon party, ne ſongerent plus qu'à ſe soûmettre à luy. Ils le vinrent trouver avec pluſieurs preſens, & luy amenerent pluſieurs de leurs filles, dont ils luy offrirent la virginité, pour en obtenir une meilleure compoſition : Mouley Archy les reçût favorablement, & leur accorda tout ce qu'ils luy demanderent ; & comme il eſtimoit plus Mars que Venus, il refuſa les filles qui luy avoient eſté preſentées, & ſans les voir, les chargea de preſens ; & les remit entre les mains de leurs peres. Aprés les avoir congediez, il

Reduction de Haha.

du Royaume de Maroc. 65

délibera de pousser ensuite jusques à Sainte Croix, Ville sur la coste de Barbarie, ainsi nommée par les Portugais lorsqu'ils la conquirent, & appellée vulgairement en langue du païs Aguader Aguer. Son armée estoit pour lors de vingt-cinq mille chevaux, & de quarante-huit mille hommes d'infanterie; mais tous gens bien payez, & armez la pluspart seulement de frondes, de massuës, de cimeteres & de flèches. Avec cette nombreuse armée il partit de Haha, & s'approcha des montagnes qui separent la Principauté du Sus, du Royaume de Maroc. Les Barbares de cette contrée s'assemblerent pour luy en disputer le passage, & voulans resister davantage que ceux qui l'avoient l'année precedente laissé passer à Tarudant, ils se battirent courageusement pendant plusieurs jours; aprés lesquels une partie d'entre eux trahit l'autre, & ceux qui estoient les plus reculez & les plus éloignez du passage, & qui avoient en dépost tous les biens des plus avancez avec les leurs propres, faisant dessein de s'en emparer, envoyerent dire au Roy de donner hardiment, qu'ils le seconderoient par derriere; ainsi ceux qui avoient esté trahis estans attaquez de front & en queuë, furent entierement défaits, & Mouley Archyne pardonna à pas un de ceux qui estoient demeurez en vie aprés le combat: mais les traîtres furent aussi punis de leur perfidie; car le Roy s'estant rendu maistre des montagnes, voulut avoir tous les biens des vaincus, & leur fit encore payer de grosses contributions, ce qui mit une telle épouvante dans le païs, que ceux de la ville de Sainte Croix sçachant qu'une si forte armée venoit fondre sur eux, resolurent de se rendre avant que d'estre sommez, Celuy qui commandoit au Chasteau, & qui n'avoit pas dequoy se défendre, ayant eu avis de ce dessein, partit de nuit pour se sauver à Illée, Capitale de la Principauté, où residoit pour lors le Prince du Sus, qui estoit un Morabite appellé Cid Haly. Mouley Archy s'approchant de Sainte Croix, la populace sortit & alla au devant de luy, portant des enseignes blanches pour luy demander la paix, avec promesse de luy estre Sujets fidelles, il les reçût favorablement, & mit garnison dans le Chasteau. Plusieurs Marchands Chrestiens qui demeuroient dans la Ville le furent aussi saluer, pour obtenir de luy les mêmes franchises que les anciens Princes du païs leur avoient toûjours accordées, & luy firent quantité de presens; il leur octroya leur demande par les Lettres Patentes qu'il leur en

Reduction de Sainte Croix.

donna. Ensuite le Roy qui ne pouvoit vivre dans le repos, marcha droit à Illée ; & mit à feu & à sang tous les lieux de son passage qui ne luy obeïssoient pas assez promptement : avec cette barbarie il s'approcha de la Ville, où il mit le siege. La place est assez peuplée & enceinte de bons murs, mais outre qu'elle n'avoit point d'artillerie, elle se trouva bien-tost vuide de provisions de bouche, & le peuple qui n'estoit pas accoûtumé à souffrir la faim, cria au Prince qui défendoit le chasteau, qu'il s'accommodast avec le Roy, duquel il pourroit obtenir bonne composition ; mais n'ayant pas plus de provisions que les autres, & se voyant menacé du peuple, qui disoit hautement qu'il composeroit malgré l'extréme veneration en laquelle il estoit parmy eux à cause de sa sainteté, il songea, puisqu'il ne pouvoit pas conserver

son

du Royaume de Maroc. 73
son Eſtat, à mettre au moins sa perſonne & ſes enfans en ſeureté. Dans le Palais où il eſtoit, il y avoit une fauſſe porte murée ſur les jardins par où l'on pouvoit gagner facilement la campagne; il la fit ouvrir ſecretement, & ſur la minuit ſortant avec toute ſa famille & ſes principaux amis, il prit la route du Royaume de Sudan, où il alla ſe mettre ſous la protection du Roy de ce païs-là, avec lequel il avoit toûjours eu une particuliere amitié, qui luy ſervit bien pour lors.

Mouley Archy cependant preſſa la Ville, & les Bourgeois qui ſe vouloient rendre, demanderent à parler au Prince, touchant la redition de la place; mais ayant appris qu'il s'eſtoit ſauvé, & qu'ainſi ils n'eſtoient plus retenus de perſonne, ils envoyerent deux de leurs Morabites au Roy pour traiter des conditions, qui leur furent

D

Reduction d'Illés & de toute la Principauté de Sus.

accordées, telles qu'ils les demanderent. Ensuite le peuple sortit au devant de luy criant *Vive Mouley Archy*, & receut le Gouverneur & la garnison qu'il leur donna. Il resolut aprés de poussé jusques sur les frontieres de Sudan, d'autant qu'il craignoit que l'arrivée du Prince de Sus en ce païs ne donnât occasion au Roy de Sudan d'armer contre luy. Il fit les

Arrivée de Mouley Archy sur les frontieres du Royaume de Sudan, où il borne ses conquestes.

provisions qu'il jugea necessaires pour passer les deserts qui sont entre ces deux païs. Au bruit de sa venuë, une armée de cent mille Noirs se presenta pour luy en défendre l'entrée. Il fut étonné à son arrivée de voir tant de peuples sous les armes en si peu de temps, & pour éviter la bataille, il dépescha quelques Alcaydes vers le Roy de Sudan, pour luy faire entendre qu'il n'estoit point venu à dessein d'anticiper sur ses limites, mais seulement afin qu'il luy remit

entre les mains le Prince de Sus.
Le Roy fit réponse que le Morabite estant venu chercher un azile dans son Royaume, il ne pouvoit, sans violer les loix de l'hospitalité, luy accorder sa demande ; qu'aprés avoir esté dépoüillé de ses Estats, il n'estoit pas juste qu'il fust encore privé de la vie, comme il avoit peut estre dessein de la luy oster ; ajoûtant qu'il eût à luy faire sçavoir au plûtost s'il venoit comme amy ou comme ennemy ; Mouley Archy répondit que ce n'estoit que comme amy, & qu'il ne luy demandoit ce Prince qu'à dessein de n'estre point troublé dans son Estat, mais enfin il ne pût obtenir que de se retirer en paix comme il estoit venu. La rage luy rongeoit le cœur de ne se pouvoir vanger de ce refus ; mais comme il n'osoit rien entreprendre, il se vit contraint de dissimuler, & de se retirer, aprés avoir étendu ses

D ij

conqueftes depuis les frontieres de Tremefen jufques à celles de Sudan, qui font à peu prés trois cent lieuës de long, & depuis les côtes de la mer jufques en Toüet & Dras, quelques trois cent cinquante lieuës de traverfe, & s'en retourna à Fez où il faifoit fon féjour ordinaire.

1669.

Comme la paix regnoit par tous fes Eftats, & qu'il avoit détruit tous ceux qui les pouvoient troubler, il voulut faire comme ont toûjours fait fes predeceffeurs, qui eft d'amaffer un grand trefor. Il envoya à cet effet par toutes fes Provinces pour tirer des contributions exceffives; une Cafille d'Arabes refufa de les payer, alleguans pour excufe leur pauvreté, & comme on les y vouloit contraindre, ils tuërent quelques-uns de ceux qui les demandoient. Le Roy envoya Boufta General de fes Noirs contr'eux, avec ordre de luy en

Cruauté du Roy.

apporter les testes sans faire grace à personne ; mais comme ils en eurent le vent, les plus diligens s'enfuirent aux montagnes : Il ne resta seulement que les femmes, les enfans, & quelques vieillards au nombre de six cens, que ny l'âge ny le sexe n'exempterent pas de la cruelle boucherie qui en fut faite, & leurs testes furent portées à Fez, & posées sur les murailles par les captifs, qui penserent tous mourir de l'horrible infection qu'elles rendoient; & pour couvrir ses cruautez de quelque apparence de justice, il fit une Ordonnance qu'il envoya à tous ses Gouverneurs pour la faire publier dans leurs Gouvernemens: Elle portoit, que ceux qui pilloient les voyageurs, & ceux qui les retiroient, fussent exactement recherchez, & eux & leurs familles détruites, voulant que la Province fut responsable du tort qui s'y feroit;

qu'on chastiât exemplairement les femmes publiques & les yvrognes, & que les personnes qui seroient accusées & convaincuës d'adultere fussent punies suivant les loix de l'Alcoran. Cette Ordonnance n'eût pas plûtost esté publiée, que le peuple benit le jour qu'il avoit commencé à regner, dautant que les chemins, qui avoient toûjours esté remplis de voleurs, furent rendus libres; & par ce moyen le commerce estant asseuré, l'abondance commença à regner en tous lieux, & toutes choses devinrent à si bon marché, qu'une personne pour une monnoye de ce païs, qui valoit environ trois sols de la nostre, pouvoit vivre une journée entiere faisant fort bonne chere; mais pendant qu'il faisoit ces Ordonnances en faveur du peuple, il dépoüilloit les principaux & les plus riches de leurs tresors & de leurs biens, sous prétexte de leur oster le moyen de se soûlever, & il les distribuoit à ses Capitaines & à ses premiers Officiers pour les tenir toûjours plus affectionez à son service. Il sçavoit liberalement recompenser ceux qui l'avoient bien servy ; mais aussi en revanche, ceux qui luy avoient fait quelque mauvais tour, ne pouvoient attendre de luy d'autre recompense que d'estre taillez en pieces de sa main, n'ayant point d'autre Juge ny d'autre boureau que luy-mesme. Il estoit d'une telle humeur, que si en faisant du carnage il voyoit fuir ceux qui y estoient presens par l'horreur de ses cruautez, ou quelqu'un se détourner en l'appercevant lorsqu'il se promenoit quelque part, il les faisoit prendre incontinent, & leur demandoit s'il estoit quelque Lion qui mangeoit les gens, ajoûtant que puisqu'ils fuyoient & avoient peur de luy, c'estoit une marque qu'ils eſtoient coupables de quelques crimes, dont ils apprehendoient la punition, laquelle il leur faiſoit ſouffrir ſur le champ. Un jour venant de courir la lance avec les Cherifs & Alcaydes, il rencontra un homme & une femme, & les ayant fait amener devant luy, il leur demanda quel eſtoit le ſujet de leur voyage? ils répondirent qu'ils venoient d'un Adoüar ou habitation d'Arabes, voir leurs amis qui les y avoient conviez, & qu'ils eſtoient mariez enſemble. Vous mentez, leur dit-il, je voy bien que vous eſtes gens de mauvaiſe vie, & que vous ne vous écartez de la Ville que pour mieux prendre vos plaiſirs, au même temps il commanda à ſes Noirs de prendre la femme, de la lier à l'homme, & de luy emplir la nature de poudre, à quoy il fit mettre le feu, & la vit ainſi crever, puis aprés les fit fouler aux pieds de ſes

chevaux. Si j'entreprenois icy de
décrire en détail toutes ses cruautez & les massacres qu'il a faits, &
le sang humain qu'il a répandu
pour des bagatelles, & qu'on peut
dire avoir terny le plus beau de sa
vie, cela seul suffiroit pour en
composer un grand volume. Ce
que j'en ay déja décrit & décriray
cy-aprés, fera assez voir le naturel
des Roys de Barbarie. Il est vray
que s'ils n'estoient sanguinaires, ils
ne seroient point tant respectez,
ny si bien obeïs qu'ils sont, dautant que les Maures méprisent
leurs Roys lorsqu'ils sont debon-
naires & pacifiques, disans que si
les Chrestiens venoient pour leur
faire la guerre, & que leurs Roys
ne fussent pas ainsi cruels, ils n'auroient pas le courage de s'armer
contr'eux pour les repousser. De
plus ils tiennent encore à grande
gloire de mourir de la main de
leur Prince, sur tout s'il est Che-

D v

rif, croyans que ce faux Prophete les place incontinent au Ciel pour avoir esté sacrifiez par la colère de ses descendans, & ne pleurent jamais ceux qui ont eu une mort si honorable, les estimans de tout point bien-heureux. Il en est ainsi de ceux qui meurent à la guerre contre les Chrestiens, ils sont reputez martyrs, & leurs sepultures sont ornées de fleurs & de bannieres.

Mouley Archy reçoit nouvelle de l'arrivée d'un Ambassadeur Anglois à Tanger.

Le Roy d'Angleterre luy envoya un Ambassadeur le feliciter de ses conquestes avec des presens. Mylord Hovvard, ainsi s'appelloit l'Ambassadeur, accompagné d'une grande suite de Chevaliers arriva à Tanger, Place-d'armes des Anglois sur la côte, d'où il depescha des Couriers à Fez pour donner avis au Roy qu'il venoit le voir de la part de sa Majesté Britannique. Il luy envoya quelques lances d'une admirable hauteur, que Mouley Archy receut avec grandes demonstrations de joye, & aprés les avoir considerées, dit : Faut-il que le Roy d'Angleterre « m'envoye des presens, & que je « ne trouve rien dans mes Royau- « mes qui soit digne de luy ? Il ne « luy manque rien des choses qui « sont en mon pouvoir, & il a de « l'or & de l'argent en plus gran- « de abondance que moy, ainsi ce « ne sont point de tels presens que « je dois luy faire. Enfin estant inquiet de ne sçavoir par quel moyen reconnoistre ses honnestetez, Cidan l'un de ses favoris luy dit : Mouley, si les Roys Chrétiens envoyent vers toy, ce n'est point pour en retirer des bienfaits, ils ne pretendent autre chose que leurs miserables Sujets qui sont chargez de fers dans tes Estats, & la compassion qu'ils en ont, oblige apparemment leur Grandeur à te les envoyer demander. S'il n'y a que cela, répondit le Roy, de bon cœur, dés le jour qu'arrivera icy l'Ambaſſadeur, tous les Chreſtiens qui ſont captifs dans mes Royaumes, pour ne paroiſtre pas moins genereux que luy, je les fais libres. Il envoya des Couriers en diligence, avec ordre aux Gouverneurs d'Alcaſſar & de Toutoüan de tenir ſur les chemins tout ce qui ſeroit neceſſaire à l'Ambaſſadeur & à ſa ſuite. Mylord Hovvard ſe diſpoſa d'entrer en Barbarie, & ſes preſens, qui eſtoient un caroſſe ſuperbement enrichy avec douze chevaux friſons tres-beaux, quelques riches étoffes, & ſix pieces d'artillerie de bronze, furent débarquez à Salé, avec une partie de ſes valets & ſon Secretaire. L'Ambaſſadeur eſtoit ſur ſon départ & ſes gens en bel ordre, avec ſix Trompettes à leur teſte, quand un Courier luy arriva de la part du

Preſens de l'Ambaſſadeur d'Angleterre.

du Royaume de Maroc.

Roy, qui le prioit de differer quelques quinze jours davantage, dautant qu'il alloit à une expedition qu'il ne pouvoit remettre à un autre temps, & qui importoit à la conservation de sa vie & de son Estat. Comme c'estoit au temps de la Semaine sainte, Mylord Hovvard ne fut point fasché de cet ordre, pour avoir occasion d'aller à Seville en Espagne, passer ce saint temps. La cause de cette expedition du Roy estoit, que les fils de Mouley Mahamet, cy-devant Roy de Tafilet, lesquels s'estoient retirez aux montagnes, comme nous avons dit, ne pouvant voir regner celuy qui tenoit leurs Estats, firent dessein avec l'Alcayde de Fez-Bellé, qui avoit esté autrefois grand amy de leur pere, de s'en vanger sur la personne mesme du Roy ; & s'estans approchez de la ville de Theza, & mis en embusca-

Conspiration contre le Roy découverte par un Renegat.

de entre quelques montagnes, ils dépescherent un renegat Anglois à cet Alcayde, avec des lettres qui l'avertissoient qu'ils estoient en tel lieu, & qu'il tuast le porteur. Ce renegat qui sçavoit quelque peu lire en Arabe, se doutant de quelque chose, ouvrit la lettre, & y voyant sa sentence, au lieu de la porter à son adresse, il la fut porter au Roy, qui l'en recompensa largement, le faisant Directeur general de ses magasins de bleds. Le Roy aussi-tost fit monter ses Noirs & les Chavauets à cheval, & tira droit où estoient ses neveux, qui attendoient l'effet de leur lettre. Comme le Roy estoit averty qu'ils montoient des jumens d'une legereté extraordinaire, qui pouroient les faire échaper à sa vengeance, il partagea sa cavallerie en relais, la posant sur toutes les avenuës des montagnes & des passages de deux en deux lieuës, & voulut attendre vers le point du jour à les inveſtir: Mais parce qu'ils avoient une ſentinelle ſur le haut d'une montagne, ils découvrirent des troupes de tous coſtez, & ſe doutant de quelque trahiſon, connûrent qu'ils ne pouvoient trouver leur ſalut que dans la fuitte. Ils paſſerent donc au travers des balles & du feu, & auroient infailliblement échapé, ſi, comme j'ay dit cy-devant, leur fuitte n'avoit eſté préveuë. L'un d'eux, appellé *Mouley Alarby*, plus aviſé que ſes freres, demeura le dernier à prendre la fuite, & voyant toute la cavallerie du Roy donner ſur eux, au lieu de prendre la même route qu'ils tenoient, il tira du coſté de *Fez*, & eut ſi bonne fortune, qu'il ne fut point découvert; & avec la prompte diligence qu'il fit, accompagné d'un eſclave noir, il entra dans *Larache*, place d'armes du Roy d'Espagne, qui est sur les costes du Royaume de Fez. Il passa de là en Espagne, & s'y fit baptiser sous le nom de Dom Gaspard de Tafilet. Le Duc d'Alcala fut son parrain, qui le mena à la Cour, où il fut fait Colonel de cavallerie, & envoyé depuis aux dernieres guerres de Flandres. Ses trois freres furent pris & envoyez prisonniers dans le Château de Theza : aprés quoy le Roy retourna à Fez, où, en presence de tous les Grands de son Royaume, il ordonna à Mouley Semeïn son frere d'aller à Theza, & d'y faire mourir ses neveux. Il luy donna pour adjoint Mouley Bouferez, fils de Mouley Meherez, qui avoit esté tué par les prisonniers. Bouferez avoit prié le Roy de luy permettre d'accompagner le Prince, afin d'avoir le plaisir de pouvoir par cette commission vanger la mort de son pere. Il ne les avoit dépesché tous deux en pre-

Cruauté de Mouley Arshy envers ses Neveux, & des Grands de sa Cour.

sence de ses Alcaydes, qu'à dessein
qu'ils luy demandassent la grace de
ces Princes ; mais pas un n'osa entreprendre de le faire, dont il les
punit en suite de la maniere que je
vais dire. Un jour il commanda
qu'on cherchât Mahamet Zebedé Alcayde de Salé , & qu'on le
luy amenât, pour le faire mourir
comme criminel d'Estat , & au
même instant il fit lier plusieurs
Noirs à des orangers qui sont dans
la cour de son Palais, & en se jotiant
il commença à coups de cimeterre à mettre les testes de plusieurs par terre. Les Grands qui
croyoient qu'il les avoit ainsi fait
lier pour leur faire peur, les voyant
massacrer de cette sorte, se jetterent à ses pieds, pour luy demander les vies de ceux qui restoient
encore, aussi bien que celle de l'Alcayde. Le Roy les ayant regardez
fixement quelque temps sans parler ; J'avoue, leur dit-il, que vous

» estes aujourd'huy beaucoup plus
» pitoyables que l'autre jour. Est-il
» bien possible, ajoûta-il, que
» quelques méchans Esclaves, &
» que j'estime si peu, vous obligent
» maintenant de me demander
» leurs vies, & que vous ayez souf-
» fert que j'aye fait mourir des
» Princes de mon sang, ausquels je
» voulois pardonner, si j'en avois
» esté prié comme je le suis pour
» ces miserables? Je voy bien par là
» l'amitié que vous me portez, &
» je croirois paroistre ingrat, si je
n'en avois de la reconnoissance. Ils
ne s'attendoient pas à de tels propos, qui furent suivis du massacre
qu'il fit de plusieurs d'entr'eux,
& si Ehecq Loüéty ne fust arrivé
promptement; qui embrassant le
Roy, calma sa fureur, aucun n'en
seroit échapé.

Ayant pacifié ses affaires de ce
costé-là, il envoya à Tanger pour
faire conduire à Fez, où il estoit,

l'Ambassadeur d'Angleterre, qui estoit encore à Seville, d'où il arriva à Tanger à quelques jours de là, & se disposa à partir. Plusieurs Ehecqs d'Arabes des Algarbes sçachât la nombreuse suite que l'Ambassadeur devoit amener avec luy, vinrent tous épouvantez se jetter aux pieds du Roy, pour luy remontrer que les Anglois pourroient remarquer les entrées, & les passages du Païs, & faire en temps de guerre des sorties de la ville de Tanger sur eux, & enlever leurs familles; qu'il leur sembloit plus à propos de luy donner sa route par Salé, que par Alcassar, n'y ayant par là rien à craindre. Le Roy trouva bonne leur proposition, & envoya derechef un autre Courier vers l'Ambassadeur, par lequel il luy donnoit à entendre les raisons qui l'engageoient à ce changement, ajoûtant qu'il avoit donné des ordres, desquels il seroit satisfait. Mylord Hovvard voyant la parole du Roy changée tant de fois, ne s'y voulut plus fier, & luy manda, que s'il ne luy vouloit donner la premiere routte, il le prioit de luy permettre de retirer le bagage & les gens qu'il avoit à Salé. Le Roy le luy accorda ; mais se sentant offencé de cette demande, il devint plus furieux qu'il n'avoit jamais esté contre les pauvres Chrêtiens : & un jour entrant dans son Escurie, il trouva de l'urine qui avoit apparence d'estre de quelque personne ; & comme il ne trouva dans ce lieu qu'un jeune homme Espagnol, appellé Dom Francisque Carrion, il luy fit souffrir un supplice horrible, que j'ay rapporté dans le traité de ma Captivité, où je renvoye le Lecteur.

Mort de Francisque Carrion par de cruels supplices.

1670. En ce temps-là un vaisseau François estant arrivé sur les côtes du Royaume de Fez, le nommé

Frejus Provençal, qui eſtoit deſ- *Arrivée*
ſus, envoya au Roy luy demander *de Frejus,*
un paſſe-port pour aller à ſa Cour, *haſſa-*
ſe diſant Ambaſſadeur du Roy *deur de France.*
Tres-Chrêtien. Le Roy non ſeu-
lement le luy accorda auſſi-toſt,
mais de plus il dépeſcha des ordres à ſes Gouverneurs, de prendre ſoin qu'il ne manquaſt d'aucune choſe, & luy fit donner cinquante ou ſoixante chameaux
pour porter ſon bagage : Mais
comme il en avoit moins que de
marchandiſes, il les chargea ſur
ces animaux, avec quelques velours & autres étoffes tres-riches,
pour faire preſent au Roy. Il
avoit encore apporté à cet effet
une paire de piſtolets induſtrieu-
ſement travaillez, quelques fuſils
à deux canons, & autres armes à
l'uſage du Païs. Mouley Archy à
ſon arrivée alla luy-même le recevoir hors la Ville, & le condui-
ſit à ſon Palais, où il luy donna

audiance. Ce faux Ambassadeur luy presenta ses Lettres, qu'il disoit estre du Roy son Maistre; & quoy qu'il eût un Interprete matelot, qui avoit esté Esclave autrefois, Mouley Archy fit appeller quelques Capitaines François qu'il tenoit captifs pour les luy interpretter. Elles contenoient des civilitez trop rempantes pour un Monarque de France, avec de tres-humbles prieres de luy accorder son amitié, & le commerce en son Païs. Le Roy se laissa aller à des transports de joye, qui ne se peuvent exprimer, se voyant ainsi recherché du plus grand Roy de toute la terre. Il commanda qu'on preparât des logis pour Frejus, & pour toute sa suite, qui estoit bien inferieure à celle de l'Ambassadeur d'Angleterre; dautant qu'il n'avoit au plus que douze personnes; sçavoir un Chirurgien, un Escrivain de son bord, & quelques Ma-

telots assez proprement ajustez. A
la seconde Audiance qu'il eut de
Mouley Archy, il luy demanda
au nom du Roy son Maistre l'établissement d'une Compagnie de
Marchands François à Fez, qui
fourniroient generalement de toutes les marchandises qui y seroient
necessaires, à condition qu'ils auroient seuls la traitte des cuirs,
cires, cuivres, laines, poudres
d'or, & autres marchandises qui
se transportent hors de son Royaume. Le Roy qui connoissoit que
cela estoit préjudiciable à son
Estat, à cause du commerce des
Juifs, qui y trafiquent en grand
nombre, & qui luy apportoit de
grands revenus, refusa de luy accorder sa demande, & luy dit,
qu'il consentoit volontiers à ce
que luy demandoit le Roy de
France par sa Lettre, & qu'il donneroit ordre à tous ses Gouverneurs qui sont sur les côtes d'em-

pescher qu'il ne fust rien fait aux vaisseaux de ses subjets, afin qu'ils y eussent la liberté entiere du commerce, & que quand il voudroit partir, il luy donneroit des Lettres qui en asseureroient plus amplement Sa Majesté, & qui contiendroient les raisons pour lesquelles il ne pouvoit consentir à l'établissement d'une Compagnie: Frejus voyant son dessein manqué de ce côté, fit vendre sous main toutes ses marchandises, même celles qu'il avoit destinées pour faire des presens aux Cherifs & aux Alcaydes, afin qu'ils parlassent en sa faveur. Et aprés qu'il eût mis toutes ses affaires en état, il demanda son congé, que le Roy luy accorda, avec une lettre pour Sa Majesté Tres-Chrêtienne. Cette lettre estoit enfermée dans une boëte d'argent, couverte de velours vert, & de deux placques d'or, sur chacune desquelles il y avoit un diamant,

diamant, qui servoit de cachet, avec ces paroles Arabes gravées au milieu, *Lehem Dilliika ! Monley Atchy sababy intan Sultan de Franciec*, qui veulent dire en nôtre Langue, Graces à Dieu ! *Monley Atchy* est amy du Roy de France. Il dit aussi à ce Marchand, que ses raisons estoient contenuës dans la lettre, & que dans peu il envoyroit en France un des Grands de sa Cour, pour rendre au Roy ses civilitez. Avec cette dépéche Frejus s'en retourna aux Algouzemes, qui estoit le lieu où il avoit débarqué, & s'y arresta pour vendre le reste de ses marchandises. Mais comme il eut quelque different avec le Gouverneur de la Province, il retourna à Fez en demander justice au Roy, qui fut surpris de le voir une seconde fois, dautant qu'il le croyoit déja en France, & reconnut que puisqu'il s'estoit mis à

E

trafiquer, il n'eſtoit pas envoyé de ſon Roy : ce qui fit qu'il luy ôta les lettres qu'il luy avoit données, & il luy commanda de ſortir au plûtoſt de ſes Eſtats, ne laiſſant pas de luy rendre juſtice ſur les choſes dont il ſe plaignoit. Et bien luy prît de n'avoir pas porté la peine de ſon impoſture, pour laquelle il meritoit d'eſtre mis au fers.

1671.

Mort glorieuſe de Dom Pedro Lopez.

Je pourois bien raporter icy la fin tragique & glorieuſe de Dom Pedro Lopez, Gentilhomme Eſpagnol, que Mouley Archy décapita le 5. Janvier 1671. Mais comme j'en ay décrit plus au long toutes les particularitez dans l'Hiſtoire de mon Eſclavage, j'y renvoye le Lecteur.

Arrivée du Comte d'Eſtrée devant Salé.

Au mois de Juillet en ſuivant, Monſieur le Comte d'Eſtrée, Vice-Admiral de France, arriva devant la ville de Salé avec une Eſcadre de douze Navires. Il vint moüiller l'ancre à la portée du canon de terre, où il demeura environ quinze jours à y attendre les Corsaires qui pouvoient estre en mer. Mouley Archy en ayant esté averty, envoya ordre à Benyeucourt, Gouverneur du Chasteau de Salé, de ne point parlementer qu'avec la bouche de ses canons. On ne pût point sçavoir le sujet qui l'avoit amené en cette radde, dautant qu'un Jeudy au soir ayant fait approcher quatre fregattes legeres le plus prés de la barre qu'il fut possible, & ayant fait tirer plus de mille coups de canon contre le Chasteau & sur la Ville, sans nul autre effet, que de faire abandonner aux Maures un petit Fort sur le bord de la mer, il se retira & prît la route de France.

Mouley Archy ayant passé tout 1672. le reste de l'année precedente à exercer ses cruautez ordinaires, partit sur le commancement de celle-cy pour aller dans la Province du Riffe y prendre le divertissement de la chasse. Pendant qu'il y estoit occupé, il y reçût avis que Mouley Hamet Meherez son Néveu avoit pris les armes contre luy au Royaume de Maroc, où il l'avoit laissé Viceroy. Ce jeune Prince, des plus belliqueux de toute l'Affrique, avoit des obligations infinies à Mouley Archy, qui l'avoit élevé à la dignité de Califfe de ce Royaume, aprés la mort de Mouley Ehecq, fils de Cromlehache : Mais voyant qu'il luy pouvoit ôter son Gouvernement avec la vie, il oublia ses bienfaits, & voulut éprouver si la fortune luy seroit assez favorable, pour le faire monter sur le Trône. Il declara son dessein à quelques-uns de ses Officiers, & particulierement à Abdalazize Arafe, Chef de son Conseil, qu'il croyoit son amy, mais que Mouley

Revolte de Mouley Hamet Meherez Vice Roy de Maroc.

Archy n'avoit mis prés de luy que pour veiller sur ses actions. Tous consentirent à faire ce qu'il voudroit, & promirent de luy estre fidelles. Sur cette asseurance il ordonna à Abdalazize de prendre avec luy cinq cens chevaux, pour s'aller rendre maistre de Saphy, place maritime, afin d'y retirer ses richesses, & de s'y mettre à couvert, en cas qu'ils ne fussent pas assez heureux pour reüssir en cette entreprise : Mais Abdalazize en usa autrement que le Prince ne l'attendoit, car il divisa ses troupes en autant de parts qu'il y avoit d'habitations d'Arabes dans la Province pour les garder, & commanda aux Chefs, sur peine de la vie, de n'en bouger jusqu'à nouvel ordre. En suitte il écrivit au Gouverneur de Saphy, pour l'avertir de l'entreprise de Mouley Hamet, & qu'il eût à se tenir sur ses gardes, & alla luy-même à Azamor, pour preparer l'Alcayde à mettre en campagne sa cavalerie, afin d'empescher à Mouley Hamet l'entrée de Mafagain. De là il s'achemina à Salé, pour donner ordre qu'on luy coupât le chemin de Mamora. Ayant fait toutes ces diligences, il alla trouver le Roy, qui estoit, comme nous l'avons dit, dans la Province de Riffe, & luy donna avis de ce qui se passoit, & des précautions dont il avoit usé.

Preparation de M. Hamet pour ses desseins. Mouley Hamet, qui n'avoit encore rien appris de cette trahison d'Abdalezize, sortit de nuit de Maroc, faisant à croire aux Grands de la Ville, & à celuy qu'il laissoit Gouverneur du Palais, qu'il alloit à Tafilet, aux nopces de Mouley Talbe son frere, & qu'il seroit dans peu de retour. Il fit charger toutes ses richesses, & sept ou huit Chrêtiens qu'il avoit, sur plusieurs mulles, & prit la route de Tafilet. Mais s'en estant détourné, il reprit le chemin de Saphy, la croyant déja à luy, & qu'Abdalazize Arase y estoit entré. Il envoya devant quelques cavalliers l'avertir de sa venuë; mais bien loin d'y estre reçûs comme ils s'attendoient, ils furent repoussez par ceux de la garnison, qui leur firent connoistre qu'ils tenoient pour Mouley Archy. Mouley Hamet ayant appris cette trahison, fit diligence pour gagner Mafagam. Le Gouverneur d'Azamor estoit déja devant, pour luy en deffendre l'entrée, il usa même de sortilege pour empescher ce Prince d'en trouver le chemin, & quoy qu'il n'y eust que trente lieuës de traverse, il fut plus de huit jours avant que d'y arriver, perdit tout son bagage, qui demeura égaré d'un costé & d'autre, & luy-même en perdit aussi le chemin, lorsqu'il s'imagi-

Fuitte de Mouley Hamet.

E iiij

noit d'estre prest d'entrer dans la Ville. Quelques-uns de ses gens qui s'estoient écartez de luy, se trouvans à la veuë de la Place, y rencontrerent l'Alcayde d'Azamor, qui leur en vouloit deffendre l'entrée ; & comme ils la disputoient, les Portugais de Masagam se doutans que c'estoit quelqu'un qui se refugioit chez eux, firent une sortie qui la leur facilita. Ils y apprirent que leur Prince n'estoit pas encore arrivé. Mouley Hamet aprés plusieurs journées de chemin & de fatigues se trouva sur le fleuve de Marbea. Il y rencontra un Hermitage de Morabites, où il se retira avec deux cavaliers, qui ne l'avoient point abandonné. Mais comme il y fut averty du danger qu'il y avoit pour luy sur la route de Masagam, il traversa le Fleuve pour aller à Salé, & se rendre à Mamorra, qui n'en est distante que de cinq lieuës.

Comme il s'embarquoit au passage de la riviere de Salé, on le reconnut à la marque qu'on avoit donnée de luy, qui estoit un manque de deux ou trois dents au devant de la machoire superieure. Ayant passé la riviere, au lieu de prendre le chemin de Mamorra, il prit la routte de Fez, & Hamet Benyeucourt, Gouverneur du Chasteau, en ayant eu avis par ceux qui l'avoient reconnu, monta à cheval avec sa cavallerie, qu'il avoit toûjours tenuë preste depuis qu'Abdalazize Araſe l'avoit averty; & comme il l'eut atteint, & que ses gens le tenoient environné de toutes parts, il vit sortir de la Forest voisine un gros de cavallerie, & par ses Estendars il reconnut que c'estoit l'armée du Roy, qui y estoit en personne. Ayant laissé le Prince en sauvegarde, il passa vers Mouley Archy, pour luy rendre compte de cette

Prise de Mouley Hamet.

expedition. Le Roy demanda d'abord, & d'un visage sévère, où estoit son Neveu, Benyeucourt luy apprit la rencontre qu'il en venoit de faire. Aussi-tost le Roy joyeux d'une si bonne nouvelle, commanda aux Alcaydes Didan & Abdala Arase, de s'asseurer de sa personne, & de se saisir de ses armes. Il faut icy remarquer, qu'aprés que le Roy eut eu la nouvelle de la revolte de ce Prince, & qu'il fut de retour du Riffe, il arriva, lors qu'il alloit partir, un signe qui épouvanta tous les habitans de l'un & de l'autre Fez. L'on vid tout à coup le temps, qui estoit fort serain, se couvrir d'épais nuages, qui ne se dissiperent que par un nombre infiny d'éclairs & de tonnerres effroyables, qui sembloient vouloir confondre le Ciel avec la terre: & dans Fez-Bellé plusieurs Habitans virent sur le bout des branches d'un palmier

Signes apparus à Fez.

un phantofme qui reprefentoit la figure d'une femme, faifant des fignes avec les mains fur l'autre Fez, où plufieurs Chreftiens & Maures travailloient à la conftruction d'une haute tour dans le Serrail neuf, laquelle ils fentirent trois fois trembler fous eux, & l'abandonnerent en diligence, dans la crainte qu'ils eurent qu'elle ne les accablaft fous fes ruines. Aprés que cet orage fut ceffé, Mouley Archy, qui eftoit tout preft de marcher avec fa cavalerie, ne declara fon deffein qu'à Mouley Aran, oncle & beau-pere de Mouley Hamet. Aran dans la crainte que le Roy ne luy fift un mauvais party, le conjura de luy permettre qu'il luy fift compagnie ; ce qui luy fut accordé, laiffant le Gouvernement du Royaume à Mouley Semein fon Frere, à prefent regnant, & fe mirent ce même jour là en chemin. Cidan &

Abdala Arafe, de qui nous avons parlé cy-devant, s'estans approchez de Mouley Hamet, luy annoncerent l'ordre qu'ils avoient receu du Roy. Il ne voulut pas leur permettre qu'ils missent les mains sur luy ; & comme il sçavoit qu'il ne pouvoit éviter de mettre bas les armes, il osta luy-mesme son cimeterre, qu'il leur mit entre les mains, disant qu'il faloit s'accommoder au temps; mais qu'il ne perdoit pas l'esperance de regner, & que peut-estre un jour leurs enfans seroient bien-aise de venir rechercher sa protection. Ils arriverent sur ces entre-faites à Salé, d'où Mouley Archy partit le lendemain pour aller à Maroc, craignant que la prise de Mouley Hamet n'y causast quelques remumens: Mais il y trouva ses affaires en aussi bon ordre qu'il les pouvoit desirer; dautant que les Officiers du Palais

du Royaume de Maroc.
& de la Ville ayans fçû la fuitte de Mouley Hamet, demeurerent en repos, & continuoiét de faire leurs Charges, comme s'ils l'euſſent ignorée. Mouley Archy ne démit aucun des Officiers que Mouley Hamet avoit établis, en reconnoiſſance de leur fidelité. Il fit en fuitte venir ce Prince qu'il avoit amené à Maroc avec luy; luy fit quelques reproches de ſon infidelité; & pour excuſer en quelque façon ſa jeuneſſe, qui n'eſtoit que de dix-neuf ans, luy dit qu'il eſtoit plus propre à ſuccer le lait de ſa mere, qu'à gouverner un Empire. Il luy ordonna en fuite de ſe retirer à Tafilet, pour y mieux étudier l'Alcoran; & luy dit qu'il penſaſt mieux à l'avenir au ſuccés que pourroient avoir ſes deſſeins avant que de les entreprendre. Il donna ordre auſſi-toſt à un Alcayde de détacher deux cens chevaux pour le conduire au lieu de ſon exil.

Exil de Mbuley Hamet

Mouley Archy ayant tout pacifié, il fit assembler à Maroc toute la Noblesse de ses Royaumes, pour y celebrer avec eux la Pasque, qu'ils appellent Leide Cubir: Elle l'accompagna ce jour là à une Gemme, ou Mosquée, qui est hors la Ville, où il sacrifia un Mouton à leur faux Prophete, en memoire de celuy qu'Abraham sacrifia à Dieu, au lieu de son fils Isaac, frere d'Ismaël, qu'ils croient estre le premier pere des Arabes Sarrasins, d'où ils tirent leur generation, aprés quoy ils retournerent au Palais faire festin, comme c'est la coûtume.

Le Roy, aprés la Feste, fit un excés de vin en particulier avec ses plus familiers amis ; ce qui luy estoit un vice fort ordinaire, & dans cet estat il luy prit envie de monter à cheval, & de caracoller dans les superbes jardins du Palais. Lors qu'il fut dans les allées d'orangers, son cheval prenant le frin aux dents, l'emporta de telle violence, que paſſant ſous une groſſe branche d'un des orangers, elle luy fracaſſa tout le crâne, dont il mourut trois jours aprés, au quarantiéme an de ſon âge, qui fut le vingt-ſeptiéme jour de Mars de l'année 1672. & de l'Egire de Mahomet au compte des Maures 1086. & au noſtre 1040. aprés avoir regné ſept ans à Fez, cinq à Maroc, & neuf à Tafilet. Sa mort ne fut pas plûtoſt ſceuë, que ceux qui l'avoient accompagné depuis Fez, s'en retournerent incontinent, & Mouley Aran, qui s'y vouloit rendre devant tout autre, de crainte que la nouvelle de la mort du Roy ne fut portée à Mouley Sémein, partit auſſi-toſt de Maroc, croyant que par ce moyen il entreroit en poſſeſſion du treſor de ſon Frere. Mais ſes diligences furent ſans effet, car

Mort de Mouley Archyi

Election de Mouley Semein pour Roy de Fez.

Mouley Semeïn qui avoit esté averty par l'arrivée d'un Dromadaire deux jours aprés cette mort, s'estoit déja emparé de la Ville, & du tresor, & avec les amis qu'il y avoit, s'estoit fait reconnoistre pour Roy, en attendant la venuë des Grands de l'armée. Mouley Aran n'ayant pû entrer dans Fez, s'en retourna à Tafilet, pour y assister Mouley Hamet de ses conseils, & l'aider à relever sa fortune, & se rétablir luy-même sur le trône, que peu de jours auparavant il avoit perdu. Il fut aussi reconnu du peuple de Tafilet à son arrivée, pour leur Roy : & ce fut là le commancement de la division des Royaumes de Mouley Archy, qui avoit si bien réussi à les conquerir pendant sa vie. Il s'estoit gouverné si prudemment dans ses affaires, que sans autre conseil que celuy de Checq Loüéty son beaupere, il estoit parvenu à un si haut

Mouley Aran reconnu Roy de Tafilet.

degré de gloire, que tout autre qui auroit eu moins de courage que luy, n'eût jamais ofé entreprendre ce qu'il executa avec tant de fuccés, veu le peu de forces qu'il avoit dans fes commancemens.

Fin du premier Livre.

HISTOIRE
DE MAROC.
LIVRE DEVXIE ME.

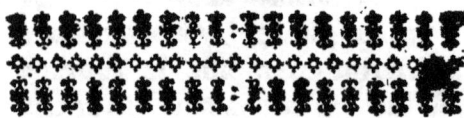'EST une chose bien facile, & rien ne paroist plus doux que de regner, mais c'est une chose bien difficile que de sçavoir paisiblement regner. Ceux qui ne s'attachent simplement qu'à la superficie des choses, s'imaginent que de tenir en main les resnes d'un Empire, c'est estre au suprême degré de la felicité & de la gloire, & ne considerent pas que le maniement des grandes affaires ne peut que nous engager dans un labyrinthe de déplaisirs, d'où l'on ne peut que difficilement sortir.

Nous avons veu Mouley Archy affermir son trône, & en accroître puissamment les limites; mais on ne remarque point dans sa vie que ç'ait esté par la molesse, ny pendant qu'il se seroit abandonné à quelque plaisir. Le fer & le feu qu'il y employa luy-même, sont des témoignages des peines qu'il a souffertes pour s'asseurer sa Couronne; & s'il n'a rencontré personne qui la luy ait disputée pendant qu'il en a esté le maistre, ce n'a point esté sans veille, ny sans un nombre infiny de précautions, & les deux Princes dont nous avons à parler dans ce Livre, & qui sont ses Successeurs, ne se sont pas moins donné de peines, & s'en donnent encore tous les jours pour se maintenir dans leurs Estats; encore ne peuvent-ils paisiblement regner, comme nous ferons voir dans la suite.

Aprés la mort de Mouley Ar- 1672.

chy, le Gouverneur du Chasteau de Maroc nommé Carra, qui estoit à la devotion de Mouley Hamet, comme sa creature, jugea qu'il estoit temps de reconnoistre ses bien-faits, & de rendre service à son Maistre par quelque action insigne. Il n'en pouvoit trouver une plus belle occasion que celle-cy, qui fut qu'aprés le départ de Mouley Aran, il demeura maistre absolu du Palais; il en fit fermer les portes, & proclamer Roy Mouley Hamet par la garnison, puis luy envoya des Couriers à Tafilet pour luy donner avis de la mort de son Oncle, de ce qu'il avoit fait en sa faveur, & comme les troupes de Mouley Archy s'estoient toutes dispersées aprés cet accident, qu'il jugeoit à propos qu'il se rendit à Maroc en diligence pour s'asseurer de la Ville, qui ne s'estoit point encore declarée, & ne sçavoit si elle le devoit reconnoistre, ou

Mouley Hamet Meberet, éleu Roy de Maroc.

celuy qui seroit declaré Roy de
Fez. Mouley Hamet qui avoit déja appris la mort de son Oncle par
l'arrivée de Mouley Aran, n'en parut aucunement surpris. Mouley
Aran se réjoüit avec luy du bon
succés de ses affaires, & l'asseura
que le Royaume de Tafilet, où il demeuroit absolu, seroit toûjours de
ses alliez, & qu'il l'aideroit de tout
ce qu'il pourroit avoir de besoin
pour l'affermissement de son Estat.
Mouley Hamet ne s'arresta point
à faire un plus long sejour à Tafilet, il prit Mouley Talbe pour
l'accompagner dans son voyage.
A son arrivée à Maroc, la Ville ne
fit point de difficulté de se declarer
pour luy; il avoit épousé l'Ella Mariem, fille de Mouley Labesse, leur
legitime Princesse, qui ne contribua pas peu à son élection. Les anciens serviteurs de Mouley Archy,
à leur retour à Fez, allerent offrir
leurs armes & leurs services à Mou-

ley Seméin, qui reçeut favorablement lours offres, les priant de luy eftre auffi fidelles qu'ils avoient efté au Roy deffunt, & que de fon cofté il les traiteroit comme fes bons Sujets. Il leur declara le deffein qu'il avoit d'aller à la conquefte du Royaume de Maroc, avant que fon neveu eût le loifir de s'y fortifier, difant qu'il luy appartenoit comme heritier & fucceffeur legitime de celuy qui l'avoit cy-devant conquis fur le fils de Cromlehache, & qu'il le vouloit conferver pour les deux fils que Mouley Archy avoit laiffez en bas âge, dont il eftoit le tuteur. Il donna ordre à l'Alcayde Cidan, qu'il fit pour lors fon Bacha, de tenir à cet effet fes troupes preftes pour le mois de May. L'armée eftant fur le point de fe mettre en campagne, il en fit la reveuë en perfonne, & marcha luy-même à la tefte, accompagné des Grands

de son Royaume. La nouvelle de
sa marche fut bien-tost portée à
Mouley Hamet, qui se mit en devoir avec les habitans de Maroc,
renforcez de quelques troupes
d'Arabes, qui estoient venus se
soûmettre à luy, de luy aller au devant, & de luy fermer le passage
de la riviere des Noirs ; mais les
habitans qui craignoient de faire
la guerre hors leurs murailles, luy
remontrerent qu'il faloit laisser la
peine à son ennemy de venir l'attaquer, qu'ils estoient plus que suffisans pour le rompre, & que l'ayant
vaincu, il pourroit facilement se
faire declarer Roy de Fez. Mouley Hamet qui ne vouloit pas les
rebuter dans ces commancemens,
leur dit qu'il jugeoit à propos de
camper à une lieuë seulement de
la Ville, pour voir quel nombre
ils pourroient estre, par la reveuë
qu'il desiroit en faire, & y attendre
son ennemy. Mouley Seméin arri-

va bien-tost sur cette riviere, où il croyoit rencontrer son neveu ; mais la trouvant libre, il la passa sans precipitation, il traversa toute la Province de Duquella, & demeura quelques jours en Jebel el cader, pour y attendre ses espions, qui luy rapporterent que Mouley Hamet estoit proche des murailles de Maroc, avec des forces pareilles aux siennes, attendant son arrivée. Mouley Seméin ayant appris l'estat de son ennemy, leva le camp, & s'achemina vers luy. Il ne tarda que quatre jours à s'y rendre, & campa à demie journée de la Ville. Le lendemain matin faisant déployer ses drapeaux, il laissa ses tentes & ses bagages en ce lieu, & fit marcher à la teste de ses troupes quatre pieces d'artillerie, qui estoient conduites par douze Chrestiens. Mouley Hamet de son costé se disposa à recevoir la bataille ; exhorta ses soldats à se bien défendre,

défendre, leur promettant tout le pillage s'ils rompoient ses ennemis; puis il fit deux corps de son armée, qui estoit composée de vingt-cinq mille hommes, donnant la conduite de l'un à Mouley Talbe son frer, & il se mit à la teste de l'autre. Mouley Seméin connoissant les forces de son neveu, & de quelle maniere il avoit dressé son camp, donna le commandement de l'aîle gauche de ses troupes à Checq Amar son beau-frere, & la droite au Bacha Cidan, faisant un corps de bataille dont il se reserva le commandement, pour renforcer celuy qui en auroit besoin : les deux armées estant à la veuë l'une de l'autre, & les deux Roys à leurs testes, ne tarderent gueres d'en venir aux mains. Il est à remarquer que les Maures dans leurs manieres de combattre ne forment point de bataillons, & ne mettent dans une plaine que deux

rangs de soldats au plus, qui s'étendent en file & se courbent par les
bouts en forme de croissant, l'infanterie est au milieu & la cavallerie sur les aîles : Et comme la plaine où se donnoit cette bataille,
pouvoit côtenir un million d'hommes, les deux armées, qui comme
nous l'avons dit, estoient rangées
en forme de croissans, & qui s'é-
tendoient plus d'une grande lieuë,
se chocquerent plûtost sur les aîles
qu'au milieu, & il s'éleva une si
excessive poussiere, qu'ils furent
long-temps mêlez sans se reconnoistre. Mouley Hamet donna sur
l'aîle gauche avec ses Arabes, &
la faisoit déja plier, lorsque Mouley
Seméin s'en appercevant, s'avança avec son corps de reserve pour
luy donner secours. Cependant le
Checq Amar ralia ses soldats, &
les animant derechef, ils vinrent
tres à propos rendre à leur Roy le
même service qu'ils venoient d'en

du Royaume de Maroc.
recevoir. Mouley Talbe de son costé avoit tout l'avantage contre Cidan, & il l'alloit infailliblement rompre, si les habitans de Maroc, qui craignoient la poudre, ne se fussent retirez derriere leurs murailles, pour y attendre l'evenement du combat. La pluspart perirent miserablement dans les aqueducs qui sont autour de la Ville, que la grande poussiere leur empeschoit de voir. Mouley Hamet échauffé au combat, choisissoit entre tous Mouley Seméin pour se battre contre luy, afin de decider leurs differens par un combat singulier, & l'ayant apperceu luy en alloit faire le deffy, si une balle qui luy perça la cuisse droite de part en part n'eût rompu son dessein ; joint à cela qu'estant averty de la trahison de ceux de Maroc, il crût qu'indubitablement il seroit fait prisonnier s'il poussoit plus avant ; c'est pour-

Conqueste du Royaume de Maroc par M. Seméin sur M. Hamet.

quoy il trouva plus à propos de se retirer avant sa défaite entiere; il fit donc avertir son frere de le joindre, & ils se retirerent ensemble au Chasteau, le firent fermer sur eux; & Mouley Hamet s'estant fait penser de sa blessure, les deux freres sortirent aussi-tost par les jardins, accompagnez d'un seul Cavallier, & ils firent si grande diligence, qu'ils entrerent dans les montagnes de Guilaoa avant que le combat fut entierement finy. Il dura plus de six heures, il y mourut de part & d'autre plus de six mille hommes, & il y en eût prés de quatre mille de blessez. Mouley Seméin se voyant vainqueur, crût que Mouley Hamet s'estoit sauvé au Chasteau, mais estant averty qu'il en estoit sorty, il trancha de son cimeterre la teste à l'Alcayde Carra qui en estoit Gouverneur, lorsqu'il luy en vint presenter les clefs, pour avoir lais-

ſé ſauver ce Prince. Il depeſcha
auſſi-toſt l'Alcayde Haly Cidor
avec quatre cens chevaux pour
luy couper le chemin de Tafilet,
où il ſçavoit qu'il s'alloit refugier,
luy ordonnant de le luy amener
chargé de fers. Haly Cidor entra
par Guilaoa, où il s'informa de
luy, & n'en ayant rien appris paſ-
ſa plus outre. Cependant Mouley
Hamet incommodé de ſa bleſſure, ſe croyant en ſeureté dans les
montagnes, s'y achemina à petites journées. Il entra en Zaimby,
aprés que Cidor y eut paſſé ; le fils
de Zaimby, qui avoit eſté long-
temps à ſa Cour du temps qu'il
eſtoit Viceroy de Maroc, l'ayant
reconnu, le vint ſaluer, luy offrant
le Chaſteau de ſon pere pour s'y re-
poſer : il luy témoigna d'abord les
regrets qu'il avoit de ſa diſgrace, &
luy jura que quoy qu'abandonné
de la fortune, il le conſidereroit
toûjours comme ſon Prince. Mou-

Détentiõ de M. Hamet en Zaimby, sis sers & sa liberté.

ley Hamet accepta volontiers ses offres, & en receut tout le soulagement qu'il en pouvoit esperer, & pour l'abuser davantage, son pere l'asseura que si tost que Mouley Seméin seroit party de devant Maroc, il luy donneroit quinze mille hommes pour le rétablir en ses Estats. Cependant il envoya vers Cidor pour l'avertir que celuy qu'il cherchoit estoit entre ses mains. Cidor joyeux de cette nouvelle, se rendit à cinq jours delà au lieu où estoit son prisonnier. La premiere chose qu'il fit, sans le saluer, ny luy témoigner aucun respect, fut qu'il luy demanda d'abord ses armes, & l'ayant chargé de fers, son Frere, & Haly Riffy, il partit de grand matin pour les conduire en diligence à Maroc. Cidor pour accourcir son chemin voulut repasser en Guilaoa, & envoya avertir le Checq qu'il avoit pris Mouley Hamet, & qu'il devoit se mettre sous l'obeïssance de Mouley Seméin, comme il avoit esté sous celle de Mouley Archy. Ce Checq qui estoit grand amy du Prince, & qui luy avoit de tres-grandes obligations, sçachant le danger qu'il couroit de sa vie s'il tomboit entre les mains de son vainqueur, partit à la teste de mille chevaux, & ayant atteint Cidor, le mit en pieces avec ses gens, dont il se sauva seulement six ou sept des mieux montez, qui porterent au Roy les nouvelles de cette défaite. Aprés cette expedition ce nouveau liberateur mit pied à terre pour saluer le Prince, luy osta ses fers, & l'ayant conduit à son Château, luy presenta l'une de ses filles, que le Prince accepta pour épouse ; mais quand il fut guery de sa blessure, & qu'il vit que son sejour n'avançoit en rien ses affaires, il obtint du Checq d'aller à Tafilet voir sa mere, & il y demeu-

F iiij

ra jufques à ce que la revolte de Fez-Bellé luy donna occafion de remuer.

Mouley Seméin fâché au dernier point d'apprendre que fon neveu luy eſtoit échappé, s'arreſta quelque temps à Maroc pour voir s'il ne s'y paſſoit rien contre fon fervice. Les Deputez de toutes les Provinces & des Villes du Royaume & de Sus luy vinrent rendre foy & hommage. Il leur donna des Gouverneurs attachez à fes intereſts ; établit Viceroy de Maroc Mahamet Beny Mariny, qu'il eſtimoit l'un de fes plus fideles ferviteurs, & prit la route de Fez. La crainte qu'il avoit que fon ennemy ne joüit trop long-temps du plaifir d'avoir échappé de fes mains, luy fit ordonner à Cidan de tenir toûjours fes troupes en eſtat, dans le deſſein de l'aller joindre à Tafilet vers le mois de Septembre ; mais les Grands qui l'avoient éle-

vé à la Couronne, & qui esperoient *conspi-*
toûjours les recompenses qu'il leur *ration*
avoit promises s'il gagnoit Maroc, *contre le*
voyans qu'il vouloit entreprendre *Roy y dé-*
une nouvelle guerre sans leur don- *couverte.*
ner satisfaction, ny payer leurs soldats, trouverent étrange d'estre
obligez de faire la guerre à leurs
dépens, & resolurent ensemble de
le faire mourir. Pour venir à bout
de cette entreprise, ils firent prendre un Lion vif, & convierent le
Roy de prendre le divertissement
de le tuer, esperant par ce moyen
executer leur cruel dessein. Cidan
estoit aussi de la conspiration;
mais lorsque le Roy sortit pour
cet effet, il le joignit, & luy dit en
passant & en peu de mots le peril
qu'il couroit de sa vie. Tous les
conjurez s'apperceurent bien qu'il
luy parla, mais ils ne s'imagi-
nerent pas d'abord que ce fût
pour les trahir; & voyant que le
Roy se retiroit subitement, &

F v

qu'ils l'attendoient en vain, ils se douterent de la trahison de Cidan; ce qui les obligea de monter à cheval pour prendre leurs seuretez, craignans que le Roy n'envoyât les Gardes de son Palais se saisir d'eux. Ils dresserent des embusches sur les avenuës par où devoit passer Cidan, il ne manqua point sur le soir d'y tomber, & avec la pluspart de ceux qui estoient à sa suite, il fut renversé mort sur la place.

Revolte de Fez-Bellé. La Ville de Fez-Bellé en même temps remplie de conspirateurs qui y tenoient leurs familles, se souleva contre le Roy le 25. jour d'Aoust, & la même nuit Mouley Mousaut-Mariny monta à cheval pour au nom de tous les habitans aller vers Mouley Hamet, l'asseurer de leur obeïssance, & le prier de se rendre au plûtost dans la Ville pour y commāder. Abdalazize Ben-pyeucourt Gouverneur de Theza luy mit en passant cette place entre les mains, sur les menaces qu'il luy fit d'exterminer toute sa famille, qui estoit dans Fez-Bellé. Le lendemain, qui devoit estre le départ de l'armée du Roy Mouley Seméin pour Tafilet, fut celuy de sa déroute; car ceux de Fez-Bellé sortirent de leur Ville & pillerent tous les équipages, tentes & bagages de l'armée; ce qui surprit tellement le Roy, que ne sçachant quel remede y apporter, il envoya vers la Ville un vieillard venerable, qui estoit son Oncle, pour tascher de les remettre à leur devoir, leur promettant le pardon de leur conspiration & de la mort de Cidam, s'ils vouloient se reconnoistre; mais le vieillard ne receut autre réponse d'eux que celle de plusieurs coups de fusils qui le renverserent mort sur la place. Il fut emporté au Palais par ceux qui l'avoient accompagné; ce qui n'augmenta pas peu la douleur du

Roy, qui déchirant ses vêtemens, commanda qu'on fît sortir incontinent quelques grosses pieces d'artillerie pour battre la Ville, qui firent peu d'effet. La Ville de Theza qui s'estoit aussi soûlevée, fut suivie de la Province du Riffe, qui en est voisine. Le Roy dans cette conjoncture se trouva fort embarassé ; il le fut encore davantage, lorsque que quatre mille Chavanets, restez des six mille, qui estoient venus au service de Mouley Archy, connoissans son humeur avaricieuse, & qu'il ne parloit point de les payer, se retirerent de son service, & en plain midy plians leurs bagages, les mirent sur leurs chameaux avec leurs femmes & leurs enfans, & pillerent tout ce qu'ils purent en se retirans. Le Roy fut aussi-tost averty de leur départ, & montant à cheval avec deux mille Noirs, les suivit en queuë, pour tascher par belles

Revolte de Theza & du Riffe.

Fuite des Chavanets.

du Royaume de Maroc.

promesses de les ramener; mais ils n'en tinrent aucun compte : Et comme il les suivoit toûjours, employant tout l'artifice possible pour les obliger de revenir, ils firent tout à coup volte-face, & luy dirent qu'il eût à se retirer, & qu'estant Cherif, ils ne luy vouloient point faire de mal; ils se contenterent seulement de maltraiter quelques-uns de sa suite, qui s'estoient plus avancez que les autres : De maniere que le Roy fut contraint de s'en retourner confus, & de les laisser continuer leur route. Ils furent mettre le siege devant Maroc, aprés avoir ruiné tout le païs par où ils passerent.

Le Roy ne fut pas moins consterné d'apprendre encore comme Mouley Hamet venoit au secours des revoltez avec deux mille cinq cens chevaux que Mouley Aran luy avoit donnez; ce qui l'obligea d'aller dans le Riffe pour tascher

1673.

de remettre cette Province sous son obeïssance auparavant que son ennemy en eût pris possession, laissant quelques troupes à Fez pour y couper le chemin des vivres & du secours. Il passa devant Theza, où il ne s'arresta point, sçachant que le Chasteau tenoit encore pour luy, & estant dans le Riffe, aprés quelques petites escarmouches, il le remit au devoir, & envoya à Fez les autheurs des troubles chargez de fers. Mouley Hamet sur ces entrefaites arriva à Theza, & fit si bien envers le Gouverneur du Chasteau, qu'il l'en mit en possession, & delà il écrivit à Fez-Bellé, qu'il iroit s'y retirer si l'on luy vouloit mettre entre les mains un vieil Chasteau qui joignoit les murailles du costé de Theza, pour s'y retirer avec les troupes qu'il amenoit; mais le peuple au contraire le fut démolir, & luy envoya offrir pour sa demeure le plus beau

M. Seméin remet le Riffe à l'obeyssance.

Arrivée de M. Hamet à Theza.

Palais de la Ville. Plusieurs bien-intentionnez pour luy, depeschent secrettement des Couriers pour l'avertir de ne se point fier à ces mutins, & qu'il estoit meilleur pour luy de demeurer où il estoit. Il les crût, & envoya promptement à Fez pour demander le secours de la Ville, qui luy envoya incontinent sous la conduite de Checq Amar deux mille cinq cens chevaux & cinq mille hommes de pied. Le Roy voyant qu'il pourroit peut-estre demeurer long-temps dans cette Province, écrivit à Mouley Achem son frere, qui étoit à Tafilet, qu'il allât à Fez-Gedide pour y commander pendant son absence, à quoy Achem obeït incontinent.

Le bruit du soûlevement de Fez-bellé, de Theza, du Riffe, & la fuite des Chavamets, alla bien-tost jusques à Alger, où Abdelcader Gayland s'estoit retiré, pour

Retour de Gayland Prince des Algarbes. ſuivy de Mouley Archy, comme nous l'avons dit en ſon lieu. Il y receut des lettres des principaux des Algarbes, qui le prioient de retourner prendre poſſeſſion du païs, qui avoit eſté uſurpé ſur luy, l'aſſeurant qu'ils ſeroient pour luy, s'ils avoient les moindres forces pour en chaſſer ſes ennemis. Gayland voyant le temps propre pour recouvrer ſes terres, monta au Divan des Turcs, & les ſupplia de l'aider de quelques vaiſſeaux pour le conduire en ſa patrie, où il alloit ſe faire reconnoiſtre pour Souverain ; ce qui ne luy fut point refuſé. Ils armerent douze vaiſſeaux pour l'eſcorter juſques à Toutoüan, où le peuple à ſon arrivée ſe rendit à luy ; Arzille, & Alcaſſar, & tout ce qui dépend des Algarbes, firent la même choſe. Muſtapha Reys & quelques autres Capitaines Turcs, accompagnez de leurs troupes, ne l'abandonne-

du Royaume de Maroc. 137
rent point qu'ils ne l'euſſent fait
recevoir par tout ; aprés quoy il
leur fit quelques preſens, & ordonna au ſurplus que leurs vaiſſeaux
fuſſent rafraîchis de toutes ſortes
de proviſions, puis ils prirent congé de luy.

Le Roy eſtoit devant Theza *Siege de*
lorſqu'il apprit cette nouvelle ; & *Theza.*
quoy qu'elle le ſurprît beaucoup,
elle ne le découragea point. Il envoya à Fez-Gedide chercher quelques pieces de groſſe artillerie
pour batire le Chaſteau, avec cent
Chreſtiens pour y faire des mines;
mais tous ſes travaux furent inu-
tils, car ils n'avancerent en rien ſes
affaires. Cependant ceux de Fez-
Gedide & ceux de Fez-Bellé
eſtoient tous les jours aux mains ;
& quoy que les premiers fuſſent en
plus petit nombre que les autres,
neantmoins parce qu'ils avoient
un brave Chef qui les commandoit, ils avoient toûjours l'avan-

tage, & contraignoient les autres de se retirer dans l'enceinte de leurs murailles, avec une continuelle perte des leurs. Ceux de Fez-Bellé firent de grandes réjoüissances lorsqu'ils apprirent la venuë de Gayland, & au son de leurs instrumens barbares ils proclamerent Roy Mouley Hamet, proferant mille maledictions contre Mouley Seméin, qu'ils appelloient *l'Alla aycha* par derision, qui est autant que dire, *Dame abandonnée*. Ils firent plusieurs mines pour gagner un Chasteau qui les incommodoit fort, dautant qu'il les commandoit, & tenoit à leurs murailles, mais elles furent toutes éventées, à la reserve de deux, dont l'une eût son effet par le moyen de quelques renegats, & renversa une tour, & l'autre par l'industrie d'un Romain, qui fit sauter un pan de muraille à passer vingt hommes de front. Vingt mille du party de re-

du Royaume de Maroc. 139
voloient appuyoient cette expedition, à dessein d'y entrer, & avoient à leur teste Mouley Drice, l'un des plus fameux de leurs Saints, & qui descendoit du Fondateur de cette Ville. Drice y commandoit pour Mouley Hamet, & quoy qu'il n'y eût pour lors dans ce Chasteau que deux cens Noirs de garnison, ils n'eurent jamais le courage d'y entrer, disputans les uns avec les autres, & marchandans à qui iroit le premier, ce qui donna le loisir à ceux de dedans à recevoir du secours, & de refermer la bresche, qui coûta la vie à plusieurs Chrestiens qui y furent employez. Les autres mines furent toutes éventées, parce que les Chrestiens qui y travailloient de part & d'autre, s'entredonnoient des avis du lieu où elles répondoient, afin de les contreminer, & que par ce moyen il ne leur arrivast aucun mal, ce qui leur estoit facile, veu qu'ils n'avoient

Hiſtoire

perſonne à les commander qui entendiſſent ces ſortes d'ouvrages. Les courſes de ceux de Gayland qui ravageoient par tout, interrompirent le commerce de Fez & de Salé, qui eſtoit déja tout preſt de ſe declarer pour luy ; mais la prudence de Lehâche-Abdelcader-Marino, qui y gouvernoit conjointement avec Lehâche-Séiverdo, empeſcherent ce deſſein. Le Roy écrivit de ſon Camp de Theza à Mouley Achem, qui gouvernoit pour luy à Fez-Gedide, de faire partir inceſſamment l'Alcayde Cherquy-Benydrie avec deux mille chevaux & quelque infanterie pour aller contre Gayland.

Déroute de l'Alcayde Cherquy par Gayland. Cherquy obeït auſſi-toſt à ſes ordres, & ſe promettoit facilement la deffaite de Gayland, qui eut avis de ſa venuë, & l'alla attendre au paſſage du fleuve de Sebou. Cherquy nouveau Capitaine & peu experimenté, croyant que ſon ennemy, qui paroiſſoit avec peu de gens, n'avoit pas le courage de paſſer le fleuve, hazarda de le paſſer. Gayland ſe retira quelque peu, feignant d'avoir peur, pour luy donner le temps de paſſer à moitié, & vint tout à coup fondre ſur ceux qui eſtoiét déja paſſez; il tua Cherquy d'un coup de lance qui luy traverſa le bas-ventre, & pas un n'échapa de tous ceux qui eſtoient paſſez; ceux qui eſtoient de l'autre coſté du fleuve prirent la fuite incontinent, & porterent à Fez cette nouvelle qui fut envoyée au Roy. Il témoigna beaucoup de regret de la perte de cet Alcayde qu'il aimoit, & qui avoit toûjours eſté l'un de ſes plus fideles, & reſolut d'aller luy-meſme contre Gayland.

Le Roy leva le ſiege de Theza ſur les derniers jours du mois de Juin, ſans y avoir rien fait de conſiderable, faute d'avoir des gens ex-

Siege de Theza levé.

perimentez pour les mines & pour les assauts, donnant lieu par ce moyen à Mouley Hamet de se rendre plus fort, en luy abandonnant la campagne. Il arriva en peu de jours auprés d'Alcassar avec douze mille hommes, & surprit Gayland qui avoit envoyé une partie de ses troupes couper leurs bleds, & avec ce qui luy estoit resté de soldats, il se presenta pour recevoir la bataille que le Roy venoit luy donner. Estant donc sorty d'Alcassar, & ayant ordonné ses troupes du mieux qu'il luy fut possible, il fit tous les devoirs d'un brave soldat & d'un experimenté Capitaine, mais les siens ne luy gardans pas la fidelité qu'ils luy avoient promise, soit qu'ils eussent esté corrompus par le Roy, soit par leur lâcheté naturelle, ils l'abandonnerent la plufpart pendant que les autres estoient aux mains. Il cherchoit par tout le Roy pour le combat-

Bataille d'Alcassar & mort de Gaylād.

tre, mais il luy fut impossible de le trouver, & s'appercevant du desordre de ses soldats qui fuyoient presque tous, il leur cria : Lasches « & perfides que vous estes ! est-ce « ainsi que vous abandonnez un « Prince, qui persuadé de vostre fi- « delité & touché de vos miseres, « a quitté le repos de sa maison « pour vous remettre en liberté ? Je « seray content de mourir si le « vainqueur vange sur vous vostre « perfidie. Ne croyez pas qu'il « triomphe de moy, ce Tyran, je « combattray jusques à la mort, & « personne ne pourra dire que « Gayland, qui a esté en son temps « l'honneur de l'Afrique, ait fuy « pour la seconde fois la rencontre « d'un Cherif. Achevant ces paroroles, que chacun pût entendre, il se tourna vers les ennemis qui le poursuivoient, & la lance à la main s'estant meslé parmy eux, il en fit un carnage incroyable. Quatre chevaux furent tuez sous luy, & il n'eut pas si-tost monté le cinquiéme, qu'une balle, qu'il receut au costé gauche, le renversa par terre. Il se releva & se défendit encore courageusement, le cimeterre à la main, lorsqu'un Noir du Roy, qui l'apperceut couvert du sang qu'il perdoit en abondance, luy trancha la teste, & l'ayant plantée au bout de sa propre lance, l'alla presenter à Mouley Seméin, qui fut fasché de sa mort si prompte, qui ne luy avoit pas donné le loisir de luy faire declarer où estoient ses richesses. Le vainqueur poursuivit les fuyards jusques à Alcassar, en ayant laissé plus de trois mille morts sur la place & autant par les chemins. Les Talbes de la Ville sortirent aussi-tost, accompagnez des petits enfans, portans des drapeaux blancs pour implorer sa clemence au nom de tous les habitans, ce qu'il n'osa pas dans la conjoncture

joncture de ses affaires leur refuser. Il envoya à Fez la teste de Gayland pour réjoüir son frere & ses amis de cette victoire, & pour donner sujet aux revoltez de penser à eux. Mouley-Achem la fit voir par toutes les ruës & places de la Ville, & puis la renvoya au Roy ; qui la fit enterrer honorablement auprés de son corps, d'autant que ce Prince estoit en grande veneration dans le Païs, pour avoir toûjours fait la guerre aux Chrestiens, qui occupent des Places sur les frontieres, & même pour avoir donné ce fameux assaut à la ville de Larache, en l'année 1664. où il mourut, prés de douze mille Maures, que les Espagnols de cette Place taillerent en pieces. Pendant que le Roy fut occupé à cette derniere expedition, les revoltez solliciterent secretement Mouley-Ahem d'estre leur Roy ; mais ce Prince n'y vou-

G

lut nullement confentir. Cette mort de Gayland les furprit beaucoup, dautant qu'ils efperoient que pendant qu'il occuperoit le Roy, aprés le refus de Mouley Achem, Mouley Hamet de fon cofté fe tiendroit plus fort, & que par ce moyen ils pouroient favorifer davantage leur rebellion. Mouley Hamet de fon côté veilloit à fes affaires. Aprés que le Roy eut levé le fiege de devant Theza, il alla dans la Province d'Alcaladie, où il gagna les Arabes, avec quelques-uns des fils de Checq-Loüéry, & fe rendit avec eux maiftre du Château de Dar-Michal, où il voulut demeurer, laiffant le Gouvernement de Theza à Mouley Talbe fon frere avec cinq cens hommes de garnifon pour deffendre le Château. Mouley Seméin ayant tout pacifié, & remis les Algarbes fous fon obeïffance, emmena prifonniers quel-

Reduction du Dar-Michal à l'obeïffance de Mouley Hamet.

du Royaume de Maroc. 147
ques freres de Gayland chargez
de chaînes à Fez, où il rentra dix
mois aprés en eftre forty.

La premiere chofe qu'il ordonna *Retour*
à fon arrivée, ce fut qu'on ne fit *du Roy à*
aucune fortie fur les revoltez, & *offre la*
qu'on les laiffaft en repos, pour *paix aux*
éprouver fi la clemence & le par-
don qu'il leur envoyeroit offrir,
auroient plus de pouvoir que la
terreur de fes armes : il leur écrivit plufieurs fois, pour les exhor-
ter d'éprouver fa mifericorde, &
pour les affeurer qu'il leur pardon-
noit tout le paffé, fans les rechercher d'aucune chofe ; mais que
s'ils continuoient de l'irriter, ils
la rechameroient en vain ; qu'il
n'en feroit plus temps, qu'il mettroit leur Ville à feu & à fang, &
qu'il feroit femer du fel fur fes
ruines. A ces menaces terribles ils
s'affemblerent dans leur Gemme,
ou Mofquée principale, & y firent
venir de certains forciers, à la tefte

G ij

desquels marchoit Abdelcader-Festy, le plus fameux Magicien de toute la Ville, qu'ils honorent comme un Saint, afin de les aider de leurs conseils. Ils furent d'avis qu'ils devoient accepter la paix que le Roy leur offroit, s'offrans d'aller eux-mêmes vers ce Prince, pour convenir des articles, & pour luy en faire ratifier le traité. La partie fut remise au lendemain, & lors qu'ils voulurent sortir, accompagnez des principaux Alcaydes revoltez, il se fit une émutte au quartier des Andalouz, qui sont les Maures autrefois chassez d'Espagne, qui crioient que le Roy ne leur offroit la paix que pour mieux les détruire. Le Conseil se rassembla de nouveau, où les principaux de ceux-cy furent appellez, & il leur fut representé qu'ils devoient se rendre à l'opinion publique, & qu'ils ne concluroient aucun traité que Mouley Seméin ne jurast sur le corps du Roy deffunt son frere, qu'il avoit amené de Maroc, sur la Loy & les ceremonies de l'Alcoran. Ils furent à ce coup de l'opinion commune, & les Deputez furent trouver le Roy, qui fort joyeux de rentrer dans la possession de la principale Ville de ses Estats, les alla recevoir à la premiere porte de son Palais. D'aussi loin qu'ils l'aperçeurent, ils se jetterent la face en terre, & furent en suite se prosterner à ses pieds, luy demandant pardon pour eux, & pour leur Ville. Le Roy les fit relever, & aprés les avoir embrassez tous, les uns aprés les autres, il prît Abdelcader Festy par la main, & alla au tombeau de son frere, où il jura la paix de la maniere qu'ils la demanderent. Le Peuple de Fez-Bellé bien réjoüy du pardon qui venoit de luy estre accordé, vint en corps se jetter à ses pieds, & le remercier de

Reduction de Fez-Bellé à l'obeïssance de Muley Semein.

la grace qu'il leur octroyoit, &
retourna dans la Ville en faire une
longue réjoüissance; & comme
elle estoit generale, & que chacun
chez soy ne songeoit qu'à faire
bonne chere, & avoit oublié
le soin de la guerre, le Roy la
même nuit envoya des Officiers
& des soldats, qui desarnierent
avec tant d'adresse tous les habitans,
que plusieurs furent long-
temps sans sçavoir si leurs voisins
avoient esté desarmez, tant cela
se fit secrement pour ne les point
effaroucher. Le Roy se donna
deux mois de repos, avant que de
se mettre en campagne, & dispersa
quelque somme d'argent à ses
troupes pour se mieux rafraîchir.
Ce fut dans ce temps que la garnison
de Theza se declara pour
Mouley Seméin, & la remit entre
les mains du Gouverneur qu'il y
envoya, sans toutefois avoir voulu
rien faire de mal à Mouley

Talbe, que de l'obliger à se retirer vers Mouley Hamet.

Au commencement de l'année 1674. le Roy, qui ne pouvoit laisser son Neveu en repos, se mit en campagne, & s'avança jusqu'à une journée du Dar-Michal, où Mouley Hamet estoit campé avec presque d'égalles forces. Les deux armées, à cause des pluyes frequentes & de l'Hyver, furent long-temps à la veuë l'une de l'autre sans se choquer, leurs Chefs voulans temporiser, pour voir s'il ne pouroient point par quelque trahison se rendre maistre l'un de l'autre : Mouley Seméin en trouva plus dans l'armée de Mouley Hamet qui estoient pour luy, que Mouley Hamet dans celle de son Ennemy; & le Roy s'estant accordé avec eux, qu'ils le laisseroient entrer dans le Camp de son Neveu, il se prepara à l'execution. Mais Mouley Hamet qui veilloit toûjours sur les actions des siens, en fut averty à l'inſtant que ſon Oncle approchoit, rompit ſon deſſein, en faiſant crier dans le Camp, que ceux qui eſtoient de ſes amis euſſent à le ſuivre. Les traîtres ſe retirerent en diligence vers le Roy, & luy donnerent avis que Mouley Hamet eſtoit ſous les armes, ce qui l'avoit obligé de lever le Camp. Ce Prince ne connoiſſant point le nombre des perfides, & parce qu'il eſtoit nuit, laiſſa le Camp planté, & gagna les montagnes voiſines, où eſtant à couvert de ſon Oncle, il congedia les gens qui l'avoient ſuivy, & leur dit, que ceux qui auroient la volonté de l'accompagner, il les retiendroit volontiers, & ne les abandonneroit jamais pendant ſa vie; & que ceux qui n'en auroient pas l'inclination, il ne leur ſçauroit pas mauvais gré de s'en retourner chez eux, puiſque la fortune ne luy

Fuite de Mouley Hamet.

du Royaume de Maroc. 153
vouloit pas eftre affez favorable
pour leur faire le bien qu'il eût
defiré. Il diftribua à ceux-cy quelque argent pour vivre, en attendant que leurs amis auprés du
Roy euffent obtenu leur pardon.
Il prit en fuite le chemin de Tafilet, accompagné de trois mille
chevaux, qui ne le voulurent point
abandonner; & de là il paffa dans
la Province de Dras, que Mouley
Aran luy donna, pour demeurer,
jufqu'à ce que quelque occafion de
remuer fe vinft offrir. Ceux qui ne
le voulurent pas fuivre pafferent
au Royaume de Tremefen, d'où
ils furent rapellez, aprés que Mouley Seméin fe fut rendu maiftre de
Dar-Michal, & du refte de la Province, où il exerça de grandes
cruautez fur les Arabes, qui s'é-
toient donnez à Mouley Hamet.
Aprés avoir tout pacifié dans ces
quartiers là, il retourna à Fez, où
il demeura jufqu'au mois de May,

G v

afin d'y rafraîchir ses troupes. Le vingt-septiéme Avril en suivant, arriverent à Salé trois Religieux de l'Ordre de Nôtre-Dame de la Mercy, de la Redemption des Captifs, députez de la Congregation de Paris, & de la Province de Guyenne ; deux desquels, qui estoient des Convents de Bourdeaux & de Thoulouze, se logerent chez un Marchand Bayonnois, & le Pere Monnel du Convent de Paris, prit le logis du Sieur Antoine Raymond, pour lors Consul de nostre Nation. Je ne m'arresteray point à d'écrire toutes leurs negociations, dans lesquelles ils eurent bien de la peine & du merite, je me contenteray de dire, qu'ils rachepterent cinquante-neuf Captifs, tous François, & qu'après trois mois de sejour les RR. PP Recaudon Superieur du Convent de Bourdeaux, & Pierre Monnel, en partirent pour con-

Arrivée des Peres Redempteurs de la Mercy.

duire leurs Captifs en France ; &
le R. P. Blaise Lartigues demeura
en ôtage l'espace de dix-huit mois
pour retirer quelques Chrestiens,
tant du Roy, que des particuliers,
qu'il emmena au bout d'un si
long-temps, au nombre de dix-
neuf, & partit en Novembre
1678.

L'armée du Roy estant bien ra-
fraîchie, & en estat de se mettre
en campagne vers la my-May, &
ayant esté délivré quelque peu
d'argent aux soldats, Mouley Seméin qui la commandoit luy-même prit la routte de Maroc, lais-
fant à Mouley Achem son frere le
Gouvernement du Royaume de
Fez. Les Chavanets, qui depuis
qu'ils estoient sortis de l'obeïssance du Roy, tenoient toûjours le
siege devant Maroc, soûtenus de
quantité d'Arabes, qu'ils avoient
amenez avec eux, tenoient la Place serrée de prés, & elle estoit se-

duite à l'extremité, faute de vivres.
Siege de Maroc levé par les Chavanets qui le retenoient assiegé. Le Roy se hastant de la secourir, se trouva bien-tost de l'autre côté de la riviere des Noirs, & les assiegeans à son approche leverent le Camp pour luy aller couper le chemin, se logeans toûjours dans les lieux les plus avantageux. Ayant reconnu ses forces, ils ne jugerent pas à propos de luy faire teste. Ils se contenterent de faire quelques escarmouches qui diminuoient toûjours les forces du Roy, lequel voyant que leur dessein n'estoit point de luy donner un combat general, mais qu'ils ne tâchoient en le harcellant, qu'à affoiblir ses troupes, marcha vers eux pour les combattre; & comme les lieux où ils estoient campez estoient de difficiles accés, & que leurs forces inégalles ne leurs permettoient pas de l'attendre, ils firent une prompte décharge sur son armée, qui tua plusieurs de ses

soldats & Officiers, puis se retirans en bon ordre, gagnerent le passage de la riviere de Tasaüt, que le Roy n'osa forcer. Il campa cette nuit là sur le bord, & dépescha cinq mille chevaux pour aller par un détour chercher un autre guay, afin de les enfermer au milieu: Mais les Chavanets qui n'estoient pas si peu experimentez en l'art de la guerre qu'ils ne se doutassent de ce dessein, abandonnerent sans bruit ce passage cette même nuit, brûlans les bleds, & les fourages par tout où ils passoient, afin que le Roy ne les pût long-temps suivre, & se retirerent aux montagnes avec leurs bagages, leurs femmes & leurs enfans. Mouley Seméin craignant dans les défilez de perdre trop de monde s'il les poursuivoit, s'en alla à Maroc, où il fut tres-bien receu du peuple, & des Grands qui luy firent des presens. Aprés avoir renforcé ses

Arrivée du Roy à Maroc.

troupes, & s'y estre rafraîchy quelque peu, il fut en Haha pour y tirer des contributions, & de là contre les Chavanets. Mais comme ils avoient tout à fait détruit la Province, le Roy n'y trouvât ny vivres ny fourages, il retourna à Maroc, à dessein d'y passer le reste de l'Esté, établissant Eya Arase pour Vice-Roy du Royaume. Plusieurs Arabes, de ceux qui avoient suivy le party des Chavanets, luy furent amenez : Il les fit mourir dans des tourmens si cruels, qu'il est quasi impossible de les croire ; & comme il y prenoit son plus grand plaisir, l'on n'en amenoit pas assez à son gré pour assouvir son inhumanité. Cependant il reçût nouvelle que quelques Barbares des montagnes de Zaoüias ne luy vouloient point payer de garammes, ou tailles, & qu'ils avoient mis à mort ceux qui y estoient allé de sa part, il par-

tit au mois de Septembre avec son
armée, à dessein d'aller les détruire ou de les mettre à la raison : Ce
qui n'estoit pas une facile expedition, car les Barbares, au nombre
de cinq mille chevaux, & de huit
mille fantassins, s'estoient retranchez sur une haute montagne,
où ils avoient retiré leurs richesses, & en avoient fermé les passages avec un grand nombre d'arbres coupez. Le Roy ne les attaqua point de fois, qu'il ne fut repoussé, & la crainte d'y perdre son
armée, l'alloit faire retirer, lorsque Boufta General de ses Noirs
luy ayant representé qu'il n'estoit
pas de sa gloire, aprés avoir vaincu tant d'ennemis, de laisser ainsi
ces Barbares sans les détruire, luy
demanda permission de prendre
quatre mille chevaux pour aller de
l'autre costé de la montagne, disant que pendant qu'il les amuse-
roit du costé où il estoit, il pourroit

Défaite de quelques Barbares revoltez.

gagner le haut, & que par ce moyen ils les deferoient facilemẽt. Moulẽ Seméin approuva ce conseil, & luy donna les troupes qu'il demandoit, & les ennemis voyans qu'ils alloient estre attaquez des deux costez, prirent la fuite, laissans leurs biens, femmes & enfans à la discretion du vainqueur, qui les fit égorger au nombre de six mille, jusques aux enfans de la mamelle, & le butin, qui estoit assez considerable, fut donné aux soldats. Aprés cette expedition, on reprit le chemin de Fez, où le Roy ne fut pas si-tost arrivé, qu'il demanda aux Bourgeois de Fez-Bellé cinquante quintaux d'argent, mais il se relâcha aprés à trente-

Arrivée du Major de Tanger, pour traiter de paix. trois. En ce temps-là arriva à Fez Monsieur Whet Major de la Ville de Tanger avec quelques Maures de Salé, que des vaisseaux de guerre Anglois avoient pris. Il estoit accompagné d'Abdelcader

du Royaume de Maroc. 161
Marino Gouverneur de Salé, qui vint depuis Alcaffar, où il l'eſtoit allé rencontrer, pour porter le Roy à faire la paix avec ceux de Tanger, afin qu'il fut permis aux Maures d'entrer dans cette Ville, & d'en ſortir avec toutes ſortes de marchandiſes. Mouley Seméin qui avoit eſté averty de la venuë de ce Major fût le recevoir hors la Ville, accompagné de toute ſa Cour, & le lendemain luy ayant donné audiance, aprés avoir premierement eſté informé par Marino du ſujet de ſon voyage, il luy promit une favorable réponſe. Le Roy deux jours aprés partit pour aller à Miquenez, à deſſein d'y voir une renegate Eſpagnolle qu'il aimoit paſſionnément. Il fit appeller le Major en ce lieu pour conclure le traité de paix, & lorſqu'ils eſtoient ſur ces termes, un Moabite vint trouver le Roy, & luy dit que Mahomet s'eſtoit apparu à luy la

nuit, & luy avoit commandé de luy dire, que s'il vouloit vaincre tous ses ennemis, il l'aideroit, pourveu qu'il se déportast de faire alliance avec les Anglois; le Roy ajoûta foy à ces contes, & baisant la teste de cet infame, remplie de vermine, l'habit duquel estoit rapiecé de plus de mille morceaux differens, il dit au Major qui estoit present, qu'il ne vouloit pas encourir la disgrace de son Prophete, qui luy défendoit de traiter de paix avec luy. L'Anglois se retira, & le Roy envoya ordre au Gouverneur d'Alcassar de luy donner trois cens bœufs, & autant de moutons, en échange des trente Maures qu'il luy avoit presentez libres.

1675. Le Roy resolut de faire un voyage à Salé, tant pour ne point demeurer toûjours en un même lieu, que pour tenir par sa presence ce peuple en devoir, & le punir de ce qu'il avoit pû entreprendre contre son service du vivant de Gayland, pendant qu'il y estoit, à y faire d'exemplaires justices, & y prendre aussi quelquefois le divertissement de la chasse, cependant on luy brassoit de nouvelles affaires. Mouley Hamet, qui a toûjours esté le desiré des peuples, estoit demeuré en Dras, avec ses amis, depuis sa déroute du Dar Michal. Il fut appellé de ceux de la Ville de Tarudant ; il y alla, & la reçût à son obeïssance. Tous les Arabes, qui luy estoient aussi affectionnez, à cause de sa douceur & de ses liberalitez, se donnerent à luy, & les Chavanets luy vinrent au même temps offrir leurs services. Hamet se voyant renforcé de ces nouvelles troupes, alla visiter son beau-pere en Guilaoa, & à son arrivée il fut fait de grandes réjoüissances. Il en partit une nuit accompagné des Chavanets, &

Tarudan se donne à Mouley Hamet, & les Chavanets viennent à son service.

s'achemina secretement en Zaimby, où ayant au point du jour entré au Chasteau de celuy qui le livra és mains d'Haly Cidor aprés sa déroute de Maroc, & l'ayant surpris, il n'y trouva que le vieil Checq, qu'il fit precipiter du sommet d'un rocher en bas, où il se brisa en plus de mille pieces. Ses fils estoient retirez dans d'autres Chasteaux dans les montagnes voisines, qu'il ne voulut pas attaquer pour lors, laissant cette expedition pour une autre fois, & retourna en Guilaoa, d'où il dépescha un Courier secret à Maroc, avec des lettres pour la Princesse sa femme, luy donnant avis comme la fortune recommançoit à luy estre favorable. Cette Princesse estoit souvent visitée des principales Dames de la Ville; elle se découvrit à celles qu'elle trouvoit affectionnées au party de Mouley Hamet, & fit tant par de belles paroles, qu'elle les gagna, & leur fit promettre par serment de persuader leurs maris, de le recevoir dans la Ville, quand il se presenteroit aux portes. Elle les disposa aussi à aller elles-mesmes visiter les femmes des Talbe, des gemmes, pour obliger leurs maris à crier la nuit qu'il arriveroit, sur leurs tours, au lieu de leurs prieres ordinaires, *Vive Mouley Hamet, Roy de Maroc*; ce qui reüssit comme le desiroit la Princesse: Elle en donna avis à Mouley Hamet, ce Prince se prepara incontinent pour se trouver au pied des murailles de la Ville à l'heure assignée, où ses amis le devoient faire entrer. Le peuple qui avoit déja appris que Mouley Hamet avoit esté appellé de ceux de Tarudant, & que les Chavanets s'estoient rendus à luy, inclinoit encore pour ce Prince, à cause des cruautez horribles dont Eya Arase leur Viceroy usoit envers eux, & je pense qu'il n'eût pas esté besoin de stratageme pour luy donner entrée dans la place ; car comme l'on entendit crier de nuit, *Vive Mouley Hamet*, l'on ne douta point qu'il ne fût entré dans la Ville, & chacun se tinst en repos ; pendant quoy ses amis eurent le temps de le faire entrer sans empeschement. Il y fut suivy des Chavanets, & de quelques troupes d'Arabes, & lorsque l'on sceut pour certain qu'il estoit dans la Ville, chacun le suivit avec des acclamations de joye jusques à la Juifverie, qui est au pied des murs du Chasteau, d'où appellant les Noirs qui gardoient une tour voisine ; il les conjura avec de belles promesses de le laisser entrer la nuit suivante par cette tour, ce qu'ils luy accorderent. Eya Arase se voyant investy dans le Chasteau, se prepara à la défense. Il depescha aussi-tost un Cou-

Mouley Hamet rentre en possession du Royaume de Maroc.

rier à Salé, pour avertir le Roy de cette surprise, qui n'en demeura pas peu étonné; mais la nuit suivante estant venuë, Mouley Hamet fit planter ses échelles sur les maisons des Juifs, & par cette tour les Chavanets eurent bien-tost pris d'assaut ce Chasteau. Eya Arase fut obligé de se sauver en diligence chez le mesme Morabite, où Mouley Hamet s'estoit retiré autrefois proche d'Azamor. Ce Prince recompensa ceux qui avoient favorisé son entrée au Chasteau, & donna la mort à ceux qui en avoient laissé échapper le Viceroy. Il leva ensuite quelques troupes d'infanterie, & tous ceux des Arabes qui purent monter à cheval, le vinrent servir, & amenerent avec eux toutes leurs familles proche de Maroc.

Mouley Seméin ayant appris la surprise de Maroc, depescha Moulaut Gerary son Bacha, avec quatre mille chevaux, & quelque infanterie, pour aller au secours du Chasteau, qu'il croyoit tenir encore en sa faveur, & luy enjoignit de demeurer quelques jours sur la riviere des Noirs, pour y attendre ses ordres. Il envoya encore à sa suite Abiquerim Arase avec mille cinq cens Bourgeois de Salé, qu'il avoit luy-mesme choisis entre les plus apparens de la Ville, ausquels il fit défense sur peine de la vie & de la destruction entiere de toutes leurs familles, d'abandonner leurs Chefs. Leur ordre estoit encore de passer la riviere les premiers, si Mouley Hamet n'y estoit point arrivé, ou du moins de luy empescher le passage, s'ils ne pouvoient faire autrement. Pour luy, il demeura au Chasteau de Salé pour attendre le reste de son armée qu'il avoit laissée à Fez, & qui y arriva peu de jours après. Moutaut Gerary estant arrivé au passage

sage de la riviere, y trouva quelques troupes de Mouley Hamet, & ne les ayant pas jugées capables de le luy disputer, lors qu'Arafe fut arrivé, ils se mirent en devoir de la passer. Mouley Hamet qui s'estoit mis en embuscade derriere une coline voisine, fut averty de leur dessein par ceux qu'il avoit envoyez au passage, qui aprés quelques mousquetades tirées sur eux, firent semblant de fuïr, & lorsque les ennemis furent presque tous passez, Mouley Hamet donna si à propos sur eux avec sa cavallerie, qu'il les défit & les mit en déroute. Moussaut Gerary, quoy que blessé d'une balle à la machoire, repassa la riviere avec Arafe, & se sauverent à Azamor. Mouley Hamet donna bon quartier aux vaincus, ceux qui le voulurent servir, en furent tres-bien receus, & il osta les armes & les chevaux à ceux qui voulurent re-

Défaite du Bacha Gerary par Mouley Hamet.

tourner à son Oncle. Plusieurs Arabes qui embrassoient son party, avoient leurs familles sous des tentes prés des murs de Fez; ils luy demanderent permission de les aller querir, afin qu'elles ne courussent le danger où leur changement les exposoit. Ils y allerent de nuit, chargerent tout ce qui purent transporter, & brûlerent ce qu'ils furent obligez d'abandonner.

Mouley Achem chassé de Fez.

Le Roy averty de la déroute de Gerary, & de ce qui s'estoit passé à Fez, envoya ordre à Mouley Achem son frere, après l'avoir si fidelement servy, de se retirer à Tafilet, avec tous ses biens, craignant que pendant ces troubles, il ne se soulevât contre luy. C'est ainsi qu'il recompensa son frere des importans services qu'il luy avoit rendus dans les dernieres guerres: Il laissa pour Viceroy du Royaume en sa place Abdrahamā

du Royaume de Maroc.

Filaly son premier Secretaire, qu'il fit alors son Vizir, & ayant receû le reste des troupes qu'il attendoit, il partit de Salé au mois d'Avril, pour aller combattre son neveu. Lorsqu'il arriva au fleuve des Noirs, il en trouva les passages libres, d'autant que Mouley Hamet aprés la défaite de Gerary, au lieu de poursuivre sa route vers Salé, comme il en avoit eu le dessein, s'estoit retiré à Maroc à la persuasion de son Bacha, qui luy fit entendre que Mouley Seméin n'auroit pas le courage de le venir attaquer, & le laisseroit deformais vivre en repos. Ce Bacha qui estoit traître à son Prince, envoya secretement un Courier à Mouley Seméin, pour luy donner avis de ce qu'il faisoit en sa faveur, & luy conseiller de s'aller camper dans les montagnes vertes, en attendant qu'il l'avertit derechef de ce qu'il y auroit à faire. Le Roy

H ij

ne trouva rien par toute la Province de Duquéla pour subsanter son armée, & quand il fut arrivé au lieu qui luy estoit marqué, il en partit, sur l'avis que luy donna le Bacha que les troupes de Mouley Hamet estoient plus fortes que les siennes, & qu'il pouvoit bien dissimuler ses desseins jusqu'à ce qu'il luy fit sçavoir le temps propre pour leur execution. L'armée du Roy de Fez estoit dans une grande disette de vivres, par la fuite generale de ceux qui habitoient les campagnes, & que le Roy de Maroc avoit fait retirer prés de la Ville, mais par le moyen d'un chien qu'un Checq d'Arabes luy amena, lequel par un instinct extraordinaire sçavoit découvrir les magazins où estoiēt enterrées les provisions de ceux qui avoient fuy, il fit subsister pendant quinze mois plus de cent mille bouches. Les magazins qu'ils appellent matemores, sont de grands trous profonds de six à sept brasses, dans des lieux éloignez des eaux. On les fait larges par le bas de huit ou dix brasses en rondeur, quelquefois cavées dans le roc, & le plus souvent dans de la terre blanche comme la marne en ce païs. Leur entrée, qui est faite à la mode d'un puits, est fort étroite, & un homme avec une échelle de cordes a bien de la peine à y descendre; elles se ferment avec une pierre large à proportion. Ce sont dans ces lieux que les Arabes serrêt leurs bleds, leurs orges & leurs autres grains, leurs beures, leurs huiles, & generalement toutes leurs provisions & commoditez. Celles qui ont demeuré long-temps fermées rendent une excessive chaleur lorsqu'on les ouvre, & on les laisse éventer un demy jour avant que d'y entrer; car si on faisoit autrement l'on y mouroit soudainement, comme il arriva à un Espagnol nommé Diego Luquez qui n'en estoit pas instruit, & qui descendit à Fez dans une matemore, plus de deux heures aprés qu'elle eût esté ouverte, où il y avoit du beuré, & plusieurs autres Chrestiens qui alloient y descendre aprés luy, y seroient infailliblement demeurez sans un Maure qui arriva & qui les avertit du danger où ils s'exposoient; mais comme je parle plus amplement ailleurs de ces matemores, je diray seulement que le chien fut tres-bien traité durant la campagne, le Roy le faisoit porter sur une mule, & luy faisoit donner tous les jours un quartier de mouton rôty, & bien souvent luy donnoit des mesmes viandes qu'on servoit sur sa table. J'ay veu ce chien dans Miquenez qui n'en vouloit qu'aux Chrestiens, il nous mordoit en trahison, & emportoit toûjours

du Royaume de Maroc. 175
la piece, sans que nous osassions
luy rien faire, à cause qu'il ne s'é-
loignoit jamais de la porte du Palais & d'entre les Gardes; mais en
l'année 1678. lorsque le Roy fut à
Tafilet, les Chrestiens qui conduisoient l'artillerie, le trouverent
seul par les chemins, le tuerent à
coups de leviers, & l'enterrerent
dans le sable; le Roy le fit long-
temps chercher, & fit crier dans
le païs que ceux qui le ramene-
roient seroient toute leur vie
exempts des garammes. Le Roy
ne manquant donc point de vivres par le moyen que nous avons
dit, mena ses troupes de Province en Province : Le Bacha qui
estoit le principal Conseiller de
Mouley Hamet, & qui estoit d'intelligence avec Mouley Seméin,
détournoit toûjours son Maistre
de se mettre en campagne, sous
pretexte que l'armée de son Oncle ne pouvoit pas subsister long-
H iiij

temps faute de vivres. Il luy conseilla pour mieux couvrir sa trahison, d'écrire aux Arabes, qui estoient restez aux lieux les plus éloignez, de se retirer à Jebel-el-hedit, autrement montagnes de fer, afin de s'y retrancher, dautant que Mouley Seméin ne manqueroit pas de les y aller voir, & que luy iroit aussi-tost le renfermer entre ces montagnes. Il écrivit à ces Arabes, qui obeïrent à ses ordres. Le Roy de Féz estant arrivé au Dar de mia del-bire, ou maison des cent puits, prés Saphy, Checq Amar son beau-frere qui estoit l'un des principaux chefs de l'armée, enragé de ce que le Roy avoit repudié sa sœur, forma une seconde conspiration contre luy : Son pretexte fut que le Roy avoit refusé à la compagnie des Arases ses alliez, la grace qu'ils avoient demandée de quelques Barbares du Riffe, leur patrie,

Seconde conspiration de Checq Amar & des Arases contre la personne du Roy, qui les fait mourir.

Le Roy avoit envoyé vers eux pour leur faire payer quelques tailles; ils avoient pris les armes contre ceux qui les estoient venu recevoir, & en avoient mis quelques-uns à mort, & parce que ces Barbares avoient esté autrefois leurs sujets & qu'ils y avoient des parens, ils se crurent obligez d'interceder pour eux: Ce refus les irrita extrémement, & encore plus les ordres qu'il envoya en leur presence à Abdrahaman Filély son Viceroy dans Fez, de lever des gens pour envoyer contr'eux, de faire mourir tout autant de ces Barbares qu'il en pourroit tomber entre ses mains, & de faire planter leurs testes sur les murailles de la Ville. Outre que le Roy se rendoit plus inhumain chaque jour, ajoûtant de nouvelles cruautez à celles qu'il avoit faites pendant son sejour à Fez & à Salé. Checq Amar prit de là occasion de renouveller la conspiration qui n'avoit point eu d'effet, lorsque la mort de Cidan arriva. Pour mieux y parvenir, il convia un soir à souper dans sa tente, Abdala Arase, Abiquerim Arase son fils, Mahamet Arase, Mahamet Beneya Arase, & Abdelüader Arase freres d'Abdala, & Abdalazize Benhamet son beau-frere, quand on eût soupé, Checq Amar fit retirer tous les serviteurs, à la reserve de son Secretaire, à qui il commanda de demeurer un peu éloigné hors la tente, pour n'en laisser approcher personne, sans luy en donner avis. Comme tous les autres estoient aussi les principaux Officiers de l'armée, voyans l'ordre que Checq Amar donnoit aux siens, ils jugerent qu'il avoit quelque chose d'importance à leur dire, & ils congedierent aussi leurs esclaves, en leur donnant ordre, que si le Roy les envoyoit appeller, de

leur en donner promptement
avis. Lorsqu'ils se furent tous retirez, Checq Amar prit la parole,
& s'adressant aux conviez, leur
representa avec beaucoup de paſ-
sion le mépris que le Roy faisoit
de leurs personnes, qui estoit un
signe, que puisqu'il leur avoit refusé la grace qu'ils luy avoient
tous demandée pour leurs com-
patriottes, il se ressouvenoit toûjours de la mort de Cidan, où ils
avoient tous eu part, & qu'il n'attendoit qu'une occasion favorable pour les faire tous perir; qu'il
estoit aisé de voir par ce qu'il faisoit envers Eya Arafa leur frere,
qu'il tenoit affamé & reduit à
l'extremité dans le Morabite où
il s'estoit retiré pour ce qui s'estoit
passé à Maroc, & auquel il ne
vouloit point pardonner, quelques instances qu'ils luy en euſſent
faites, les intentions qu'il avoit
pour eux-mesmes : De plus, que

H vj

ne vivans à la Cour que comme captifs, & que depuis quelque temps leurs actions estant observées par des Noirs, ils devoient reprendre leur liberté, veu l'occupation du Roy ; que s'estans rendus maistres de sa vie, ils le feroient aussi de l'armée, & qu'ensuite avec les troupes qui leur seroient les plus affectionnées, ils iroient à Fez en partager le tresor, aprés quoy chacun se retireroit dans les Provinces où ils vivoient en Souverains avant la venuë de Mouley Archy ; que se joignans tous ensemble, aprés avoir tué le Roy, le reste de l'armée se dissiperoit, & leur laisseroit une plus grande facilité de conduire à un heureux succés leurs intentions ; qu'ils devoient tous se preparer à l'execution, & qu'il mettroit le premier la main à l'œuvre; mais qu'auparavant de rien entreprendre, ils devoient en donner avisé Mouley Hamet, afin de faire un azile de sa Cour, pour ceux qui échaperoient, au cas qu'ils ne fussent pas assez heureux d'executer leur dessein, & luy donner à entendre, que ce qu'ils en faisoient, n'estoit que pour luy mettre la Couronne de Fez sur la teste. Abdala Arase & Abdalazize Benhamet approuverent cette resolution, mais les autres representerent le peril que couroit toute leur famille, & que leur venerable pere estoit dans Fez; que le Roy les feroit tous mourir, & aneantiroit leur race, au cas qu'ils ne fussent pas les plus heureux: A quoy les premiers répondirent & prouverent par de si vives raisons les grands avantages de la liberté, & de vivre sans crainte, comme eux & leurs ancestres avoient déja fait, & la honte & l'infamie qui leur resteroit de faire perpetuellement la cour à un Tynant, auprés duquel leurs vies, pour leur attentat precedent, n'étoient pas en asseurance; que tost ou tard il les feroit perir, & qu'ainsi il leur seroit plus honorable de le prévenir. Que s'ils avoient le malheur de n'y pas reüssir, au moins mouroient-ils en gens de cœur, travaillant pour se délivrer eux & tout le Royaume d'une si fâcheuse servitude; qu'il ne faloit rien épargner pour parvenir à la gloire de détruire les tyrans, & sur tous un monstre dont les cruautez journalieres éteignoient dans le sang toutes les meilleures familles de l'Afrique; que leur destin les y avoit appellez, & qu'ils ne feroient qu'executer ce qui avoit esté déliberé au Ciel avant leur conception. Ces raisons eurent tant d'effet, qu'elles les persuaderent à faire ce que les autres desiroient; & ils promirent de tout hazarder, pour y reüssir. Choes du Royaume de Maroc.

Amet se voyant au comble de ses desirs, fit apporter un livre de l'Alcoran, sur lequel ils jurerent de garder le secret, & afin de rendre leur serment plus inviolable, ils égorgerent un bouc, dans le sang duquel ils tremperent leurs mains & se les poserent sur l'estomach. Au même temps ils écrivirent à Mouley Hamet, & signerent tous sur la lettre avec le sang de cet animal, puis depescherent un de leurs plus fideles esclaves, à qui ils promirent la liberté & cent ducats d'or, lorsqu'il seroit de retour, & sur la my-nuit chacun se retira à sa tente pour donner ordre à cette affaire. Ils furent depuis plus assidus auprés de la personne du Roy, qu'ils n'avoient esté auparavant. Pour se rendre moins suspects, ils parloient peu ensemble, & lorsqu'ils le faisoient, c'estoit des choses indifferentes, & en presence des autres Alcaydes, & des Noirs les plus favoris du Roy, & bien souvent sur les moyens de surprendre Mouley-Hamet. Comme il n'y avoit que cinq journées du lieu où ils estoient à Maroc, leur Courier s'y rendit bien-tost, & Mouley Hamet témoigna beaucoup de joye de leur resolution, quoy que le meurtre de son Oncle l'affligeât en quelque sorte, mais comme il ne voyoit point d'autre moyen de regner en paix, & d'ajoûter un autre diadême au sien, il s'en consoloit. Il leur écrivit donc de sa main, d'employer les leurs à une si genereuse action & si digne d'eux, & qu'ils seroient les bien venus près de luy, au cas qu'ils eussent le malheur de ne la pouvoir executer. Mouley Hamet ne pût dissimuler la joye qu'il en ressentoit, & le Bacha en ayant appris de luy le sujet, sans connoistre les personnes, en donna avis à Mouley Seméin, qui de son costé le dissimula aussi pour mieux s'informer qui en pourroient estre les chefs, qu'on ne luy nommoit point; & comme l'execution s'en devoit faire à l'heure qu'il alloit les soirs à la promenade, il commanda qu'aucun n'eût à l'y suivre, ne voulant estre accompagné que de ses Noirs les plus fideles. Or un soir que les conjurez vouloient executer leur dessein, ils sortirent du Camp pour aller joindre le Roy, qui couroit la lance avec ses esclaves; les voyans venir à luy, il laissa ce jeu, & leur alla au devant, & demanda à Checq Amar, qui marchoit à la teste de ses conjurez, pourquoy il passoit les ordres qu'il avoit laissez au Camp? Checq Amar ne luy répondit que d'un coup de fusil, qui le blessa legerement au dessus de l'épaule: Le Roy aussi-tost commanda à ses Noirs de faire feu sur ces assassins ; mais comme dans ces occasions ordinaires & dans celle-cy, qui estoit impreveuë, leurs armes n'estoient chargées que de poudre, ils ne firent autre chose que de faire évader le Roy à la faveur de leur feu. Checq Amar voyant son coup manqué, mit le cimeterre à la main pour achever l'execution de son crime ; il abattoit tous les Noirs qui se presentoient devant luy, tandis que les conjurez voyant le Roy échappé, & hors de leurs mains, fuyoient les uns dans la tente de Checq Lottety, & que les autres prenoient la route de Maroc, sans avoir fait aucune chose qui secondast la valeur de leur Chef, qu'ils laisserent environné de toutes parts. Checq Amar jugeant qu'il n'en pouvoit échapper pour estre au milieu des Noirs du Roy, à moins que de se faire un passage par la force de son bras, voulut tenter s'il le pourroit faire, & aprés en avoir mis un nombre infiny tant morts que blessez par terre, il eut luy-même le même sort qu'il avoit donné à tant d'autres. Le Roy se voyant garanty de ce peril, ne songea plus qu'à s'en vanger. Il fit sortir les conjurez des tentes de Cheeq Lotiety, qui ne pût obtenir leur pardon ; car il n'estoit pas dans la mesme consideration qu'il avoit esté du temps de Mouley Archy, quoy que le Roy eût encore épousé sa fille, veuve de son frere. Il leur fit declarer tout au long ce que j'ay rapporté cy-dessus, puis les fit mettre à la chaîne : parmy plusieurs reproches qu'il leur fit de leur perfidie ; il leur dit, que l'ayant voulu faire mourir une autre fois, & fait rebeller toutes ses Provinces contre luy, & passé au service de son ennemy, il leur avoit pardonné sans les rechercher, & les avoit rétablis dans le rang qu'ils tenoient à la Cour & à l'armée avant leur trahison; puis s'adressant à Checq Louety & à toute sa Casille qui intercedoient » pour eux : Mon pere, luy dit-il, » & vous mes amis, vous voyez » bien si j'ay raison de traiter ces » traîtres comme je fais : Ma van- » geance ira plus loin, & je veux » qu'une race si perverse & si peu » reconnoissante des graces qu'on » luy fait, soit éteinte dans mon » Royaume. Et sur le champ il envoya ordre à Abdrahaman Filély de se saisir des familles des conspirateurs, lesquelles estoient dans Fez, aprés leur avoir par les tourmens fait confesser où estoient leurs tresors, de les faire étrangler. Ce qui fut executé sur les personnes de Mahamet Burhos-Arase le vieil, beau-pere de Mouley Archy, d'Abdalazize Arase son fils, d'Abdelmelec Arase fils d'Eya Arafe, & de Mahamet & Hamet Arafe fils d'Abdala Arafe. Ceux que le Roy fit mourir au Camp de la mefme mort, furent Abdala Arafe, Mahamet Arafe fon frere, & Abdalazize Benhamet beau-frere de Checq Amar avec leurs ferviteurs & amis : Et ceux qui fe fauverent à Maroc eftoient Abiquerim Arafe, fils d'AbdalaArafe,Mahamet Beneya Arafe, Abdelcader Arafe fes oncles, & plufieurs de leurs alliez, qui aimerent mieux fuivre leur fortune en fuyant, que de retourner dans le Camp du Roy avec les autres

Ils arriverent à Maroc au commencement de l'année, Mouley Hamet ayant appris la difgrace de leurs parens, en parut bien fâché, & les en confola par les premieres charges de fes troupes qu'il leur donna, pour avoir moyen de s'en vanger fur celles de Mouley

1676.

Semein lorsqu'ils en trouveroient l'occasion. Il accorda de plus à Abiquerim le pardon de son oncle Eya Arafe, & luy donna deux mille chevaux pour l'aller retirer de la captivité où le tenoit le Roy de Fez, & le délivrer de la mort qui le menaçoit. Abiquerim n'eût pas plûtost paru, que ceux qui gardoient le Morabite se sauverent en Azamor, & il mena son oncle à Maroc, où le Roy le receut avec toutes sortes de bienveillance.

Trahison du Bacha de Maroc envers son Roy. Le Bacha de Maroc qui ne pensoit qu'à détruire le Roy son Maistre, pour mettre celuy de Fez dans la possession du Royaume, luy écrivit derechef qu'il eût à s'en aller à Jebel-el-hadit, où il pouvoit entrer sans crainte, sur l'asseurance qu'il avoit, que plusieurs des Arabes se donneroient à luy. Il s'y achemina incontinent & y trouva des Ambassadeurs au milieu de ces montagnes de fer. Le Roy après trois jours entiers de chemin, vit enfin ceux qui avoient esté attirez par les factions du Bacha, revenir sous son obeïssance, & luy faciliter le chemin, pour monter où les autres s'estoient retranchez. Il n'eût pas plûtost mis le pied dans les montagnes que Mouley Hamet en receut l'avis, & sortit au secours de ces Arabes, mais comme toutes ses troupes marchoient, une compagnie de cavallerie d'Arabes, que le Bacha avoit gagnée, se retira par son ordre dans un Morabite tout proche de la route qu'il faloit tenir, où ces Arabes ayans esté trouvez un matin, dirent qu'ils estoient de ceux qui avoient esté défaits par Mouley Seméin. Le Bacha en porta la nouvelle à Mouley Hamet, qui les fit venir devant luy, & voyant de la vray-semblance à ce qu'ils disoient, ne passa pas plus outre, & s'en retourna sur ses pas;

ainsi le Roy de Fez eût tout le temps d'achever son entreprise. Ayant gagné le haut des montagnes, les Arabes prirent la fuite, & le vainqueur les poursuivit; l'infanterie qui ne pouvoit aller si viste que la cavallerie, fut atteinte & taillée en pieces, & il ne fut pardonné ny aux femmes ny aux enfans, & le nombre des morts fut de quatorze mille; ceux des Arabes qui en échapperent, se sauverent à Maroc, & apprirent au Roy les circonstances de leur défaite. Mouley Hamet pour lors reconnut la trahison du Bacha: il le fit appeler afin de l'en punir; mais luy se voyant découvert, & sçachant que sa mort estoit certaine, tira une espece de poignard pour en frapper le Roy. Comme Mouley Hamet avoit plusieurs Noirs proche de sa personne lorsque le Bacha leva le bras pour le frapper, il se retira entre deux Noirs,

Mort du Bacha de Maroc.

Noirs, l'un desquels reçût le coup pour le Roy, qui d'un coup de piſtolet renverſa le Bacha ſur le carreau, & commanda que ſon corps fut traîné par toute la Ville, puis jetté aux beſtes ſauvages pour leur ſervir de curée.

Aprés l'expedition des montagnes de fer, le Roy de Fez tira vers la Ville de Sainte Croix, qui s'eſtoit ſoûlevée en faveur de Mouley Hamet, lorſqu'il ſe rendit maiſtre de Maroc. Il n'oſa s'en approcher que juſques au pied des montagnes qui ſeparent la Principauté du Sus, du Royaume de Maroc, pour tenter par ſes lettres s'il pourroit la reduire à ſon obeïſſance; mais comme les habitans l'avoient en horreur pour ſes cruautez, & qu'ils ſe ſentoient aſſez forts pour luy reſiſter, il ne receut d'eux autre réponſe que les meſmes lettres qu'ils luy renvoyerent avec des injures & des inve-

I

ctives, par les mesmes porteurs, qu'ils avoient fait traîner par les ruës, & renvoyez à demy déchirez. Mouley Seméin n'osa pour lors rien entreprendre sur cette Place, il se contenta de costoyer peu à peu les montagnes jusques à quelque nouvelle occasion d'aller surprendre son ennemy.

Retour de Mouley Larby neveu du Roy.

Dans ce temps-là Mouley Larby son neveu, qui sous le regne de Mouley Archy avoit fuy en Espagne, où il s'estoit fait baptiser, arriva au Camp, à son retour d'Angleterre. Le Roy, qui luy avoit envoyé des lettres d'asseurance pendant qu'il demeuroit à Londres, le reçût assez favorablement, & fut curieux de sçavoir de luy la façon & la maniere dont les Princes Chrestiens se comportoient dans leurs Cours, & quel traitement il en avoit receu. Aprés que ce Prince luy eut fait un détail de tout ce qu'il y avoit veu de plus confiderable, le Roy luy demanda fi Loüis le Grand noftre augufte & invincible Monarque continuoit toûjours fes victoires fur l'Empereur, fur les Efpagnols & fur les Hollandois. Ce Prince employa une demie journée à luy faire le recit des conqueftes du Roy, de tous les fieges aufquels fa Majefté s'eftoit trouvée en perfonne, & les batailles que fes armées avoient gagnées fur fes ennemis confederez, aufquelles il s'eftoit trouvé eftant alors Colonel de cavallerie dans les troupes Efpagnolles ; les fages loix avec lefquelles il poliçoit & gouvernoit fes Eftats ; fa pieté envers Dieu, fon zele pour fa Religion, & la terreur que fes armes jettoit dans toutes les Cours des Princes de l'Europe, & particulierement chez fes voifins. Il luy raconta auffi enfuite une fable que je rapporteray ailleurs.

Mouley Hamet cependant fut averty que son Oncle estoit à huit journées de Maroc ; ce qui l'obligea de commander aux Arabes des environs de cette Ville d'aller couper leurs grains, qui estoient déja en maturité, & il ne retint avec luy que les Chavanets. Le Roy de Fez qui entretenoit toûjours des espions dans la Ville, en fut averty qu'il estoit temps qu'il s'en approchât, & qu'il surprendroit son néveu dépourveu de la plus grande partie de sa cavallerie. Sur cet avis il s'avança à grandes journées jusques à Dar-Gedide, qui n'est qu'à une journée de Maroc : Quand Mouley Hamet le sceut si proche, il se disposa à le bien recevoir avec le peu de troupes qu'il avoit. Il manda aux Arabes les plus voisins de venir en toute diligence, & à la teste de son armée, composée de dix mille chevaux & de dix-huit

mille fantaffins, il marcha droit à
luy. Il envoya quelques Chavanets au Camp de Mouley Seméin,
pour obferver ce qui s'y paffoit;
ceux-cy, afin de mieux tromper le
Roy, feignirent que l'armée de
fon neveu mouroit de faim ; qu'il
y avoit deux jours qu'ils n'avoient
mangé chacun qu'une poignée
d'orge rôtie, & que leurs compagnons n'attendoient que fon arrivée pour paffer dans fon Camp.
Mouley Seméin fit donner à ces
faux transfuges dequoy manger:
Voyant qu'ils devoroient ce qu'on
leur avoit donné, car ils eftoient
venus à jeun, il ajoûta facilement
foy à leurs paroles, & menant à
longue traite fes troupes vers Maroc, il arriva bien-toft à la veuë
du Camp de fon ennemy; mais il
n'entreprit rien de tout ce jour ny
la nuit fuivante ; eftant toûjours
dans l'attente de ceux qu'il
croyoit devoir paffer de fon cofté.

Le lendemain au point du jour, qui estoit le quinziéme jour de Juin, les deux armées se presenterent au combat, & comme l'infanterie de Maroc estoit campée un peu derriere, Mouley Hamet se retira vers la Ville, pour la joindre au corps de son armée. Le Roy de Fez s'imagina que sa retraite venoit de la crainte qu'il avoit de combattre, ce qui l'encouragea davantage, & luy fit commancer la bataille. Le Roy de Maroc qui ne desiroit rien tant que d'en venir aux mains, se mit sur la defensive, & ses troupes animées de la presence de leur Chef, & soûtenuës des Chavanets ses meilleurs soldats, obligerent Mouley Seméin à se retirer, avec perte de plus de trois mille des siens, dont les testes furent incontinent portées à Maroc & plantées sur les murailles. Le combat dura quatre heures, & le champ de-

du Royaume de Maroc.
meura à Mouley Hamet, qui ne sçût pas profiter de son avantage, car au lieu de poursuivre son Oncle, qui s'alla retrancher dans des moulins, il ne songea qu'à faire des réjoüissances de cette victoire, donnant par ce moyen loisir à son ennemy de ralier ses troupes, & de luy livrer une seconde bataille.

Le Roy de Fez envoya d'abord une compagnie de cent renegats, qui sont ses enfans perdus, pour rappeller ses ennemis au combat, lesquels estant apperceus en si petit nombre, il ne fut détaché que cinq cens Chavanets pour les renfermer. Mouley Semein qui tenoit ses gens serrez prés de luy, voyant qu'ils en alloient venir aux mains, sortit d'entre ces moulins en bon ordre pour les secourir. Mouley Hamet dont les troupes estoient déja dispersées, & son infanterie chargée de la dépoüille

Bataille de Maroc.

des morts, s'estoit retirée vers la Ville, croyant n'avoir plus d'ennemis à combattre. Néantmoins ce Prince sans s'étonner de cette surprise, ralia les siens du mieux qu'il luy fut possible, & recommança un nouveau combat. Il reconnut bien-tost que la pluspart de son infanterie s'enfuyoit vers la Ville à dessein d'y entrer. Il laissa ceux qui combattoient sous la conduite de Mouley Talbe, pour tascher de ramener les fuyards, qu'il trouva aux portes, crians *Vive Mouley Semein*; Traîtres, „ leur cria-t'il, est-ce ainsi que „ vous m'abandonnez, & que vô- „ tre infidelité m'arrache une vi- „ ctoire qui m'estoit asseurée? quel- „ les raisons avez-vous de ne pas „ combattre, pour achever ce qui „ estoit si bien commancé? Il alloit les forcer à grands coups de cimeterre de retourner au combat, mais voyant que le reste de

du Royaume de Maroc.
ſes troupes plioit, il commanda qu'on luy ouvrit la porte, & leur dit : Puiſque vous n'avez pas « voulu combattre pour moy, « combattez maintenant pour « vous, puis eſtant rentré, il fit fermer la porte ſur eux, & pluſieurs perirent miſerablement.

 Le Roy de Fez victorieux à ſon tour, pourſuivit les fuyarts juſques dans leurs portes, qui leur furent enfin ouvertes pour empeſcher leur entiere déroute. Le vainqueur demeuré maiſtre de la campagne, alla camper proche les murs du Chaſteau. Mouley Hamet faiſoit tous les jours des ſorties ſur ſon Camp, & ſi frequemment à la faveur de ſon artillerie, qu'il obligea Mouley Seméin de ſe retirer plus au large. Guilaoa beau-pere du Roy de Maroc, ayant appris ſa victoire & ſa défaite en meſme temps, luy envoya ſouvent du ſecours & des vivres.

Siege de Maroc.

qui entroient lorſque les Chavanets faiſoient des ſorties: De plus ils alloient au devant des convois qui eſtoient envoyez du Royaume de Fez au Camp du Roy, & comme ils faiſoient un Camp volant, le Roy pour ne point affoiblir ſon armée, qui luy eſtoit toute neceſſaire, les laiſſoit aller par tout où ils vouloient; ce qui donna beaucoup de ſecours dans la Ville, & cauſa une grande diſette dans l'armée ennemie : de ſorte que Mouley Seméin fut contraint de faire venir tous les Arabes qui s'étoient donnez à luy depuis ſa victoire, afin de pouvoir mieux bloquer la Ville, & d'en empeſcher les ſorties; mais les Chavanets qui ſe faiſoient paſſage par tout, leur arrachoient par force les vivres qu'ils apportoient.

Paix avec les Anglois. Pendant que le Roy eſtoit occupé à ce ſiege, au mois d'Aouſt le ſieur Jean Albrind ſon retour de

Tripoly, arriva à Salé avec un escadre de vaisseaux de sa Majesté Britannique, pour y conclure la paix entr'eux & les Corsaires du Royaume de Fez, pour deux années seulement, sans traiter de la liberté de ceux de leur Nation qui y estoient captifs. Le Roy voulut quelque temps aprés traiter de paix avec son neveu, jusqu'à luy offrir de le laisser Viceroy perpetuel dans Maroc, s'il vouloit remettre la Place à son obeïssance. Il luy fit réponse, qu'un Prince qui avoit esté reconnu Roy par trois fois, n'auroit pas de gloire de se rendre sujet que par la force des armes, & qu'il feroit tous ses efforts pour se conserver cette qualité glorieuse jusqu'au tombeau. Mouley Seméin luy écrivit qu'il desiroit s'aboucher avec luy dans un Morabite qu'il luy indiqua hors la Ville, où ils pourroient se rendre avec chacun dix personnes seulement. Mouley Hamet y consentit, & s'y rendit le premier. Mouley Seméin s'y rendit aussi, mais ce fut avec un dessein perfide de le surprendre, ayant pour cet effet donné ordre à quelque cavallerie de le venir trouver en ce lieu. A leur entreveuë ce ne furent que complimens que le Roy de Fez reïtera plusieurs fois avec toutes sortes de demonstrations de bienveillance & de tendresse, pour luy faire accroire qu'il n'estoit venu qu'à dessein de terminer ce jour-là tous leurs differens; & comme son intention n'estoit que de tirer cette conference en longueur, pour donner le temps aux siens de venir, un de ceux de la suite du Roy de Maroc, qui estoit resté dehors par son ordre, appercevant une poussiere épaisse, qu'il crut bien estre de quelques chevaux, il en avertit incontinent son Roy, qui monta promptement à

Surprise.

cheval, appellant son Oncle un traître, & un Prince sans courage & sans honneur; ajoûtant que si le temps le luy eût pû permettre, il eût desiré pour sa trahison & sa mauvaise foy, terminer seul à seul tous leurs differens, & que desormais il ne se fieroit en luy que de la bonne sorte; mais il n'eut autre loisir que de se retirer au plûtost. Mouley Seméin fut bien fâché qu'une si belle occasion luy fut échapée, & comme il estoit tout forcené des paroles outrageuses du Roy de Maroc, lorsqu'il fut retourné au Camp, il déchargea sa colere sur plusieurs de ses Noirs, qu'il mist en pieces de ses propres mains, sans luy en avoir donné aucun sujet; ce qui en obligea un grand nombre à se retirer vers son ennemy.

Quelques fugitifs de Tremesen, qui servoient le Roy de Fez, soûtenus des renegats, resolurent d'escalader la Ville. Ils preparerent leurs échelles, & les ayant plantées pendant la nuit, ils gagnerent une partie de la muraille, & lorsqu'ils y furent montez, l'Alcayde Halef qui les commandoit, tira les échelles. Mouley Hamet arriva au bruit de cet assaut comme il faisoit la ronde ordinaire autour des murailles, & parce que leur dessein n'estoit que de s'emparer d'une porte, pour donner entrée à ceux de dehors, il leur fit couper chemin & les tailler tous en pieces. Mouley Seméin au desespoir de voir toutes ses entreprises si mal reüssir, commanda que l'Alcayde Halef qui avoit fait tirer les échelles par ses ordres, & qui avoit esté cause par son obeïssance de la perte des siens, fut mis aux fers, & envoyé prisonnier dans le Chasteau de Miquenez. Mouley Hamet, qui apprit que c'estoient les habitans de Maruc qui avoient

Dessein sans fruit.

vendu la muraille, ne voulut plus se fier à eux qu'avec cette precaution ; il ordonna que dorefnavant les corps-de-gardes fussent composez de Chavanets, d'Arabes & d'habitans tous ensemble, afin qu'ils ne pussent pas s'accorder si facilement, en cas d'une pareille trahison. Il fit aussi défense sur peine de la vie aux habitans de s'assembler, soit aux gemmes, soit aux bains, où il posa des sentinelles, ou en quelques autres lieux que se pussent estre. Quelques Cherifs de la Ville ayans esté surpris dans le commerce qu'ils avoient avec Mouley Seméin, Mouley Hamet commanda qu'ils fussent enfermez dans leurs Palais, avec toutes leurs familles, & qu'on y mit le feu, voulant faire voir par cet exemple, puisqu'il n'épargnoit pas les Princes de la Cité, quelle grace les autres en devoient esperer ; ce qui fit que deſlors on y vit une conſternation ſi generale, avec un ſilence ſi obſervé, que les Bourgeois n'oſoient s'entreregarder en face, ny ſe donner le ſalut.

1677.

Fondatiõ des Hoſpitaux de Fez, & de Tetoüan par Dom Pedro d'Aragon.

Il arriva à Fez au commancement de l'année 1677. quatre Peres déchauſſez de l'Ordre de la tres-ſainte Trinité Redemption des Captifs du Convent de Madrid, accompagnez de quatre autres Religieux du meſme Ordre, qui y venoient faire la redemption. Ils eſtoient envoyez de Dom Pedro d'Aragon, Grand d'Eſpagne, qui leur avoit donné une ſomme conſiderable d'argent pour y entretenir le Convent, & l'Hoſpital, pour le ſoulagement des Captifs de la Nation Eſpagnolle, à condition qu'ils payeroient au Roy, avec lequel ils avoient ſtipulé auparavant, la ſomme de douze cens écus de tribut chaque année, pour en tenir un à Fez & l'autre à Toutoüan. Le Roy envoya les depesches au mois de Fevrier, portant ordre aux Religieux Recollects de saint François de Seville (qui avoient demeuré de tout temps dans la Ville de Maroc, où ils avoient tenu leur Convent, qu'ils avoient depuis transferé à Fez, à cause du sejour plus ordinaire que le Roy & les Chrestiens y faisoient) de sortir de ses Estats en diligence.

Cependant tous les jours se passoient en escarmouches entre les deux parties, & dans une où Mouley Hamet s'avança jusques à l'entrée du Camp, Abiquerim Arafe fut tué avec plusieurs autres braves Alcaydes de son party, en voulant forcer les barrieres. Mouley Hamet voyant qu'il ne pouvoit rien faire, & que ses ennemis le poursuivoient, il s'échappa de leurs mains, & il se retira dans Maroc. Mouley Seméin y perdit aussi Mousaut Gerary son Bacha, & Boüchiche brave Alcayde, qui avoit le commandement de ses tentes, pour s'estre trop avancez à la poursuite de Mouley Hamet, qu'ils vouloient prendre, les canons du Chasteau les mirent en pieces avec leurs compagnies. Le Roy de Fez averty que quelques Arabes du païs circonvoisin, qui vivoient sous son obeïssance, faisoient entrer de nuit des vivres dans la Ville, il y envoya quatre mille chevaux, qui défirent tous ceux qui ne purent gagner la montagne.

Un Checq des montagnes voisines de Tadela, qu'il avoit fait Gouverneur de cette Province, & qui avoit depuis fait bâtir un Chasteau tres-fort au lieu de son Gouvernement, un peu auparavant la venuë de Mouley Hamet, empescha les troupes de ce Prince de passer

du Royaume de Maroc.

la riviere des Noirs, dans le temps que le Roy estoit vers Sainte Croix. Il l'envoya appeller sous pretexte de recompenser ce service en luy donnant un Gouvernement plus considerable. Semac, c'est ainsi que s'appelloit l'Alcayde, le fut trouver : Le Roy le caressa fort, le fit manger avec luy, l'entretint long-temps, & ensuite comme il le croyoit extrémement riche, il luy demanda une grande somme d'argent, sur ce qu'il en avoit besoin pour payer ses troupes, ausquelles il n'avoit rien donné depuis son arrivée. Semac sur l'esperance qu'il avoit conceuë de la bonne volonté du Roy, luy accorda tout ce qu'il desira de luy, & envoya prendre six cens tant Noirs que Noires de ses esclaves avec huit cens chevaux, mille chameaux, quatre cens mules, & vingt-cinq quintaux d'argent, qu'il presenta au Roy. Mouley

Presens de l'Alcayde Semac, & la recompense qu'on luy en fait.

Seméin qui n'avoit demandé que de l'argent, fut surpris d'un present si riche, il prit dessors plus d'ombrage de luy, qu'il n'avoit eu cy-devant, & s'imaginant qu'il faloit qu'il fut beaucoup plus riche qu'il ne pensoit, & qu'avec ses moyens, lorsqu'il seroit las de vivre sous son obéïssance, il pourroit bien luy faire teste : pour l'en remercier, il luy dit, qu'il avoit eu avis qu'il vouloit se soustraire du devoir d'un sujet, & quoy que Semac pût faire pour s'en justifier, il le fit mettre aux fers, & six mois aprés luy trancha la teste, & s'empara de tous ses biens.

Plaisante reception faite aux Checqs Barbares des Zaoüias à leur arrivée au camp.

Plusieurs Checqs Barbares des montagnes de Meluya & des Zaoüias le vinrent visiter au Camp, avec plusieurs riches presens. Le Roy leur envoya tous ses instrumens & tambours de réjoüissance : Ces Checqs crurent qu'il avoit deſſein de les faire mourir, & que le repas qu'il leur fit preparer avec les meſmes inſtrumens, n'eſtoit que pour ſe mocquer d'eux, & qu'il ſeroit ſuivy de quelque choſe de ſiniſtre. Aprés le diſner le Roy les manda, ils l'allerent trouver, & aprés avoir baiſé la terre par pluſieurs fois, ils ſe jetterent à ſes pieds, luy faiſans mille proteſtations, qu'ils n'avoient jamais eſté autres que ſes fideles ſujets, & qu'ils ne reconnoiſſoient point d'autre Roy que luy. Je doute, « leur dit-il, ſi je ſuis voſtre Roy, « eſtans Roys vous-meſmes. N'eſt- « il pas vray que lorſque je vous « envoye demander les garammes « qui me ſont deuës, vous ne m'en « envoyez que ce que bon vous « ſemble, vous tenans auſſi ſouve- « rains dans vos montagnes, com- « me je le ſuis dans cette armée ? «

Monſey, luy dirent-ils, ſi nous ne

t'accordons souvent ce que tu nous demandes, c'est que nos forces ne peuvent s'etendre à davantage: Nos montagnes sont pauvres, & nos gens aiment peu à donner, & si nous les pressons contre leurs volontez, ils se revoltent contre nous, nous détruisent & nos familles. Le Roy voyant qu'ils defendoient bien leur droit, les renvoya absous dans leurs montagnes, avec ordre de luy tenir prest dans peu, cent quintaux d'argent, dix mille moutons, six cens bœufs, & mille quatre cens vaches, seize cens chameaux, deux mille mulets, mille chevaux, & mille Noirs & Noires. Les Checqs se voyans échappez du peril qu'ils avoient crû courir de leurs vies, se retirerent promptement vers leurs peuples, qu'ils assemblerent pour leur faire entendre la volonté du Roy, & les menaces qu'il avoit faites: Ce qui les fit resoudre de ne luy point refuser tout ce qu'il avoit demandé, & commancerent deflors à faire cette levée.

Une troisiéme conspiration se fit dans ce temps-là contre le Roy. Mahamet Cidan, fils du Bacha Cidan, voyant que le Roy luy avoit osté le commandement de deux mille hommes d'infanterie, & qu'il ne luy donnoit point d'autre employ, en fut si touché, qu'il chercha les moyens de s'en vanger sur sa personne. Il s'adressa à deux Checqs d'Arabes, qui avoient leurs Casilles proche de la Ville; & comme le Roy les avoit maltraitez peu de jours auparavant, il les sollicita de conspirer avec luy, leur disant qu'ils prendroient l'occasion de tuer le Roy lorsqu'il passeroit dans leur quartier, & qu'ensuite ils entreroient dans Maroc, où Mouley Hamet leur donneroit des recompenses immenses pour le service qu'ils luy auroient rendu en le defaisant

Conspiration de Mahamet Cidan découverte, & sa punition.

d'un ennemy qui ne luy vouloit donner aucun repos. Ces Arabes qui se ressentoient encore des coups que la main du Roy avoit marquez sur leurs corps, promirent tout ce que Cidan leur demanda. Les voyant bien resolus, il les convia d'aller avec luy se réjoüir dans sa tente; comme il buvoit de l'eau-de-vie, (ce qui est défendu par leur loy) & qu'il en estoit déja à demy yvre, il entretenoit ces Checqs sur leurs grandes fortunes futures, sans avoir renvoyé l'esclave qui les servoit. Aprés qu'ils se furent tous retirez, cet esclave alla au quartier du Roy avertir ceux de sa garde de l'entreprise de son Maistre, qui n'attēdoit que l'occasion de l'executer. Les Gardes aussi-tost en donnerent avis au Roy, qui fit arrester cet esclave dans une tente. Il envoya appeller Cidan comme s'il luy vouloit donner quelque
employ,

employ ; lorſqu'il arriva devant luy, il eſtoit encore yvre, mais le Roy diſſimulant tout ce qu'il voyoit & ſçavoit, luy promit de le faire rentrer dans ſes bonnes graces s'il vouloit par quelque action d'éclat luy faire connoiſtre ſa fidelité. Cidan qui juſques alors n'avoit donné aucun ſujet d'eſtre ſoupçonné, & que le Roy avoit toûjours trouvé tres-fidele, ne luy ayant oſté le commandement qu'il avoit, que par les plaintes de ſes ſoldats pour ſa grande ſeverité, fut un peu ſurpris des paroles du Roy, mais il ſe remit incontinent, & luy dit que depuis que ſa Majeſté luy avoit donné le gouvernement de Fez-Bellé, & le commandement dans ſes troupes, il n'avoit jamais rencontré en luy qu'une prompte obeïſſance à ſes ordres, & une entiere fidelité à ſon ſervice, & que s'il ne faloit encore qu'expoſer ſa vie dans ce moment,

K

il luy feroit voir combien il s'eſtimoit heureux de la donner en ſer-
vant un ſi grand Prince, & qu'il
eſtoit preſt d'entrer dans Maroc,
pour donner la mort à Mouley
Hamet au milieu de ſes Gardes.
»Non, non, luy dit le Roy; je ne
» veux point ainſi expoſer la vie de
» mes amis, ce que je deſire n'eſt
» autre choſe ſinon que vous ayez
» à faire vos diligences pour voir ſi
» dans mon Camp il n'y a point
» de traîtres qui veüillent entre-
» prendre ſur ma perſonne; & ſi
» vous en découvrez quelques-
» uns, je vous promets une telle
» recompenſe, que vous & les vô-
» tres vous reſſouviendrez toûjours
» de moy. Allez donc, & faites
» promptement vos diligences.
Aprés que le Roy l'eut envoyé, il
fit appeller l'eſclave, & luy commanda de bien obſerver les actions
de ſon Maiſtre, de luy en donner
avis, & qu'il le feroit Alçayde,

Cidan qui au sortir de la tente du Roy s'estoit mis à dormir, ayant remis au lendemain à faire ses enquestes, se réveilla fort tard. Il commança par aller aux tentes des uns & des autres, afin de sonder leurs esprits. Il fut trois jours dans cette recherche, & voyant qu'il ne découvroit personne, il se mit en teste d'accuser ceux à qui il s'estoit declaré. Il leur fut rendre visite à leur quartier, les convia de revenir au sien, où il les festoya tout ce jour-là & une grande partie de la nuit, & les solicita de nouveau de poüsser à bout leur entreprise; à quoy ils répondirent qu'ils estoient toûjours prests, & qu'ils n'attendoient que l'heure propre pour l'executer. Hé bien, leur dit « Cidan, j'ay appris que le Roy « demain sur les dix heures revien- « dra de la chasse & passera par « vos Adoüars, dans la compa- « gnie de ses petits Noirs; mettez «

K ij

» vos gens fous les armes comme
» pour l'accompagner, je ne man-
» queray pas de me rendre auprés
» de vous, pour vous affifter &
» tremper le premier ma main
» dans fon fang. Ces Checqs em-
braſſerent Cidan, & fe retirerent
bien joyeux de ce que le lendemain ils exerceroient leur vangeance. L'efclave, aprés qu'ils fe
furent retirez, & que fon Maiftre
fut couché, alla informer le Roy
de tout ce qui fe paſſoit, & le jour
ne parut pas plûtoft que Cidan
fut à la porte de fa tente, pour luy
donner avis que les deux Checqs,
qui gardoient la partie du midy de
Maroc, le vouloient aſſaſſiner lorſqu'il reviendroit de la chaſſe;
qu'ils l'avoient convié d'eftre de
la partie, ce qu'il leur avoit promis, & que le mefme jour ils fe
mettroient en armes à demie lieuë
de leurs Adoüars pour l'attendre,
& luy ofter la vie. Mouley Seméin

du Royaume de Maroc.

envoya aussi-tost mille Noirs pour prendre ces Checqs, ils les luy amenerent enchaînez avec la pluspart de ceux qu'ils rencontrerent en armes au lieu designé par Cidan. Si-tost qu'il les eût apperceus venir, il sortit de sa tente, où il laissa Cidan en compagnie d'autres Cherifs & Alcaydes, & fit declarer aux Checqs pourquoy ils avoient conspiré contre sa personne. Ces Arabes se voyans découverts implorerent sa misericorde, & promirent de luy dire la verité de leur conspiration; ils avoüerent que Cidan les avoit recherchez d'amitié, & les avoit incitez à se vanger des mauvais traitemens du Roy ; qu'il devoit leur prester sa main & estre le premier à la tremper dans son sang ; qu'il les avoit conviez à manger dans sa tente par deux fois, où il leur avoit promis de grandes recompenses de la part de Mouley Hamet. Le Roy qui sçavoit déja toute la verité, fut étonné de l'impudence de Cidan, de se vouloir couvrir, en accusant ceux qu'il avoit subornez pour rentrer dans ses bonnes graces. Il » l'appella hors de la tente ; Quoy » méchant, luy dit-il, c'est donc » toy qui a entrepris sur ma vie, & » aprés avoir suborné ces misera- » bles, tu me les viens denoncer ? » Dis-moy, que peux-tu me ré- » pondre ? *Seigneur*, luy dit-il, *ces Arabes mentent devant ta Majesté; car jamais ils n'ont mangé dans ma compagnie.* Le Roy surpris de son effronterie, fit venir son Noir, qui en sa presence declara comme tout s'estoit passé, & confirma la declaration des Arabes; sur quoy le Roy donna à Cidan quelques coups de cimeterre, puis l'envoya traîner à la queuë d'une mule avec les Arabes par tous les endroits du Camp, jusques à ce qu'ils fussent mis en pieces.

du Royaume de Maroc.

Mouley Aran Roy de Tafilet, frere du Roy de Fez, & beau-pere de celuy de Maroc, ayant eu nouvelle de la disette des vivres qui estoit dans Maroc, & ne pouvant y en envoyer, délibera de quitter ses Estats, pour se rendre Mediateur entre ces deux Princes. Ayant laissé le gouvernement de son Royaume à un de ses Alcaydes, il fit charger deux cens chameaux de Dattes, pour en presenter la moitié au Roy son frere, & l'autre moitié à Mouley Hamet, & partit de Tafilet avec ses provisions, & arriva au Camp où il fut tres-bien receu. Y ayant demeuré quelques jours, il demanda permission à son frere, d'entrer dans Maroc, pour presenter à Mouley Hamet ce qu'il avoit à luy donner; lequel à son entrée dans la Ville le receut avec toutes sortes de témoignages d'affection, il ne pût pourtant s'empescher de faire

Arrivée de Mouley Aran Roy de Tafilet au Camp de Maroc.

connoistre qu'il estoit picqué de ce que son beau-pere avoit esté plûtost au Camp que vers luy. Mouley Aran, qui n'avoit abandonné son Royaume qu'à dessein de moyenner une bonne paix entre ces Princes, remontra à Mouley Hamet la necessité qu'il avoit d'y entendre ; que ses magazins estans vuides, & dépourveus de vivres, si Mouley Seméin le prenoit par famine, il ne se promettoit rien moins que de luy faire arracher les yeux ; qu'il le prioit de le laisser faire, & qu'il hazarderoit tout, pour ne la conclure qu'à son avantage.

Mouley Aran retourna au Camp, & dit à son frere, que les assiegez n'estoient point en disette de vivres, comme on luy faisoit entendre; que les Chavanets en faisoient entrer toutes les nuits, & que Mouley Hamet estoit resolu à tous les evenemens de ce siege.

Mouley Seméin qui brûloit du defir d'eſtre poſſeſſeur de la Ville, pour retourner à Fez, pria ſon frere de le ſoliciter à quitter Maroc, & qu'il luy laiſſeroit la Province de Dras, où il feroit Souverain, ſans jamais l'inquieter, & où tous ceux qui voudroient l'y ſuivre, auroient permiſſion de ſe retirer. Mouley Aran luy répondit, qu'il ne feroit pas bien receu de luy, s'il luy faiſoit une telle propoſition; mais que s'il vouloit envoyer Mouley Mimon & Mouley Abiquerim ſes fils, pour en traiter avec luy, il les y accompagneroit volontiers. Mouley Seméin ſuivit ſon avis, dautant qu'il crût bien que la Ville avoit les vivres qu'il luy avoit dit, & ayant envoyé ſes fils à Maroc accompagnez de ſon frere avec quantité de beaux preſens, ils entrerent au Palais.

Mouley Hamet fut bien joyeux de voir ces jeunes Princes, & les presens qu'ils luy offrirent de la part de leur pere, il leur en fit present ensuite, n'en ayant point de plus confiderables à leur offrir; mais ils n'oserent les accepter. Ils y demeurerent quatre jours, pendant lesquels ils luy firent en secret l'ouverture de paix, qu'ils avoient ordre du Roy leur pere de luy offrir. Il les renvoya sans réponse, en leur disant qu'il vouloit en traiter auparavant avec Mouley Aran en particulier, qui retourneroit au Camp, faire sçavoir à son Oncle ses resolutions. Les habitans de Maroc s'allarmerent, lorsqu'ils apprirent qu'on traitoit de paix sans leur participation; mais Mouley Hamet leur fit entendre que ce qu'il en faisoit n'estoit que pour amuser le Roy de Fez, & le surprendre dans son Camp. Les Articles ayans esté arrestez par Mouley Aran, il les fit voir aux deux Roys, qui les rati-

du Royaume de Maroc. 217
fierent, & voicy ce que ces Articles portoient.

I.

Que Mouley Hamet conserveroit le titre de Roy, & que lorsque Mouley Seméin luy écriroit, ce titre seroit inseré dans ses lettres.

Traité de Paix de Maroc.

II.

Que Mouley Seméin donneroit pour ôtage Mouley Mimon son fils, que Mouley Hamet retiendroit auprés de luy, jusques à ce que luy, ses gens, & son bagage seroient arrivez en Guiläoa.

III.

Que la Reyne, épouse de Mouley Hamet, resteroit à Maroc dans son Palais, traitérauæ dépens de Mouley Seméin comme Reyne.

IV.

Qu'il seroit permis à Mouley Hamet & à ses amis de sortir avec armes & bagages.

K vj

V.

Que la Province de Dras, qui est des dépendances de Tafilet, & dont Mouley Seméin s'estoit mis en possession pendant cette guerre, ne relevera d'autre Prince que de Mouley Hamet, qui la possedera & la gouvernera en qualité de Souverain.

VI.

Que Mouley Seméin pardonnera generalement à tous les habitans de Maroc, & à tous ceux qui y estoient du party de Mouley Hamet, sans estre aucunement recherchez pour le sujet de cette guerre.

VII. ET DERNIER.

Et que tous ceux qui fuiroient de l'un à l'autre des deux Roys pendant trois mois, seroient reciproquement mis en pieces par les deux Princes.

Ces conditions ayans esté signées de part & d'autre, Mouley Mimon fut envoyé secretement à Mouley Hamet, qui fit partir la même nuit son bagage pour Guilaoa, dautant qu'il sçavoit que sr la redition de Maroc venoit à la connoissance du peuple, aucun ne demeureroit dans la Ville, pour la crainte qu'on avoit des cruautez de Mouley Seméin : & pour dissimuler mieux sa retraite, il fit assembler toute sa cavallerie, en choisit les meilleurs chevaux, qu'il fit monter à ceux qu'il vouloit mener avec luy, & fit entendre aux autres & à ceux qu'il démontoit, que c'estoit pour une entreprise difficile qu'il executeroit sur le Camp, avant qu'il fut deux jours, & pour envoyer détruire un secours envoyé de Fez, lequel estoit au deçà de la riviere des Noirs. Sur la my-nuit accompagné de Mouley Mimon, & de ses plus fideles Alcaydes & Capitaines, de deux mille sept cens Noirs, & de deux mille trois cens Chavanets, il se rendit en Guilaoa, où son beau-pere & son épouse le receurent avec beaucoup de satisfaction pour l'estat present de ses affaires. Mouley Mimon ne passa pas plus outre ; Mouley Hamet luy donna des lettres pour le Roy son pere, par lesquelles il le conjuroit de garder les traitez qu'ils avoient accordez ensemble, & il les fit publier tout haut devant ceux qui accompagnoient ce jeune Prince.

Le lendemain le peuple fut bien étonné de la retraite de Mouley Hamet, qu'ils auroient mieux aimé suivre, que de rester au pouvoir du Roy. On fit sortir tous les Talbes & les petits enfans avec des drapeaux blancs, pour aller vers le Roy, afin d'implorer leur pardon, qu'il leur octroya en apparence. Comme il alloit pour entrer au Palais, l'Alcayde Abdala Hispany qui avoit esté General des Chavanets, lorſqu'ils ſe retirerent de l'obeïſſance du Roy, & qui n'avoit point voulu ſuivre Mouley Hamet, ſe vint jetter à ſes pieds, & luy demanda grace pour luy & pour ceux de ſes compagnons qui eſtoient reſtez dans la Ville. Le Roy l'ayant apperceu, deſcendit de cheval, l'embraſſa, luy donna ſon meſme cheval & ſon cimeterre, & luy dit, qu'il le tiendroit dans ſon eſtime plus qu'il n'auoit jamais eſté, & luy ordonna d'aller vivre avec ſes gens dans la Province d'Alcaladie, aux environs de la forterefſe de Menille, qui eſt aux Eſpagnols ; ce qu'ils executerent le meſme jour.

Le Roy enſuite entra au Palais accompagné de Mouley Aran ſon frere ; la premiere choſe qu'il fit, fut de viſiter les magazins Royaux, dans leſquels il ne trouva des vivres que pour huit jours. Il s'arracha la barbe de dépit, & traitant

Detentiō de Mouley Aran, & pourquoy.

plusieurs fois son frere de traîtres qui l'avoit lâchement surpris, ordonna qu'il fut pris, & gardé dans le Camp, & au mesme temps envoya l'Alcayde Henden avec deux mille chevaux prendre possession de la Ville & du Royaume de Tafilet, avant que Mouley Hamet en eut aucune connoissance. Le Roy rétablit le gouvernement de la Ville, & ayant fait entrer ses Renegats & ses Noirs, il leur en permit le pillage durant tout le jour. Ils y exercerent toutes sortes de cruautez & d'infamies, & sa colere estant un peu appaisée, il fit cesser le pillage. Il ordonna qu'on luy amenât au Camp, où il s'estoit retiré, les Bourgeois & les Marchands les plus riches de la Ville, sur lesquels il exerça pleinement ses vangeances.

Mouley Hamet ne fut pas si-tost en Guilaoa, qu'il alla attaquer le fils de Zaimby, duquel nous avons

parlé avant cette derniere guerre :
Il le força dans son Chasteau, &
luy fit souffrir le mesme supplice
qu'à son pere, donnant les dépoüilles à ses soldats; puis ayant
passé à Dras, il s'y fit reconnoître pour Souverain, & donna ordre aux affaires qui regardoient
le peuple & ses gens.

Nous avons parlé dans la vie *Arrivée*
de Mouley Archy de quelle ma- *de Ma-*
niere les fils du Ben-Bucar écha- *Lebache*
perent du malheur de leur pere, *Ben-Abd*
& se sauverent par leur fuite à la *Zacmian*
Mecque. Mahamet Lehache-Ben-
Abdala son petit-fils, & fils d'Abdala, qui y accompagna son pere,
aprés qu'il y fut mort en reputation de sainteté. Il passa en reve-
nant en Afrique par Constantino-
ple, pour obtenir des lettres de
faveur du Grand Seigneur adres-
santes au Divan d'Alger, afin qu'il
l'aidât à se rétablir dans les Estats
de ses peres, que les Roys de Ta-

filet & de Fez avoient usurpez lorsqu'il en trouveroit l'occasion favorable. A son arrivée à Alger il apprit la mort de l'Alcayde Semac, son plus grand ennemy, & celuy qui avoit esté cause de la ruine de sa maison & de son païs, & l'occupation du Roy au siege de Maroc. Il se presenta au Divan avec les lettres de sa Hautesse; elles furent receuës favorablement, & on l'envoya à Tremesen avec ordre au Bacha qui y commandoit, de luy donner deux cens chevaux pour l'escorter jusques aux Zaoüias; à quoy le Bacha obeït. Il ne fut pas si-tost entré dans les premieres montagnes de Meluya, que tous les Barbares le saluërent tous d'une voix comme leur Souverain par tout où il passoit, ils baisoient les traces de ses pieds, l'appellant un second Mahomet, ou un autre Ben-Bucar, qui leur estoit envoyé du Ciel, pour les délivrer de la servitude & de la domination d'un Roy tyran, avare, & inhumain. Ils l'accompagnerent jusques au Palais de son ayeul, qu'il fit incontinent rétablir, dautant que Mouley Archy en avoit fait mettre une bonne partie par terre, & parce qu'il menoit avec luy un grand nombre de ces Barbares, ils firent d'étranges ravages sur les Arabes, qui vivoient autour des montagnes, & les contraignirent de prendre la fuite, & de se retirer sous les murailles de Fez, de Salé, & de Miquenez.

Cette nouvelle fit cesser les cruautez que le Roy exerçoit sur le peuple de Maroc, & luy fit publier un pardon general pour tous ceux qui voudroient l'accompagner dans son retour à Fez. Il fit suivre ses troupes de toutes les Cafilles ou peuples d'Arabes, qui vinrent se mettre sous son obeïssance,

& il laissa pour Viceroy dans Maroc Mouley Mimon son fils. Avant son départ il avoit envoyé deux corps d'armée contre les Barbares, de chacun quatre mille hommes, afin de rétablir les Arabes dans leurs terres, & y couper leurs bleds. L'un de ces deux corps fut défait proche de Miquenez, où l'Alcayde Tremeseny qui le commandoit fut tué, & l'autre proche le Chasteau de Tadela, où l'Alcayde Halef, à qui le Roy avoit pardonné, pour luy en donner le commandement, fut taillé en pieces avec tous les siens, le Château pris & démoly par les Barbares; ce qui obligea le Roy d'y venir luy-mesme en diligence. Il passa la riviere des Noirs à Demenet, & s'estant rendu maistre du Château par composition, il en fit sortir les Barbares qui s'estoient bien défendus, sans leur vouloir donner aucun quartier, il les fit tous mouri jusques aux enfans de la mamelle : Ensuite il campa en ce lieu pour y rafraîchir ses troupes.

Dom Christoval de l'Armada Gouverneur de Masagam, l'envoya complimenter au nom du Prince Regent de Portugal son Maistre, pour se conjoüir avec luy de l'heureux succés de ses affaires. Parmy les presens qu'il luy fit, il y avoit un cheval pie, couvert d'une housse de brocard à franger d'or. Le Roy fut au devant de cet Envoyé, accompagné de tous les Grands de sa suite, & d'une partie de sa cavallerie, l'amena dans le Camp, & luy donna une de ses tentes, où il fit poser par honneur vingt-cinq renegats pour le garder. Dans son audiance, aprés avoir fait ses presens, qui estoient outre ce cheval, plusieurs belles lances garnies d'or aux deux bouts, de la hauteur d'une

Arrivée au Camp d'un Envoyé de Portugal.

coudée. Le Roy voulut d'abord apprendre des nouvelles des guerres des Princes Chreftiens, & fi Loüis le Grand Empereur de France, continuoït toûjours fes Victoires fur fes ennemis ; l'Envoyé du Prince de Portugal, ne manqua pas de luy raconter fidelement fes conqueftes, ajoûtant qu'il avoit luy feul foûtenu une longue & heureufe guerre contre les trois plus puiffans Eftats de la Chreftienté. J'ay toû-
» jours bien crû, luy dit Mouley
» Seméin, que le Roy de France,
» dont j'eftime la valeur, ne pou-
» voit manquer d'avoir de grands
» avantages fur fes ennemis, par-
» ce que mon néveu à fon re-
» tour d'Angleterre m'apprit af-
» fez particulierement toutes les
» glorieufes victoires qu'il avoit
» gagnées à la tefte de fes trou-
» pes, recevant pour y parvenir

des graces particulieres du Ciel « *Fable des*
pour la veneration qu'il m'af- « *Maures sur les*
feura qu'il portoit à la lettre que » *conquê-tes du*
noftre grand Prophete écrivit à « *Roy de France.*
fes predeceffeurs lorfqu'il vivoit «
fur la terre, laquelle il tient en- «
fermée dans un petit coffre d'or, «
ce qui me fait prier Dieu & fon «
Prophete qu'il favorife autant «
fes armes qu'elles luy ont efté «
glorieufes jufques à prefent. «

Le Roy luy demanda enfuite s'il defiroit quelque chofe de luy, l'Envoyé répondit, qu'il n'eftoit point venu à ce deffein, mais feulement pour luy témoigner la joye de fon Prince du glorieux fuccés de fes armes, & le prier feulement de permettre au Meffager d'Azamor d'entrer & de fortir de Mafagam comme il faifoit autrefois; ce que le Roy luy octroya, & le renvoya à fa tente.
Le Roy ne pouvoit s'empefcher de faire des maffacres felon fa

coûtume ; ceux qui pouvoient fuïr se refugioient à la tente de l'Envoyé, qui alloit aussi-tost luy demander leur grace ; & cette cruauté luy fit tant d'horreur, que craignant pour luy-mesme, quoy qu'il n'en eût pas de sujet, il luy demanda son audiance de congé, l'asseurant qu'il seroit de retour auprés de luy dans six mois. Le Roy luy demanda s'il y avoit quelque chose dans ses Estats qu'il pût desirer de luy ; & comme le Lion est un animal que nous n'avons point en Europe, il luy en fit present de quelques-uns tous jeunes, & aprés son depart, il fit lever le Camp pour entrer dans les hautes montagnes de Zaoüias.

Mahamet Lebache ayant appris que le Roy venoit pour le combattre, & pour détruire son païs, rassembla tous ses Barbares. Le Roy demeura peu de temps à s'y rendre ; lorsqu'il fut arrivé au pied

du Royaume de Maroc. 241
pied de la montagne où son ennemy estoit campé, il fit passer toute son armée devant luy, & la rangea en bataille, défendant sur peine de la vie de dresser aucunes
tentes, ny de décharger aucunes
bestes avant le combat. Il envoya
Leudeya de l'autre costé de la
montagne avec quatre mille chevaux, pour joindre le Bacha qui
estoit avec les Arabes de Maroc
au bord d'une riviere, afin que
lorsqu'il auroit gagné le haut, les
Barbares voulant fuïr, ils passas-
sent par le tranchant du cimeterre tous ceux qu'ils rencontreroient. Ce renfort ainsi envoyé ne
fut point apperceu des Barbares,
& le Roy qui estoit toûjours à la
teste de ses troupes la lance à la
main, les fit monter droit aux ennemis, lesquels au nombre de soixante mille, firent une décharge
de coups de fusils, de fléches &
de pierres, qui dura plus d'une

Bataille des Zaoülas gagnée par Mouley Se-...

L

heure. Le Roy aprés l'avoir eſſuyée ſans tirer un ſeul coup, en fit une autre ſur eux de dix pieces d'artillerie chargées de balles menuës, qui en défirent un grand nombre, aprés quoy il gagna le haut. Les Barbares épouvantez de ce bruit terrible, qui fut ſuivy de celuy des inſtrumens militaires de l'armée du Roy, dont ils n'avoient pas l'uſage, prirent tous la fuite; la cavallerie ſe ſauva, mais l'infanterie demeura au milieu des deux armées, & de plus de trente-cinq mille hommes dont elle eſtoit compoſée, il en échapa tres-peu. Le Roy donna ordre aux Arabes de Marec de tuer ceux-cy pour pourſuivre la cavallerie, qu'il chaſſa trois jours & trois nuits, & fit mourir tous ceux qui tomberent entre ſes mains, à ſon retour au Camp, il fit mourir les femmes & les enfans qu'on avoit épargnez, & envoya dix mille teſtes à

Fez & à Maroc, qui furent plantez sur les murailles.

Il s'en alla ensuite à Miquenez établir sa Cour dans le Palais, qui luy avoit esté basty de neuf pendant ces dernieres guerres, lesquelles avoient duré trois ans. Il y fut visité de tous les Grands des Provinces de ses Royaumes, qui luy firent plusieurs presens de Chrestiens, de chevaux, de Noirs, d'étoffes, de meubles & d'argent. A quelques jours delà il fit la dedicace de ce nouveau Palais, par le sacrifice d'un loup qu'il égorgea à my-nuit sous la principale porte, au milieu de laquelle il fit enterrer la reste de cet animal par quelques Chrestiens, & le lendemain il en fit faire de mesme du corps par quelques Noirs hors les murailles du Chasteau. Ensuite il commança d'examiner la conduite passée de ses Noirs, qu'il châtia des moindres fautes qu'il avoit remar-

Dedicace du Palais de Miquenez.

quées en eux depuis son depart de Maroc ; plusieurs jours s'employerent dans ces punitions, où il exerça beaucoup d'inhumanitez. Un matin ayant rencontré une jeune servante du Serrail, qu'il avoit mariée depuis son retour à l'un de ses Noirs favoris; elle eut peur de luy en l'appercevant, & se voulut retirer dans un logis en attendant qu'il fut passé: Il l'envoya prendre par quelques petits Noirs qui luy servent de Pages, & luy donna trois coups de cimeterre qui la renverserent morte sur la place. Il ne se contenta pas de massacrer ceux-cy, sa rage & sa fureur tomberent sur les Chrestiens qui servoient à son écurie ; à l'un desquels il osta la vie, parce qu'il ne voulut pas luy enseigner où estoit un autre Chrestien, à qui il avoit commandé de luy apporter un sceau d'eau, & ne l'avoit pas fait assez promptement, & blessa tous les autres du bout de sa lance en diverses parties de leurs corps, dont ils échapperent graces à Dieu, aprés avoir esté à deux doigts de la mort par la profondeur des playes qu'il leur avoit faites.

Mouley Hamet s'estant reposé en Dras quelque temps, il le composa des gens du païs un petit corps d'armée, qu'il joignit avec ceux qu'il avoit amenez de Maroc, & s'achemina vers la Principauté de Sus, & comme il y avoit un grand peuple de Barbares qui luy en empeschoient les passages, il voulut voir si par la douceur ils le laisseroient passer : Estant arrivé proche des montagnes, il y campa, & un matin il sortit du Camp avec dix Noirs seulement, pour monter à celle où demeuroit le Checq, qui commandoit cette Cafille des montagnes de Sus. Il fut incontinent conduit à son

Conqueste du Sus par M. Hamet.

Chasteau, le Checq, qui estoit un venerable veillard, ne le connoissant pas, luy demanda qui il estoit, & ce qu'il desiroit de luy. Le Roy luy dit qu'il estoit ce Mouley Hamet, que la fortune avoit fait sortir de Maroc, où il avoit esté deux fois Roy, & qu'il venoit vers luy pour luy demander sa fille en mariage. Ce bon vieillard, lorsqu'il apprit quel il estoit, se jetta à ses pieds : Seigneur, luy dit-il, il ne te faloit pas donner tant de peine que de venir icy, le moindre de tes esclaves qui y seroit venu de ta part, m'auroit incontinent fait partir, pour aller accepter l'honneur que tu veux faire à ma famille. Mouley Hamet le releva, & l'embrassa tendrement, & passa toute la journée avec luy dans ce Chasteau, d'où il envoya donner avis au Camp, que tout luy reüssiroit. Le lendemain il y retourna, & de là à quelques jours,

du Royaume de Maroc.

le vieillard accompagné de ses fils, qui estoient Checqs d'autres montagnes voisines, & qu'il avoit mandez, luy amena une jeune fille, que Mouley Hamet accepta pour épouse, & à laquelle il donna pour dot quatre quintaux d'or, qu'il délivra au vieillard, qui luy ouvrit les passages sous la conduite de ses fils, outre deux mille chevaux & six mille hommes de pied, qu'il joignit à ses troupes; avec ces forces il conquit toute cette Principauté, où il regne encore aujourd'huy.

Dans le commancement de l'année 1678. une peste generale commança par tous ces Royaumes; elle avoit esté apportée d'Alger à Toutouan (ou plûtost envoyée de Dieu) d'où elle se répandit par toutes les Villes & les Provinces, & selon la supputation qui a esté faite du nombre des personnes qu'elle a enlevez, il s'en

1678.

Peste generale.

trouve plus de quatre millions.

Au mois de Mars l'Alcayde Amar Hadou-el-Hamêmin, Gouverneur d'Alcaffar, ayant fait un petit corps d'armée, voulut suivre les traces de Gayland contre les Chreftiens. Il alla pour donner quelques affauts à la Ville de Tanger, mais il ne pût faire autre chofe que d'enlever deux petits Forts de ceux qui font au dehors, à la portée du canon, ayant trouvé la plufpart des Anglois qui eftoient dedans yvres. Il les amena au Roy au nombre de vingt, avec une piece d'artillerie de bronze, marquée aux armes du feu Roy Dom Sebaftien de Portugal. Il alla la recevoir hors fon Chafteau, & baifa la terre trois fois devant cette piece, en action de graces, pour eftre la premiere victoire que fes armes avoient euës fur les Chreftiens. La recompenfe d'Amar-Hadou fut qu'il

Prife de deux Forts de Tabger.

l'honora de la dignité de Viceroy des Algarbes.

Comme le mal de la contagion s'augmentoit chaque jour, le Roy se prepara pour sortir de Mique-nez, laissant pour Viceroy dans Fez Mouley Meherez son fils aî-né. Quelques jours avant son dé- *Mort d'un re-* part, estant dans son Camp sous *negat qui* *recognoist* les murailles de la Ville, il fit mou- *sa faute.* rir un jeune renegat Anglois, qui reconnut sa faute, & luy protesta estre Chrestien ; ce qui arriva de cette sorte : Le Roy ayant sceu le dessein qu'il avoit de s'enfuir, le fit d'abord mettre prisonnier ; appella la Justice des Talbes, & le leur remit pour en disposer sui-vant les loix de l'Alcoran. Le Ca-dy ordonna que le Roy le feroit garder trois jours, pour connoî-tre s'il n'estoit point yvre ou fol; & ce temps passé, s'il persistoit en ce qu'il avoit dit, qu'il pou-voit luy donner telle mort que bon luy sembleroit. Les trois jours estans expirez, le Roy appella ce jeune homme, & comme il estoit d'une admirable beauté, le Roy avoit peine de proceder contre luy. Il luy demanda quelle estoit sa derniere resolution, l'Anglois luy repliqua qu'il perseveroit dans la Foy de Jesus-Christ qu'il avoit receuë à son baptême. Le Roy luy remontra le tort qu'il se faisoit de vouloir mourir si jeune, & qu'un jour il le feroit grand Seigneur ; mais voyant qu'il dedaignoit ses offres, il prit son cimeterre & luy en donna plusieurs coups sur la teste, jusques à la separer de son corps. Les Maures & les Noirs qui virent cette expedition, nous rapporterent que lorsque le Roy le frappoit, il faisoit des croix avec les doigts qu'il baisoit, ce qui fit juger à tous les Chrestiens qu'il estoit mort bon Catholique ; mais sa naissance ny son nom n'ont pû estre connus de personne, sinon que sa physionomie faisoit connoistre qu' il estoit de qualité. Il revenoit de Rome, & s'estoit embarqué à Ligourne sur un vaisseau de guerre du Roy d'Angleterre qui venoit à Tanger. Il s'estoit depuis retiré chez les Maures, pour quelques paroles qu'il avoit euës avec des Officiers, dont le Gouverneur de Tanger ne luy voulut pas permettre de tirer raison.

L'armée du Roy estant en estat, il leva le camp le quatorziéme de May, pour prendre la route de Tafilet, il alla camper, pour passer les chaleurs de l'Esté, entre des hautes montagnes, couvertes de neiges, qui font partie de l'Athlas, assises sur les bords du fleuve de Meluya. Y estant arrivé il envoya plusieurs Noirs demander les garamines aux Arabes des frontieres de Tremesen, & comme il leur demandoit des sommes excessives, ils plierent bagage, & s'allerent retirer aux environs de la Ville de Tremesen ; le Roy apprenant leur fuite, les suivit avec six mille chevaux.

Le jour qu'il partit du Camp, ayant veu un peu de farine répanduë sur la terre, il poignarda une de ses femmes les plus cheries, pour avoir mis le pied dessus en passant ; & aprés ce coup il fit appeller Ze-Abdelmelec son Chirurgien, auquel il commanda de la penser avec grand soin, sous peine de la vie, si elle mouroit de cette blessure ; mais le coup, qui luy avoit passé entre deux costes & percé les intestins, rendit les soins du Chirurgien inutiles. Elle en mourut, & tout aimé que le Chirurgien pût estre du Roy, il le fit étrangler à son retour, & jetter dans le fleuve. Chacun s'étonna de cette cruauté du Roy en-

Mort d'une femme du Roy & de son Chirurgien.

du Royaume de Maroc. 253
vers celuy, qu'il avoit toûjours aimé comme son frere : Si le Chirurgien n'estoit point dans sa compagnie, il n'estoit point joyeux ; il faloit qu'à sa table il fut toûjours le plus proche de sa personne, & dans les promenades il marchoit à sa droite ; jamais il ne luy avoit dit une méchante parole, & l'avoit toûjours honoré plus que ses propres freres. L'on tient que le Roy luy vouloit du mal de ce qu'un jour se trouvant indisposé, il luy demanda ce qu'il luy faloit faire pour recouvrer sa santé ; comme le Chirurgien avoit alors l'esprit préoccupé de certaines lettres qu'il avoit receuës de sa mere, qui luy mandoit la mort de ses femmes & de ses enfans, que la peste avoit enlevez, il ne tint compte de répondre au Roy. Lorsqu'il fut hors la tente le Roy envoya chercher un Chirurgien Anglois, qui suivoit l'ar-

mée, & l'avoit l'année precedente guery de la bleſſure que Checq Amar luy avoit faite à l'épaule. Il luy dit la douleur qui le tourmentoit ; l'Anglois luy répondit qu'il eſtoit neceſſaire de luy ouvrir une veine du pied, le Roy luy commanda de nettoyer ſes lancettes, afin de luy tirer du ſang. Toutes choſes eſtans preſtes, & l'Anglois diſpoſé à ſaigner le Roy, Ze-Abdelmelec, ſoit qu'il ſe reſſouvint de ce que le Roy luy avoit demandé, ou ayant peut-eſtre eſté adverty que le Chreſtien l'alloit ſaigner, entra bruſquement dans la tente, & cria à l'Anglois : Chien, arreſte-toy, & ne ſois pas ſi hardy que de verſer le ſang du Prophete. L'Anglois ſe retira, & auſſi-toſt Ze-Abdelmelec luy prît ſa Lancette, & s'aprocha du Roy pour luy tirer du ſang ; mais le Roy picqué juſques au vif de l'action de cet homme : Chien, luy dit-il à luy-mesme, qui de vous deux meritera plûtost châtiment, ou de luy qui me tire du sang par mon commandement, ou de toy qui avec ses ferremens t'approches, sans t'avoir appellé? Le Roy se mit tellement en colere, qu'il ne voulut point estre saigné ce jour-là, & luy jura qu'il s'en ressouviendroit, & delà à peu de jours il arriva ce que j'ay rapporté cy-dessus.

Comme le Roy n'avoit pû joindre les Arabes, & qu'il avoit perdu à les poursuivre mille cinq cens chevaux, qui estoient morts par par les chemins, il leur envoya offrir de la diminution, afin qu'ils retournassent dans leur païs, & eux ayant satisfait du mieux qu'il leur fut possible, leurs Checqs apporterent l'argent au Camp, & y furent receus du Roy assez favorablement. Il leur donna des habits & quelques-uns de ses chevaux, & les renvoya contens de la reception qu'ils avoient euë. Il passa tout l'Esté entre ces montagnes, d'où il décampa vers le mois de Septembre pour aller en Sara, & delà à Tafilet contre Mouley Aran & Mouley Hamet-Serere ses freres, qui s'y estoient revoltez.

Mouley Aran, de qui le Roy avoit usurpé le Royaume, & qu'il avoit tenu prisonnier à sa suite, aprés la redition de Maroc, s'étoit échappé de ses mains la veille qu'il rompit les Barbares de Zaoüias, & s'estoit retiré dans son Royaume. Le Roy y avoit Henden, qu'il en avoit fait Viceroy; si-tost qu'il vit Mouley Aran en fuite, il luy envoya ordre de s'asseurer de sa personne, de le charger de fers & de le luy amener à Miquenez; ce qui fut executé. Aussi-tost que le Roy le vit, il se jetta la face en terre, plûtost pour rendre graces à Dieu de la prise d'Aran, que par humilité. Neantmoins il luy osta ses fers, l'amena à son Palais, où il le festoya plusieurs jours, luy presenta des Chrestiens, des chevaux, des Noirs, des étoffes, & de l'argent, & le renvoya à Tafilet, pour y gouverner sous son authorité. Mouley Aran se voyant les forces en main, ne songea plus à l'obeïssance qu'il avoit promise à son frere ; & accompagné de Mouley Hamet-Serere leur cadet, il voulut se faire connoistre Prince absolu, comme il l'avoit esté autrefois; mais lorsque le Roy avec sept mille chevaux & douze mille hommes de pied arriva en Tafilet, comme les Rebelles n'avoient pas des forces capables de luy resister, ils se retirerent aux montagnes voisines de Tremesen, où ils demeurerent quelque temps, puis passerent chez les Arabes du Dar Michal, en attendant que le Roy sortit de leur Royaume.

Arrivée du Roy à Tafilet. Le Roy estant entré dans Tafi= let & dans l'ancien Palais de ses peres, il y fut visité de tous les Cherifs, Princes & Princesses de sa maison, dautant qu'il n'y avoit pas paru depuis l'âge de dix ou on= ze ans qu'il en estoit sorty. Il leur fit present à chacun d'une veste de beau drap, de belles cappes à l'Arabesque, des chemises fines de Bretagne & d'Hollande, pour pa= roistre un peu mieux qu'ils n'é= toient, dautant que ces choses dans ce païs-là sont tres-rares. Les plus Grands estant accoûtumez à ne porter que des chemises de lai= nes, ou de grosses toiles, à quoy le reste répond; il y maria aussi deux Princesses ses sœurs, avec deux Cherifs ses cousins, & donna mille écus de dot à chacune. Il en sortit au mois de Novembre, & y laissa l'Alcayde Mousaut pour y gouverner.

Dans ce temps-là on luy amena

trente-cinq Espagnols, que les
Chavanets avoient pris dans l'un
des Forts qui sont autour de Melille, qu'ils avoient miné par l'industrie d'un renegat de la Place,
& ces Espagnols s'estoient rendus de crainte d'estre volez. Le
Roy qui les receut, les voulut incontinent faire passer par les armes, à cause qu'ils demeuroient
sur ses terres ; mais comme ils luy
representerent qu'ils y venoient
exilez, & par force, il leur pardonna, & leur dit qu'ils avoient
fait leur devoir de s'estre défendus
pour la fidelité qu'ils devoient à
leur Roy, & à leur Religion. Il en
destina une partie au service de
son écurie, & l'autre à ployer &
à planter ses tentes, lorsqu'il leveroit le Camp, en faisant venir un
pareil nombre de Fez pour y construire un Chasteau, entre lesquels
estoit un de mes cousins, qui acheva toute cette campagne avec luy,

Prise d'un Fort de Melille.

Prise de deux Forts de Tanger. Au mesme temps Amar Hadou luy amena quatorze Anglois qu'il avoit pris dans deux Forts de Tanger qu'il avoit surpris une nuit, où il avoit laissé autant de morts pour s'estre vaillamment défendus.

Au sortir de Tafilet le Roy alla à Ferquela, où il passa la riviere; quelques Barbares ne le voulurent point reconnoistre, il défit ceux qui luy resisterent, & les autres se retirerent aux montagnes d'Itata. Ceux de Guerify se mirent sous son obeïssance; mais ceux de Sagaro, d'Hadet, de Toüdega, de Secoura, de Mougouna, de Magaram, de Sedrat, de Tonguedout & d'Itata, se joignirent ensemble, pour ne faire qu'un corps d'armée, afin de luy mieux resister, & abandonnerent leurs Châteaux, que le Roy fit démolir en passant. A ceux de ces Barbares, qui ne se voulurent point retirer, le Roy se contenta de leur oster leurs armes, & de leur faire donner de l'argent, & tous ceux qui luy resisterent, & dont il se pût rendre maistre, il ne donna la vie à pas un.

Aprés avoir amassé beaucoup d'argent, & usé de grandes cruautez, il arriva aux montagnes d'Athlas, vulgairement appel-lées Itata, lesquelles sont si hautes, qu'elles approchent de la moyenne region de l'air, & de si difficile accés, que pas un Roy de Barbarie n'a pû forcer ceux qui les habitent, mais ils se sont rendus quelquefois par composition, lorsqu'ils l'ont voulu. Ce ne sont presque par tout que des rochers escarpez, & comme la pierre en est assez tendre, les Barbares y ont fait de grandes cavernes, où ils retirent leurs biens & leurs familles, lorsqu'ils sont obligez d'en défendre l'entrée aux Roys, qui

Atblass

les veüillent subjuguer, & lorsqu'ils se sont retirez, ces peuples descendent au pied des montagnes, & vivent sous des tentes comme les Arabes.

Le Roy en estant proche fit appeller leurs Checqs, qui le vinrent saluër dans son Camp, sur l'asseurance qu'il leur donna. Il se plaignit de ce que leurs gens tenoient les grands chemins desertez pour leurs vols & leurs brigandages, & recevoient avec eux tous ceux qui se retiroient de son obeïssance ; puis il leur demanda une somme d'argent comme Roy de cette partie d'Afrique, & parce que leurs montagnes estoient au milieu de ses Estats, adjoûtant qu'ils eussent à l'en mettre en possession, & à mettre bas les armes. Les Checqs accorderent tout ce qu'il desiroit d'eux, & luy promirent que dans peu ils luy donneroient une entiere satisfaction.

du Royaume de Maroc. 283

Le Roy leur fit present de quelques habits, & les renvoya vers leurs peuples : Lorsqu'ils y furent arrivez, ils se preparerent à se bien défendre, plûtost qu'à executer ce qu'ils avoient promis, & couperent les chemins des montagnes, n'en reservans que quelques-uns qui n'estoient connus qu'à eux seuls, pour se retirer aux lieux encore plus élevez, si le Roy venoit à gagner les plus bas, où ils avoient dessein de le combattre.

Le Roy fut bien un mois à attendre leur retour, mais quand il vit qu'ils s'estoient mocquez de luy, il resolut d'y aller luy-mesme avec ses forces, & d'en faire une vangeance exemplaire. Il partit de Sagaro, où il estoit campé, & s'approcha du pied des montagnes, où plus de trente mille Barbares l'attendoient. Le Roy qui estoit à la teste de ses troupes, les encourageoit à gravir les rochers, en faisant sonner tous ses instrumens militaires. Les Barbares, qui faisoient feu sans cesse, voyant que nonobstant la défaite de plusieurs, les troupes continuoient de monter vers eux, laisserent la premiere montagne où ils tenoient leurs bestiaux, qu'ils abandonnerent au pillage, & en gagnerent une autre plus élevée. Le Roy n'eut pas le courage d'y faire monter, & aprés s'estre emparé de tous leurs bestiaux & des grains qu'ils y avoient, il retourna dans le Camp.

Défaite des troupes du Roy en Itata.

Les Barbares voyans que le Roy s'estoit retiré avec sa cavallerie, qui emmenoit les bestiaux, & qu'il avoit laissé l'infanterie au pillage de leurs grains, ils descendirent par des chemins écartez du lieu, où ils s'estoient retranchez, & se rendirent au pied de la montagne basse, au moment qu'une partie

de

du Royaume de Maroc. 265
de l'infanterie, qui eſtoit demeurée la derniere au pillage, commançoit à défiler; ils en firent un ſi horrible carnage, que de quatre mille hommes, tous habitans de Fez, dont elle eſtoit compoſée, il n'en échapa pas un ſeul. Ils donnerent enſuite ſur la queuë de l'infanterie, qui avoit quitté le pillage la premiere, & qui ſe retiroit au Camp, ils en tuerent un grand nombre, & en bleſſerent pluſieurs.

Cela obligea le Roy de décamper pour ſe retirer plus loin, d'où il leur envoya dire qu'il ne tenoit qu'à eux qu'il leur accordât la paix; qu'il ne leur demandoit aucunes garammes ny droits; qu'il vouloit ſeulement qu'ils fuſſent ſes amis, & que ſes ſujets euſſent la liberté de paſſer ſur leurs terres, pour aller à Maroc; & qu'ils ſe tinſſent preſts pour faire la guerre aux Chreſtiens lorſqu'il les y ap-

M

pelleroit. Les Checqs, sur l'asseurance d'un chameau, qu'il envoya sacrifier par un Morabite au pied de la montagne, en descendirent, & amenerent au Roy cinquante chevaux qu'ils avoient pris depuis le combat, & conclurent avec luy leur traité. Il les fit manger à sa table, où il loüa leur courage, leur donna ensuite à chacun un riche habit de pied-en-cap, & la permission de pouvoir semer, vendre & acheter dans toutes les terres de son obeïssance, en payant seulement la dixme ordinaire ; eux bien satisfaits de la faveur du Roy, s'en retournerent chez eux, & il leva le camp pour poursuivre sa route vers Zaimby.

1679. Tous les peuples des montagnes voisines furent ravis de ce que ceux d'Itata avoient fait teste au Roy, qui aprés avoir levé le camp, s'avança du costé de Zaimby. Lorsqu'il entra dans les premieres montagnes, il s'arresta au pied d'une, qu'on appelle Jebel-lafera, ou la Montagne minée, à cause du grand nombre de cavernes dont elle est remplie. Les entrées de ces cavernes répondent sur un ruisseau, & le chemin par où on y monte est si difficile, à cause des precipices qui l'environnent de toutes parts, qu'il est impossible de les aller attaquer.

Comme le bruit avoit couru au Camp que ces cavernes estoient remplies de biens, & qu'il y avoit beaucoup de gens pour les défendre. Le Roy fit faire alte en ce lieu, ne voulant pas aller plus avant, de crainte que lorsqu'il seroit passé, ceux qui seroient dans ces cavernes, ne coupassent le chemin à ceux qui porteroient des vivres à son armée. Mouley Seméin commanda à Abdrahaman Filély son Vizir de monter sur la montagne, & que lorsqu'il y seroit arrivé, de faire sommer les Barbares, & de leur offrir la paix, s'ils se rendoient sans combattre.

Cependant le Roy ayant fait mettre ses troupes en ordre, fit apporter quantité de picqs & de hoües, pour distribuer à deux cens Chrestiens qui estoient à sa suite, & qu'il menoit avec luy pour leur faire manger, à ce qu'il disoit, les Barbares qui ne se soûmettroient pas assez promptement à luy: ce qui n'estoit pas impossible de leur faire accroire ; car ils croyoient avant que d'avoir veu ces Chrêtiens, que ce fussent des monstres qui devoroient le monde, & pour marque de leur credulité, c'est qu'ils les venoient considerer depuis les pieds jusqu'à la teste, & puis se disoient les uns aux autres ; ils cheminent comme nous, ils ont des yeux, une bouche, des bras, une teste & des jambes comme nous ; & plusieurs de ces misera-

bles qui avoient esté mis à la chaîne, où on les laissoit mourir de
faim, & à qui les Chrestiens donnoient ce qui leur estoit superflu,
se disoient ensuite, que nous
estions meilleurs & plus charita-
bles que leurs freres, & que bien
éloignez de les devorer comme
le bruit en avoit couru, s'estoient
eux qui les sustantoient.

Le Vizir estant monté sur la ci-
me, fit crier fort haut aux Barbares qu'ils eussent à se rendre, &
que le Roy leur pardonneroit. La
journée se passa sans qu'il parût
personne que vers le soir, que l'on
vit sortir de la bouche d'une de ces
cavernes, sur un petit parapet qui
étoit au devant, un vieillard qui tenoit au bout d'une canne quelque
chose de blanc, qui estoit un signe
qu'il vouloit parlementer. Le Vizir
incontinêt l'assura qu'il le pouvoit
faire ; le vieillard luy demanda la
vie pour luy & pour ses compa-

gnons, & qu'ils abandonneroient le lieu ; ce que le Vizir luy accorda. Il luy demanda ensuite, combien de mille hommes ils étoient là dedans, le vieillard répondit qu'ils n'estoient que douze personnes. Le Vizir étonné de leur audace, & d'avoir esté cause du retardement de l'armée, envoya dire au Roy de faire monter quelques Noirs dans ces cavernes, & qu'il n'y avoit personne pour faire resistance.

Le vieillard asseuré sur la parole du Vizir, fut le dire à ses compagnons, qui vinrent avec luy recevoir les Noirs que le Roy envoyoit ; mais lorsqu'ils y furent montez, & qu'ils se furent rendus les maistres du lieu, le Vizir leur fit signe de precipiter ces miserables sur les rochers, où ils furent mis en pieces ; on y trouva quantité d'orge & de dattes, qui furent distribuées à l'armée, qui poursui-

vit dés le lendemain sa route vers
Zaimby; d'où les Barbares, quoy
qu'ils eussent toûjours esté de ses
alliez, ne luy donnerent passage
qu'à condition que ny luy ny ses
soldats ne feroient aucun tort à ce
qui leur appartenoit.

C'estoit au fort de l'Hyver, & il
tomba pendant sept jours une si
grande abondance de neiges, que
les passages par où les vivres pouvoient venir au Camp furent fer-
mez; comme ces Barbares n'en
avoient que pour eux, cela causa
parmy les troupes une si grande
famine, qu'une mule morte de
faim estoit venduë quarante &
cinquante écus., quoy que leur
loy defende de manger des viandes étouffées; & si le Roy n'eut
promptement envoyé un Exprés
vers le Checq de Guilaoa, beau-
pere de Mouley Hamet Meherez,
pour luy faire present d'un casque
d'or, enrichy de pierres precieu-

Le Roy arresté par les neiges entre les montagnes de Zaimby de Guilaoa.

M iiij

ses, & de perles, avec quelques beaux chevaux richement harnachez, & diverses pieces de toiles & de draps fins, pour l'obliger à faire retirer ses troupes qui tenoient les passages de Maroc, il n'en auroit jamais échappé, & il y seroit mort de faim avec toute son armée.

Le Checq fasché au dernier point de ce que Mouley Hamet avoit épousé la fille du Checq des montagnes de Sus sans luy en rien faire sçavoir, receut le present du Roy, & manda aux Barbares de se retirer, veu que les neiges qui avoient couverts & rendus inconnus les chemins, estoient assez suffisantes pour empescher Mouley Seméin de passer. Aprés que les Barbares se furent retirez, il envoya dire au Roy, qu'il eut la nuit suivante à passer au plûtost; que la Lune luy estant favorable, il pouvoit se retirer des lieux les plus perilleux, & que s'il perdoit cette occasion, il estoit en danger de ne sortir jamais du lieu où il estoit. Le Roy profita de cet avis, & pour faire plus grande diligence, il abandonna toutes les richesses de son Camp, où il y avoit trois mille tentes de dressées, entre lesquelles il y en avoit six de brocart, & six de velours rouge & vert; tout l'or & l'argent qu'il avoit amassé durant cette campagne y fut aussi laissé, dautant que ceux qui l'avoient en garde, ne voulans demeurer des derniers, l'abannerent pour sauver leurs vies, que le Roy leur ôta aprés, & de tout ce grand corps d'armée avec lequel il estoit entré dans le Royaume de Tafilet, il n'en sauva que cinq cens chevaux, & deux mille hommes d'infanterie, le reste perît miserablement de faim & de froid.

Le Roy abandonne son Camp pour se sauver.

Le lendemain les Barbares ayans

eu avis que le Roy s'estoit retiré, donnerent sur l'arriere-garde, qui conduisoit les poudres, que le Roy avoit ordonné de sauver. Ils s'en rendirent les maistres, aprés avoir tué la plufpart des foldats, & mis le reste en fuite, & ils allerent enfuite au camp partager tout ce qui y estoit demeuré. Mouley Seméin s'estant retiré de cette maniere, fut encore affez heureux de trouver dans les plaines de Maroc le Bacha Serhony qui l'y attendoit avec les forces de ce Royaume. Il s'approcha à une journée de la Ville, mais à cause des ravages que faisoit la peste en cette Province, il n'osa y demeurer long-temps. Aprés s'y estre reposé quelques jours, il leva le camp pour aller sur la riviere de Tafaür se rafraîchir avec son armée. Estant dans ce lieu, il congedia toute son infanterie, permettant aux foldats d'aller chez eux prendre trois mois de repos, & il en fit venir de nouvelles pour tenir toûjours son Camp en estat de se défendre de ses ennemis.

Dans ce temps-là il courut un bruit qui fut jusques au Camp du Roy, que Loüis le Grand, nostre auguste & invincible Monarque, avoit armé cinquante vaisseaux de guerre, qui en conduisoient plusieurs autres chargez de pierres & de chaux, pour venir bâtir un Chasteau à Alcassar-Serere proche de Tanger à l'embouchure du détroit de Gibraltar, à dessein de mettre de plus grandes forces l'année suivante dans la Barbarie. Plusieurs habitans de Fez & de Miquenez prirent les armes à ce bruit, pour aller empescher leur descente, & lorsqu'ils arriverent en Alcassar, Amar-Hadou, Viceroy des Algarbes, qui vouloit investir Tanger, & qui avoit fait courir ce

Prise de deux Forts de Tanger.

bruit à dessein de les faire venir, y alla avec eux, aprés avoir encore esté joint de ceux de Salé, d'Alcassar, de Toutoüan & de toute la Province; mais il ne pût faire autre chose, que d'emporter de nuit deux fortins dont les soldats se defendirent courageusement, & luy tuerent quantité de monde. Il ne fit que dix-huit captifs, & emmena une piece de bronze comme la precedente.

Le Roy ayant mis son armée en bon estat ne voulut pas décamper de ce lieu, sans en emporter de l'argent. Il fit payer de grosses garammes ou tailles aux Arabes de Temesena, puis il alla camper en peu de jours au pont de Marbea proche des Zaoüias, à dessein de le faire refaire de neuf. Ce pont estant refait, il y voulut construire un Chasteau, afin de le défendre. Il y occupa pendant trois mois toute son armée, avec laquelle il

travailloit comme le moindre soldat ; pendant cela Serhony son
Bacha, qui avoit un Camp volant, faisoit souvent des escarmouches avec les Barbares, &
tous ceux qu'il pouvoit prendre
vifs, il les envoyoit au Roy, qui
en faisoit faire des chastimens
exemplaires, afin de maintenir
dans la crainte ceux qui luy obeïssoient, pour ne pas devenir rebelles.

 Ce fut en ce lieu qu'il fit appeller *Chasti-*
Ze-Abdrahaman Filély son Vizir, *ment que le Roy*
sur plusieurs plaintes qui furent *donna au*
faites côtre luy à son arrivée. Il luy *Vizir.*
donna d'abord un coup de pistolet
qui luy cassa un bras, ensuite il le
fit attacher à la queuë d'une mule,
& en cet estat le fit traîner par
tout le Camp, puis le fit mettre
dans un cuir de bœuf pour estre
traîné par tous les chemins & les
ruës de Miquenez, & des deux
Villes de Fez. Cela fait, ses os fu-

rent jettez à la voirie, ce qui luy arriva principalement pour avoir voulu violer, estant yvre, une femme de l'Alcayde Chy, & Mouley Semein fit en cela le plus grand acte de justice qu'il eut fait de tout son regne. Tous les gens de la suite du Vizir au nombre de cent, furent taillez en pieces par l'ordre du Roy, à cause qu'ils n'avoient pas empesché ses desseins, & leurs corps furent laissez en proye aux bestes sauvages.

Au mesme temps Amar Hadou Viceroy des Algarbes, voulut investir les Forts de Tanger; mais les Anglois, qui avoient receu du secours d'Angleterre, firent de nuit une sortie sur luy, & luy tuerent plus de quatre mille personnes, sans les blessez. Le Gouverneur de Tanger, pour se mocquer de luy, luy envoya par un Juif d'Alcassar un present de quelques pourceaux & de quelques boucs, pour luy donner à entendre, que lorsqu'il retourneroit, il n'auroit pas plus de peine à détruire les siens, qu'on en a à faire mourir ces animaux, avec lesquels il comparoist Amar & les siens. Cet Alcayde leva le camp sans rien faire, & envoya son present à Miquenez, pour le faire voir à son Maistre lorsqu'il y seroit de retour. Le Roy aprés l'avoir veu, donna les pourceaux à manger aux Chrétiens, & se reserva les boucs. Aprés que les murs du Chasteau, qu'il faisoit faire, furent achevez, & que les renegats, qu'il y laissa en garnison, luy eurent témoigné pouvoir le bien défendre, voyant que la mort de Mahamet Lehache-Ben-Abdala, que la peste avoit enlevé, le laissoit sans ennemis, il partit de son armée quelques jours aprés la Pasque de Leide-Cubir, accompagné des Noirs de sa Garde, sans rien dire à per-

Present du Gouverneur de Tanger.

fonne, & dans peu de jours il se rendit dans son Palais de Miquenez, où tous les Grands du Royaume luy vinrent faire leurs complimens avec des presens.

1680. Aprés que le Roy se fut reposé quelques jours, il ordonna que tous les Chrestiens, qui estoient dispersez dans les autres Villes, luy fussent amenez à Miquenez, pour les y faire travailler au dessus des forces humaines aux ouvrages dont il fut luy-même l'Architecte. Cependant il fit venir des montagnes quatorze Lions d'une grandeur effroyable, qu'il fit renfermer dans un Parc, & souvent il prenoit le divertissement de les voir battre avec des criminels, & autres personnes qu'il leur exposoit, en quoy il prenoit un plaisir extréme. Quand il commança à se lasser de ce divertissement, il s'adonna de nouveau à l'architecture, prenant luy-mesme des ali-

Diversis- semens & plaisirs du Roy.

gnemens de plusieurs bâtimens, qu'il fit mettre à bas pour en edifier d'autres joignant son Palais, où il assistoit presque des jours entiers, & y travailloit avec ses Chrétiens & les autres ouvriers comme le moindre d'eux. Un jour qu'il servoit à donner du mortier & des briques à des Massons, il en rencontra quelques-unes qui estoient fort minces, il envoya chercher le Maistre qui les avoit faites, & luy en rompit une cinquantaine sur la teste, le chargea de fers, & l'envoya en prison, pour luy faire payer une grosse amande, à laquelle il le condamna ; au Maistre qui fournissoit la chaux, à cause qu'il ne la faisoit pas cuire assez, il luy donna deux cens coups de bâton de sa main, & l'envoya traîner par les ruës de la Ville.

En ce mesme temps croyant que Dieu estoit irrité contre son Royaume, à cause d'une secheresse generale qui avoit gâté tous les grains & les fruits, il commanda aux Talbes des gemmes de faire des Processions aux Mosquées de leurs Saints, qui sont hors les murailles de Miquenez, pour obtenir le secours du Ciel. Ils y furent durant plusieurs jours, mais voyant que leurs oraisons n'étoiét point exaucées, il délibera d'y aller en personne, pour éprouver si les siennes seroient plus efficaces. Le 17. Mars il se revêtit d'un vieil habit tout crasseux & d'un méchant Turban sur la teste, & les pieds nuds, il sortit du Palais, accompagné de tous ceux de sa Cour, aussi pieds & testes nuës, & de tout le peuple de la Ville en pareil estat ; en cet équipage il visita toutes les Mosquées des Saints de sa Loy, ce qui dura depuis le matin jusques à quatre heures du soir, mais sa procession ne fut pas plus heureuse que celle des autres, &

Procession du Roy en temps de sécheresse.

le Soleil commança deflors à échauffer plus qu'auparavant. Il attribua cette fechereffe non point à fes crimes, mais à quelques petits Oratoires que fes Captifs tenoient dans leur prifon, pour y faire les foirs leurs prieres devant quelques faintes Images. Aman-Hadou fon favory apporta les ordres pour les démolir, avec défenfes de n'y plus avoir des Images, à quoy les Captifs obeïrent, afin que les Images ne fuffent point profanées, fi le Roy envoyoit fes Noirs pour les déchirer. A quelques jours de là l'Alcayde Abdala Rouffy, Gouverneur de Fez-Bellé, amena à Miquenez l'Alcayde Abiquerim Hermano, qui avoit gouverné la mefme Ville dans le temps de fa rebellion, & qui depuis avoit toûjours efté caché dans une matemore ou baffe-foffe qui eftoit dans fon logis, d'où il ne fortoit que la nuit, pour voir fa femme & fes en-

Oratoires des Captifs démolis.

fans; mais ayãt esté decelé par une voisine, qui l'avoit veu de dessus les toits de son logis, il fut pris & amené au Roy, qui eut d'abord intention de luy oster la vie, mais quelques Cherifs l'ayant prié de luy pardonner, il le fit en apparence, & le renvoya absous pour vivre dans sa famille, & comme il ne pardonne pas volontiers à ceux qui luy ont esté contraires, à quinze jours de là il envoya ordre à Abdala Roussy de luy oster la vie, ce qu'il executa aussi-tost.

Un Vendredy matin le P. Jean de Jesus Maria, Religieux Espagnol de l'Ordre de la Tres-sainte Trinité, du Convent & Hospital de Fez, qui demeuroit avec nous à Miquenez, fut presenter au Roy quelques confitures qu'il avoit faites, Mouley Seméin les accepta volontiers, & les envoya au Serrail, qui fut une marque de l'estime qu'il en faisoit, voulant avoir le plaisir d'en faire manger à toutes ses femmes, au lieu que celles qui luy estoient presentées par les Maures & par les Juifs, il les donnoit toutes à ses gardes. Le Roy demanda au Pere s'il vouloit entreprendre un voyage en France, pour venir demander au Roy une Lettre de Mahomet, qu'il croit qu'on conserve encore à Paris, avec plusieurs Livres Arabes que Mouley Cidan, Roy de Maroc, avoit confiez à une barque Provençale, dont ils n'avoient point eu de nouvelle, & qu'il donneroit en eschange tous les François qui estoient dans ses Estats. Le Pere s'excusa du voyage sur les guerres qu'ils avoient avec nous ; ce qui fit que le Roy n'insista pas davantage. Mouley Seméin pour remercier le Pere, luy envoya un torreau & deux porcs qui estoient restez de ceux que le Gouverneur de Tanger avoit envoyez à l'Alcayde Amar. Et fur les trois heures de relevée du mefme jour, le Roy fortant de la Mofquée accompagné du Cadis, & de tous les Seigneurs de fa Cour, monta fur les terraffes de noftre prifon, pour voir les lions qu'il tient renfermez dans un parc qui luy eft voifin. Apres les avoir confiderez quelque temps, il commanda à un Romain appellé Francifco, qu'il aimoit à caufe qu'il fçavoit faire plufieurs curiofitez qui le divertiffoient, & qui eft le mefme dont j'ay déja parlé dans la rebellion de Fez, d'aller trouver le Pere qui eftoit dans fa celde, & de le faire venir dans la cour de la prifon où il vouloit luy parler. Apres que le Pere fe fut prefenté devant le Roy, & luy eut fait la reverence, le Roy prit la parole, & luy dit, qu'il vouloit difputer de la loy avec luy, & le vouloit convaincre par les raifons qu'il

luy allegueroit ; Et que si après
l'avoir fait, le Pere se vouloit faire Maure, qu'il luy donneroit les
plus beaux emplois de sa Cour.
Mouley Seméin luy fit plusieurs
questions importantes & des plus
relevées, sur lesquelles le Pere
s'excusa de répondre, à cause qu'il
ne sçavoit pas la langue Arabesque. Hé bien, luy dit le Roy,
lors que tu le voudras faire, j'amèneray des gens qui nous feront
entendre ; tu apporteras tes livres,
& moy j'apporteray les miens ; je
te donneray toute liberté de parler, & si tu triomphes, je t'en estimeray beaucoup. Le Roy se retira ensuite, & laissa nostre Pere
tout contristé, dautant que
n'estant pas bon Theologien, il
n'estoit pas bien aise de se trouver
dans ces sortes de conversations ;
mais le Roy ny songea plus depuis.

Au commencement d'Avril le

Siege de Tanger.

Roy donna ordre à l'Alcayde Amar-Hadou d'aller achever la conqueste de la Ville de Tanger. Il le fit accompagner de quelques troupes de ses Noirs, & luy donna des dépéches pour faire marcher avec luy toute la cavallerie des Arabes de son Gouvernement. Avec ces ordres l'Alcayde se rendit vers la Pasque du Moulout en Alcassar, où il assembla son corps d'armée, avec lequel le dernier jour de cette Pasque, il alla investir le Fort Charles, & un autre petit Fort, qui estoient les seuls qui s'estoient conservez, & qu'il n'avoit encore osé attaquer. Ensuite il fit travailler de nuit à trois grandes tranchées, entre les Forts & la Ville, pour leur oster les secours qui en pourroit venir, & puis il commança de faire ouvrir une mine, pour faire enlever le grand Fort, au cas qu'il ne se voulut pas rendre à composition ; mais comme

me elle se faisoit dans le rocher, &
que ses mineurs n'estoient pas experimentez, lorsqu'ils crurent
estre sous le Fort, ils luy dirent
que leur mine estoit en estat de
joüer, & qu'il estoit temps de
sommer les assiegez de se rendre;
Amar leur envoya un Marchand
Chrestien avec ces propositions,
que ceux du Fort luy livreroient
douze personnes d'entr'eux à son
choix, & que les autres s'en retourneroient libres à la Ville; que
s'ils ne le faisoient, il feroit mettre
le feu aux poudres, & les feroit tous
sauter, & ne donneroit quartier à
personne : Ce Marchand ajoûta,
qu'il avoit ordre de servir d'ôtage, au cas qu'ils voulussent envoyer deux hommes pour connoistre l'estat de la mine. Ceux du
Fort, ayant concerté entr'eux, resolurent d'envoyer deux mineurs
qui estoient avec eux, pour reconnoistre si la mine estoit en lieu

d'où ils eussent sujet de craindre:
Ils furent conduits dans la mine,
& connurent par le chemin qu'ils
avoient fait, qu'elle estoit encore
éloignée du Fort de dix brasses,
ce qu'ils rapporterent à leurs
gens, qui renvoyerent ce Marchand couvert d'injures, & commancerent deslors à miner leur
Fort, au cas qu'il le falut abandonner. Amar Hadou voyant que les
Anglois se mocquoient de luy, fit
mettre le feu aux poudres, & fut
bien surpris, lorsqu'il se vit frustré de ce qu'il esperoit : ce qui luy
fit creuser ses tranchées plus profondes, pour y faire courir de
l'eau, afin de les rendre par ce
moyen plus difficiles, & de mettre hors de défense ceux qui tomberoient dedans. Cependant les
Anglois du petit Fort, voyans que
le Gouverneur de la Ville ne leur
envoyoit aucun secours, ny faisoit aucunes sorties pour faciliter

leur retraite, contraignirent leur Commandant de les livrer captifs, plûtost que de hazarder une honorable retour; & au nombre de quarante ils se rendirent ainsi lâchement. Terkiny Gouverneur du Fort Charles fit par un signal advertir le Gouverneur de la Ville de faire une sortie le lendemain pour favoriser sa retraite; mais l'on luy répondit par un autre d'attendre au troisiéme jour; ce qu'il fit, & s'y prepara comme une personne qui aimoit mieux mourir dans l'occasion, que de faire une lâche action. Il fit enclouër dix-huit pieces d'artillerie, qui estoient dans le Fort, fit rompre toutes les armes qui luy estoient inutiles, chargea ses soldats de grenades, & ayant mis toutes les poudres dans la mine, au point du jour il sortit hors du Fort, & fit mettre le feu à la mine, qui eut bien-tost renversé & mis le Fort par terre,

Cela fait, il prit le chemin des tranchées; dans la premiere qui estoit encore à sec, l'on jetta une si grande quantité de grenades, qu'ayant tué plusieurs Maures, les autres l'abandonnerent, mais ils y firent entrer l'eau, & comme elles estoient extrémement larges, il n'y eut que les plus legers qui les purent franchir, & qui se sauverent vers la Ville avec un Capitaine nommé saint Jean, au nombre de trente personnes. Terliny avoit aussi passé les tranchées, mais il fut suivy de quelques cavalliers Maures qui estoient accourus du Camp au bruit de la mine. D'abord il en renversa trois morts sur la place avec les armes à feu qu'il portoit, & comme il n'avoit plus que son épée, l'un des cavalliers s'approcha pour le prendre, en luy offrant bon quartier; mais n'y voulant point consentir, le Maure luy déchargea un coup

du Royaume de Maroc. 293
de cimeterre qui luy coupa la main droite,& un autre fur la tefte qui luy ofta la vie. Quant aux foldats tombez dans les tranchées, ils furent tous mis à mort, treize exceptez, qui eftoient legerement bleffez, & qui fe releverent, lorfqu'on leur cria, bon quartier; ainfi de cent foixante-dix qui eftoient fortis du Fort, quarante-trois feulement échaperent. Amar Hadou hors de luy mefme de trouver l'artillerie enclouée & renduë inutile, voulut faire mourir ceux qui eftoient reftez; mais en ayant efté detourné par les Alcaydes qui le fuivoient, il les envoya en Alcaffar avec ceux qui y eftoient déja.

Il fut enfuite vifité dans fon Camp par le Gouverneur de Tanger, qui avec de riches prefens luy vint demander la paix pour quatre mois; elle luy fut accordée par l'Alcayde, à condition que fi dans ce temps il ne luy venoit du secours d'Angleterre capable de le faire sortir du lieu, où il laisseroit garnison, il le mettroit en possession de la Ville, & luy accorda aussi certaines limites hors les murailles pour paistre les bestiaux de la Place, lesquels les Anglois ne pourroient outrepasser sans estre faits esclaves par les soldats qu'il laissa autour de la Ville. Cela fait, Amar s'en retourna à Alcassar, où il joignit ensemble toutes les dépoüilles qu'il avoit remportées, pour les amener au Roy, qui en ayant esté averty, en témoigna de grandes réjoüissances, & envoya publier par toutes les rues de Miquenez, qu'Amar Hadou son esclave avoit remporté une signalée victoire sur les Anglois, en ayant tué un grand nombre, fait quantité de captifs, & pris dix-huit pieces d'artillerie; ordonnant que chacun eut à en rendre

les actions de graces qui eſtoient
deuës à Dieu & à ſon Prophete; &
lors qu'Amar arriva avec ſes dépoüilles, le Roy l'alla recevoir
comme triomphant hors les portes de ſon Chaſteau.

Cependant la peſte recommen-
çant à faire plus de deſordres que
jamais dans la Ville, le Roy reſolut de l'abandonner; mais avant
que de ſortir du Chaſteau, il donna la liberté à deux cens Eſpagnols pour trente mille écus, que
le Pere Jean de Jeſus Maria, Superieur du Couvent transferé de
Fez à Miquenez, avoit eſté chercher en Eſpagne; puis ſur la fin
du mois de Juin il ſe mit en campagne pour aller vers les frontieres de Tremeſen, contre les Arabes
des Caſilles de Linguet & d'Oü-
lets-Lehache, qui avoient pris le
party de ſes freres, lorſqu'il marcha contr'eux à Tafilet.

Le premier Juillet enſuivant ar-

Arrivée de Monsieur de Château Regnaud à Salé.

riva devant Salé le Chevalier de Chasteau-Regnaud, Chef d'escadre des armées navales de sa Majesté, avec dix vaisseaux de guerre. L'Alcayde Hamau Gouverneur de la Place, qui avoit eu le vent qu'il y devoit venir, pour y traiter de paix, luy envoya dire que ce n'estoit point avec luy qu'il devoit negocier cette affaire; que le Roy son Maistre estoit en campagne, & que l'Alcayde Amar-Hadou, qui gouvernoit Alcassar, estoit Viceroy de ces Provinces, ainsi qu'il allât moüiller l'ancre devant Taguedarte, riviere qui n'est qu'à demie journée d'Alcassar. Le sieur de Chasteau-Regnaud leva l'ancre avec trois navires & se vint mettre à la rade à l'embouchure de cette riviere, d'où il mit un homme à terre, avec une lettre pour Amar, par laquelle il luy demandoit des ôtages. Le Viceroy répondit qu'il n'en donneroit

du Royaume de Maroc. 297
point, mais que fi fur fa parole on vouloit envoyer à terre jufques à dix perfonnes, fon paffeport avec fon cachet fuffifoit pour leur feureté. Le fieur de Chafteau-Regnaud s'eftant contenté de cela, & ayant receu ce paffe-port, envoya en Alcaffar un Major, un Lieutenant, & un Commiffaire, & quelques volontaires au nombre de huit, qui furent d'abord affez bien receus, & logez dans une maifon preparée exprés. Aprés avoir fait ouverture de ce qu'ils eftoient venus negocier, Amar-Hadou leur demanda, que les vaiffeaux qui eftoient reftez devant Salé euffent à venir joindre les autres, pour en laiffer le port libre, ce qu'eux ayant refufé d'accorder, il ne les voulut plus écouter; ce qui les obligea de s'en retourner fans rien faire. Delà à quelques jours, il renvoya à bord un Marchand, qui avoit fer-

vy de truchement, & qui estoit venu avec son vaisseau dans la compagnie des vaisseaux de guerre de France, pour prier le sieur de Château-Regnaud de renvoyer vers luy, & qu'on trouveroit moyen de s'accorder. Les mesmes ayans esté remis à terre avec des presens pour l'Alcayde, il écouta favorablement leurs propositions, & témoigna en apparence d'y vouloir consentir; mais comme il n'avoit autre dessein que de recevoir leurs presens & se moquer d'eux, ayant obtenu que les vaisseaux abandonneroient Salé pour donner la liberté de sortir à ses Corsaires, & les sçachans tous en mer, il ne voulut point signer le traité, qui contenoit entre autres choses trois mois de trêve, pour envoyer cependant en France un Ambassadeur, qui devoit porter des presens au Roy, pour en obtenir la ratification du traité de paix, & il leur dit qu'il prétendoit que pendant ce temps un Corsaire qui luy appartenoit, pût continuer ses courses, & que toutes les prises qu'il feroit sur les François luy demeureroient; à quoy nos Envoyez ne voulurent consentir, & aimerent mieux une guerre ouverte, qu'une tréve si infame; ce qui les obligea de s'en retourner comme la premiere fois : Et comme l'Hyver approchoit, les vaisseaux prirent la route de France avec trente-cinq Maures de Salé, qu'ils emmenerent d'une prise qu'ils avoient faite, & qu'ils avoient voulu échanger pour des Chrestiens, à quoy le Viceroy ne voulut pas consentir.

Le Roy cependant arriva vers les frontieres de Tremesen, où les Arabes deputerent vers luy quelques-uns de leurs Morabites, pour le supplier de leur pardonner la protection qu'ils avoient donnée

Arrivée du Roy sur les frontieres de Tremesen.

aux Princes ses freres. Il changea en argent le chastiment qu'il en voulut faire, qu'ils accorderent, & il demeura en ce lieu jusques au mois de Septembre. Pendant ce temps, il voulut voir s'il ne pourroit rien entreprendre sur la Ville de Tremesen : Depuis long-temps les Maures, qui l'habitent, avoient reclamé son assistance ; mais les Turcs qui commandoient au Château, prirent si bien garde à eux, & firent faire si grande diligence à leurs Couriers, que le Divan d'Alger leur envoya tout le secours qu'ils demandoient, & de plus une lettre du Bacha au Roy, pour sçavoir s'il ne se contentoit pas des limites que les Roys de Fez ses predecesseurs avoient toûjours euës ; qu'en ce cas, il envoyeroit une armée contre luy capable d'étendre celles du Royaume d'Alger jusques à Fez & à Sara. Le Roy ayant receu cette lettre, ne voulut plus rien entreprendre, il se contenta de demander quelques renegats qui s'estoient refugiez dans la Ville ; mais les Turcs dirent à ses Deputez, qu'on ne pouvoit plus reduire à la servitude des gens que leur protection avoit rendus libres. Ainsi sans avoir rien tenté, sur la nouvelle qu'il eut que la peste estoit du tout cessée dans Miquenez, il leva le camp pour y retourner.

A son arrivée il envoya appeller Mouley Meherez son fils aîné, qu'il reprimenda fort sur la vie licencieuse qu'il menoit dans Fez : pour l'en punir, il luy en ôta la Viceroyauté, & l'envoya à celle de Tafilet, mettant en sa place Mouley Mahamet, l'un de ses autres fils, qu'il avoit eu d'une Renegate Espagnole. Il fut ensuite visité à Miquenez de Mouley Aran, de Mouley Achem ; & de Mouley Hamet-Serere ses freres, qui luy

protesterēt de vouloir vivre dehors
mais sous son obeïssance. Aprés les
avoir bien regalez, il les renvoya
vivre à Tafilet, avec l'Alcayde
Henden, qui alloit par son ordre
en Touet recevoir les droits qui
luy estoient deûs. Aprés leur depart, il s'appliqua aux bâtimens
de son Palais, où il mettoit souvent la main luy-même, afin que
ceux qui travailloient, animez par
son exemple, fissent plus de diligence, ce qu'il a presque toûjours
continué jusques à nostre depart
de ses Estats.

Prise de la Ville de Tagarel par Mouley Hamet sur le Roy de Sudâ.

Mouley Hamet pendant ce
temps-là ne demeura point oisif;
il avoit formé ses desseins sur le
Royaume de Maroc; mais ayant
appris des espions, qu'il y avoit
envoyez, la disette de vivres qui
estoit dans ce Royaume, & dans
tous les Estats de son Oncle, cau-
sée par la secheresse, voulut tourner ses armes du costé de Sudan,

où il y avoit un grand peuple d'Arabes nommé Oülets de Ling dans la Province de Tagazel, sujets du Roy des Noirs. Ces Arabes l'avoient envoyé appeller, & s'estoient engagez de luy donner main-forte pour la conqueste de la Ville & de toute la Province, luy faisant entendre qu'il luy seroit facile de s'en rendre maistre, à cause de l'éloignement du Roy de Sudan, qui estoit allé en personne faire la guerre à celuy du Senegal.

Comme le courage de Mouley Hamet ne respiroit que la guerre, il ne voulut point perdre une occasion si favorable. Il divisa son armée en trois corps, & aprés l'avoir fournie de tout ce qui luy estoit necessaire pour le passage des deserts, qui separent sa Principauté du Royaume de Sudan, il se mit à la teste du dernier corps, & donna le commandement des autres à Abdalazize Benyeucourt & à Eya Arafe fes Generaux. Il fit toutes les diligences poſſibles pour ſe rendre à la frontiere, auparavant que les Noirs euſſent le vent de ſon approche; il depécha un des ſiens ſur un Dromadaire au Checq de ces Arabes, afin qu'il tint ces gens preſts à ſon arrivée: Le Checq ayant receu cet ordre, fit auſſi-toſt monter ſix mille hommes à cheval pour aller au devant de luy, & avec les autres qui eſtoient en bien plus grand nombre, il alla mettre le ſiege devant Tagazel.

Mouley Hamet aprés avoir ſouffert une grande diſette d'eau, & perdu quinze cens hommes dans les ſables mouvans, ſe rendit ſur la frontiere où ces ſix mille chevaux l'attendoient; & aprés s'y eſtre rafraîchy pendant huit jours, il marcha vers la Ville, que le Checq tenoit inveſtie. L'un des fils du Roy, qui y commandoit pour son pere, luy envoya incontinent donner avis de la revolte des Arabes, lesquels avoient appellé Mouley Hamet, qu'ils tenoient la Ville assiegée, & luy donnoient le jour & la nuit de continuels assauts. Cependant les Noirs faisoient diverses sorties sur les assiegeans; mais comme leurs armes n'estoient que des fléches & des zagayes ou demie piques, & que celles des gens de Mouley Hamet estoient la pluspart à feu, ils recevoient plus de domage qu'ils n'en faisoient à leurs ennemis. Au huitiéme assaut ils gagnerent la muraille, aprés avoir esté repoussez trois fois, & avoir perdu un grand nombre des leurs; mais enfin le Prince de Sus promettant le pillage aux soldats s'ils s'en rendoient les maistres, ils s'y firent un passage, & ayant gagné la muraille en peu de temps, la

Ville se rendit à leur discretion, ils y passerent au tranchant du cimeterre tous ceux qu'ils trouverent les armes à la main.

Le Prince de Sudan s'estoit toûjours trouvé en personne à tous les assauts, à l'un desquels il avoit esté frappé d'une balle qui l'empescha de se trouver à ce dernier, ce qui facilita la prise de la Ville, ayant esté fait prisonnier, Mouley-Hamet l'envoya au Camp sous une seure garde, & ordonna à son Chirurgien d'avoir plus soin de sa personne qu'il n'en auroit de la sienne propre, & qu'il receut le mesme traitement, qu'il recevroit à la Cour du Roy son pere.

Il trouva dans la Ville de grandes richesses en poudres d'or & de marfil, dont il fit charger cent cinquante chameaux, qu'il envoya aussi-tost en Sus avec cinq mille jeunes esclaves Noirs, qu'il exigea de la Ville: Ensuite il depescha sa cavallerie par toute la Province, pour y tirer des contributions; puis il convint avec le fils du Roy de Sudan, qu'il donneroit pour sa rançon dix mille esclaves de ceux que le Roy son pere avoit pris sur celuy de Senegal.

Le Prince aprés avoir accepté cet accord, qui fut juré sur l'Alcoran, il envoya un Courier au Roy son pere pour luy faire sçavoir sa disgrace, & à quoy il s'étoit obligé, & comme Mouley Hamet promettoit d'abandonner la Ville & toute la Province, aprés qu'il auroit satisfait de sa part. Le Roy qui se voyoit éloigné de Tagazel, & en veuë d'une puissante armée qu'il avoit à craindre, consentit à ce que son fils avoit promis, & renvoya le Courier à Mouley Hamet pour luy donner avis, qu'il avoit donné ordre à ses Gouverneurs de luy envoyer sur la frontiere le nombre d'esclaves dont on estoit convenu.

Mouley Hamet envoya des troupes pour emmener les esclaves, & ayant remis le Prince dans son Gouvernement, lorsqu'ils se separerent, il luy fit present d'un cheval richement harnaché, d'un cimeterre, & d'un casque d'or couvert de perles. Il leva le camp, & commanda aux Arabes de plier bagage, & de se retirer dans sa compagnie. Lorsqu'il fut sur la frontiere, il les envoya joindre les troupes qui conduisoient les Noirs, & quelques jours aprés il les suivit. Il n'eut pas de moindres peines à repasser les deserts en s'en retournant, qu'il en avoit euës en venant; car la disette d'eau que les premieres troupes avoient épuisée, luy fit mourir quantité de chevaux & de mules, & par consequent perdre tout le bagage qu'ils portoient. Estant arrivé à

du Royaume de Maroc. 309
Tarudant, il dépefcha un Courier à fon Oncle, qui arriva à Miquenez fur la fin d'Octobre, pour luy donner avis de cette victoire, & luy prefenter de fa part douze jeunes Eunuques pour la garde de fon Serrail, luy faifant fçavoir qu'il fe preparoit à l'aller voir l'année fuivante.

Ce fut en ce mefme temps que le Gouverneur de Tanger envoya au Roy Mouley Seméin deux lettres, dont l'une eftoit pour luy, & l'autre pour Amar-Hadou Gouverneur d'Alcaffar, par lefquelles il apprit que le Roy d'Angleterre, qui le qualifioit d'Empereur, defiroit luy envoyer un Ambaffadeur pour traiter de paix avec luy. Sur cela le Roy affembla les Cherifs & les Principaux Alcaydes, avec le Cady, & leur demanda s'il pouvoit, fans contrevenir aux ftatus de l'Alcoran, traiter de paix avec les Anglois, & leur raconta

Le Roy de Fez & de Maroc appellé Empereur par les lettres du Roy d'Angleterre.

ce qui luy eſtoit arrivé en l'année 1674. lorſque le Major de Tanger vint vers luy pour le meſme ſujet. Pluſieurs luy remontrerent qu'étant deſcendu de Mahomet, il ne pouvoit faire alliance avec les Chreſtiens, qui n'avoient point voulu recevoir ſa doctrine, à moins qu'il ne ſe vît dans quelque grande neceſſité, où il dût craindre la perte de ſes Eſtats ; que maintenant qu'il eſtoit victorieux de cette Nation, & que ſes armes avoient remporté ſur elle tant de glorieux avantages, ce ſeroit un crime de faire aucune alliance avec les Chreſtiens.

Amar-Hadou les interrompit, & leur repreſenta que le Roy ſon Seigneur, pour la gloire duquel il eſtoit plus paſſionné que les autres, pouvoit traiter de paix avec les Anglois ſans attirer ſur luy aucun courroux du Ciel, veu que ce luy eſtoit une aſſez grande gloire,

& par conſequent au Prophete dont il deſcendoit, de ſe voir recherché d'amitié par un grand Roy; & de plus que la Religion Proteſtante que les Anglois profeſſoient, les rendoit beaucoup approchans de la leur; qu'ils n'adoreroient qu'un Dieu, & quoy qu'ils cruſſent au Chriſt comme à ſon Fils, que toutefois ils n'avoient dans leurs Temples ny Croix ny Images ny autres œuvres faites de main d'homme pour les adorer, comme faiſoient les autres Chreſtiens. Enſuite il remontra le grand bien qui reviendroit à tout le païs par cette paix, laquelle leur feroit venir d'Angleterre à un prix fort bas des armes, de la poudre, & de toutes autres choſes propres à la guerre en ſi grande abondance, que le Roy ſon Seigneur en eſtant muny, il pourroit tenir en bride ſes ſujets adonnez à la rebellion, & étendre ses conquestes outre-mer, comme avoient fait d'autres Roys ses predecesseurs, & se défendre dans leur païs, s'ils s'y voyoient attaquez par les Chrestiens, comme ils l'avoient esté autrefois, & comme leurs propheties les menaçoient qu'ils le seroient encore bien-tost, qu'il jugeoit à propos de la faire non seulement avec les Anglois, mais avec tous ceux qui la viendroient rechercher, en la faisant toûjours à leur avantage. Tous ceux qui n'avoient point encore parlé se rangerent de cet avis, côme firent aussi quelques-uns de ceux qui avoient esté au commancement d'un sentiment contraire.

Sur quoy le Roy dit au Cady de resoudre ce qu'il avoit à faire, dautant qu'il se remettoit de tout à luy comme au Juge de la Loy. Le Cady devant que de rien prononcer, dit que leur Prophete Mahomet avoit fait plusieurs cruelles guerres

guerres aux Chrestiens de son temps, pour les reduire par la force à suivre sa loy; que ses Successeurs l'avoient imité; qu'alors il sembloit que Dieu les favorisât par les victoires signalées qu'ils remporterent, & par la conqueste qu'ils firent de tant de Royaumes & de Provinces, où ils établirent l'Alcoran; mais qu'à present il n'en estoit pas de mesme; que les Musulmans de ce temps-là n'étoient plus, qu'eux-autres n'en estoient plus que l'ombre; que leurs pechez s'estoient tellement accrus, qu'au lieu des glorieuses conquestes que les Arabes leurs ancestres firent dans l'Espagne & dans d'autres terres d'outre-mer, les Chrestiens les en avoient honteusement chassez, & ne s'étoient pas seulement contentez de les en mettre dehors, mais qu'ils avoient passé jusques dans l'Afrique, où ils s'estoient mis en possession de la pluspart de ses côtes, où ils tenoient encore les places d'Auran & de Melille, les Algouzemes, le Pignon, la Ceoüta, Tanger, Larache, Mamora & Mafagam; qu'une de leurs propheties les menaçoit que le temps s'approchoit qu'un Roy Chrestien subjugueroit leur païs jusques aux murailles de Fez; qu'il sçavoit tres-bien que les Musulmans ne manquoient pas de courage pour se défendre, & qu'ils estoient en assez grand nombre, mais que n'ayans pas des armes suffisantes, toute leur défense leur seroit inutile, & qu'ainsi il croyoit que le Roy sans scrupule pouvoit suivre l'opinion de l'Alcayde Amar, comme la plus convenable au temps present, & la plus seure pour la conservation de ses Estats.

Le Roy qui inclinoit fort à la paix, depécha aussi-tost l'Alcayde Amar dans son Gouvernement, pour donner toutes les asseurances nécessaires à l'Ambassadeur, lorsqu'il voudroit sortir de Tanger,& entrer dans ses Estats. Cependant les Anglois voyans qu'ils n'avoient point de réponse du Roy, que les quatre mois de tréve estoient expirez, & que le Camp qui gardoit les canons du Fort Charles, & qui les tenoit en bride, contenoit peu de monde, firent de nuit une sortie, dans laquelle ils tuerent plus de quatre cens Maures, mirent le reste en fuite, & regagnerent leurs canons & leurs tentes, qu'ils emmenerent vers la Ville. Sur ces entrefaites l'Alcayde Amar arriva avec quelques compagnies des Noirs du Roy, pour servir d'escorte à l'Ambassadeur ; mais voyant que les Anglois ne sortoient plus, il envoya parlementer, & conclud avec eux une tréve pour six mois, pendant lesquels l'Ambassadeur viendroit avec des presens vers le Roy, pour conclure le traité de paix.

Benjauja Alcayde défait quelques Barbares.

Cependant l'armée que le Roy avoit envoyée sous la conduite de l'Alcayde Benjauja, pour accompagner Mouley Meherez son fils jusques à Tafilet, passa sans peine les montagnes de Meluya, & l'Alcayde voyant que les Barbares, qui les habitoient, ne luy donnoient aucun empeschement, & qu'ils ne faisoient aucuns preparatifs pour s'opposer à son passage, marcha contr'eux, & aprés plusieurs escarmouches dans des défilez, où il eut toûjours l'avantage, il en obtint tout ce qu'il voulut, & en mit à mort une infinité, aprés leur avoir fait rendre les armes.

Delà il passa par les Zaoüias, où ayant surpris le Chasteau de Demenet sur la riviere des Noirs, il en fit mourir tous les Barbares, jusques aux enfans de la mamelle. Ensuite il retourna à Miquenez porter au Roy toutes les dépoüilles qu'il avoit faites pendant cette

du Royaume de Maroc. 317
courte campagne. Le Roy pour l'en recompenſer luy fit porter au col une groſſe chaîne pendant quelques jours. Ce Prince cruel continuoit toûjours ſes barbaries ſur les peuples de Miquenez. Il condamna un jour l'Alcayde de ſes muletiers à eſtre devoré des lions, qu'il accuſoit de luy avoir dérobé une piece d'écarlate du prix de cinq cens écus. Quelques Cherifs eurent pitié de luy, & ſe jetterent aux pieds du Roy pour obtenir ſa grace ; mais luy, qui avoit juré, s'il ne confeſſoit ſon crime, de le faire dévorer à ces animaux, la leur accorda en apparence, & deux jours aprés, pour ne point fauſſer ſon ſerment, il le fit jetter dans le parc : Voyant que les lions ne ſe mettoient point en devoir de luy nuire, pour avoir mangé auparavant, il les fit agacer à coups de pierres, & fit ſuſpendre cet homme en l'air de deſ-

fus les murs de ce parc. Au mesme temps l'un des lions s'approcha & luy donna un coup de griffe qui luy emporta une épaule ; en cet estat il le fit élever enhaut, & commanda aux Chrestiens, qui avoient soin de donner à manger à ces animaux, sur peine d'estre devorez, de ne leur donner à manger que lorsqu'il le commanderoit, voulant les tenir toûjours affamez pour faire devorer aussi-tost ceux qu'il leur exposeroit. A quelques deux mois de là, qui fut le 15. Fevrier de l'année suivante, il leur fit jetter un Chrestien, qui fut preservé miraculeusement, comme il est plus au long declaré au traité que j'ay fait de ma captivité.

Passe-temps du Roy & ses nouvelles amusette. Sur la fin de l'année le Roy acheta quelques jardins voisins de celuy qu'il faisoit faire sur le modele de celuy de Maroc, pour le rendre de deux lieuës de circuit. Il y fit

planter quantité de belles allées
d'arbres, où il employa pendant
un mois non seulement le peuple
de la Ville de Miquenez, les Captifs & les Noirs, mais encore les
Cherifs & les Alcaydes, les faisant travailler continuellement
pendant la pluye qui tomboit en
abondance. Les Gouverneurs de
la Ville & du Chasteau alloient
de tous costez pour voir s'ils ne
rencontreroient point d'habitans
cachez pour éviter le travail, &
lorsqu'ils en trouvoient quelques-
uns, ils leur donnoient une infinité de coups de bastons, puis ils les
envoyoient prisonniers, & pilloient leurs maisons. Le Roy pour
avancer l'ouvrage assistoit en personne au travail, faisoit porter des
arbres tous entiers d'une grosseur
extraordinaire qu'on avoit déra-
cinez, & donnoit de grands coups
de lance à ceux qui ne travailloient pas à son gré avec assez

d'ardeur. Il ne se passoit gueres de jours qu'il ne tuât quelqu'un ; ce qui causa une si grande consternation par la Ville, que la pluspart l'abandonnerent ; le commerce cessa, & les étrangers mouroient de faim, n'y ayant personne qui osast vendre ny ouvrir sa boutique.

L'un de ces jours-là le Roy déjeûnant avec des œufs, il en trouva un qui estoit pourry, & comme c'estoient les Juifs qui les avoient envoyez au Serrail ; il fit prendre tous les principaux de cette Nation, qu'il feignit de vouloir faire devorer aux lions ; toutefois aprés leur en avoir fait la peur jusques au soir, il leur donna la vie, se contentant de leur faire donner à chacun une quantité de coups de bastons, & de les faire mettre en prison, jusques à ce qu'ils eussent payé une grosse amande, à quoy il les taxa : De plus ayant un jour esté dérobé dans son Serrail un cimeterre qui avoit esté à Mouley Archy son frere & son predecesseur, estimé quatre mille écus pour les pierreries & les perles dont il estoit couvert, & ne pouvant découvrir l'autheur de ce larcin, persuadé qu'il n'y avoit que les Juifs qui pussent vendre ou acheter ces sortes d'ouvrages, il ordonna qu'ils fussent chassez de leurs maisons, avec défense à qui que ce fût de les loger jusques à ce qu'ils eussēt payé la somme à quoy il estimoit le cimeterre, sauf à eux d'avoir leur recours contre ceux qu'ils découvriroient l'avoir volé.

Le premier jour de l'an qui estoit le lendemain de la Pasque de Leide-Cubir ou sacrifice des moutons, le Roy fit venir devant luy tous les criminels qui estoient dās les prisons de la Ville. Il en renvoya quelques-uns absous, & les autres dans leur premiere prison

1681.

Pieté du Roy envers les prisonniers.

pour en eſtre fait juſtice conformément aux ſtatuts de l'Alcoran, mais il fit monter & aſſeoir tous les abſous dans une grande machine faite en façon de rouë de moulin à eau, dans laquelle il faiſoit joüer ſes enfans pendant cette feſte, & au lieu de la faire tourner à droit comme l'ordonnoit le divertiſſement, il la fit tourner au revers, ces pauvres gens qui ne ſçavoient rien de la piece qu'il leur vouloit faire, ſe trouverent en un inſtant renverſez par terre, ce qui leur fracaſſa tout le corps; & il dit qu'il leur faiſoit ſouffrir cette peine pour leur penitence.

Le lendemain dans une converſation qu'il eut avec ſes Alcaydes, il ſe reſſouvint d'un homme, que lorſqu'il eſtoit occupé au ſiege de Theza, il avoit voulu faire mourir, & qui s'eſtoit ſauvé dans une Cafille d'Arabes, leſquels le protegerent contre l'Alcayde Berry

Gouverneur de Miquenez qui le vouloit aller prendre; on luy dit qu'il estoit actuellement Maistre Major de tous les ouvriers qui faisoient la chaux pour ses ouvrages, aussi-tost il l'envoya appeller, & aprés luy avoir fait quelques reprimendes sur le peu de soin qu'il avoit d'entretenir ses ouvriers de chaux, sur ce faux sujet, pour lequel il l'avoit voulu faire punir autrefois, il luy donna de son poignard dans le col, l'acheva à coups de cimeterre, & envoya traîner son corps à la voirie.

Le vingt-quatre de Fevrier ensuivant, Mylor Kirxe Colonel d'un regiment de Cavallerie Angloise, & Gouverneur de Tanger Ambassadeur du Roy d'Angleterre, arriva à Miquenez avec trente hommes bien equipez. Il estoit accompagné de l'Alcayde Haly-Ben-Abdala Gouverneur de la Ville & des montagnes de Tou-

Arrivée de l'Ambassadeur d'Angleterre.

totian, que l'Alcayde Amar-Hadou son beau-frere avoit laissé avec luy pour le conduire depuis Alcassar; estant party devant luy pour venir avertir le Roy de son arrivée. A son entrée l'Alcayde Amar & plusieurs autres Alcaydes le furent recevoir, & l'amenerent dans le logis qu'on luy avoit preparé. Le lendemain matin il y fut complimenté de la pluspart des Grands de la Cour. Sur les quatre heures le Roy se mit en campagne avec trois mille Noirs bien vêtus & bien équippez, puis envoya chercher ce Mylord auquel il donna audiance aprés l'avoir fait saluër par une décharge de coups de fusils, qui dura plus d'une heure; le sieur Kirke dit au Roy, que ce n'estoit point luy qui estoit l'Ambassadeur, qu'il estoit resté à Tanger un peu indisposé, & pour attendre les presens qu'il avoit à luy faire de la part du Roy d'Angleterre, que dans peu il se rendroit prés de luy, mais qu'il avoit besoin de cent voitures pour charger les presens.

Le Roy joyeux d'aprendre qu'on luy aportoit un present si riche, dit au sieur Kirke qu'il estoit content de faire la paix pour quatre ans avec son Roy, & donna ordre aussitost à l'Alcayde Amar d'envoyer incessamment à Tanger les cent voitures qu'on luy avoit demandées, & permit au sieur Kirke en attendant la venuë de son compagnon, de s'aller divertir à Fez, pour estre un sejour plus agreable, & où il seroit mieux logé. Kirke ayant demeuré quelques jours à Fez, il y receut nouvelle de Tanger, ce qui l'obligea de retourner à Miquenez, où il rencontra une partie des presens qui estoient arrivez, & quatre jours aprés sans aucune suite arriva celuy qu'il nommoit Ambassadeur, qui n'étoit qu'un Capitaine de la Place. Tous deux conjointement presenterent au Roy les lettres & les presens du Roy leur Maistre, estimez trente mille écus. Le Roy fut ravy de joye de voir de si belles choses, & conclud un traité de paix pour quatre ans, qu'il signa de sa main, & fit sceler de son Sceau. Ensuite il fit present au sieur Kirke d'un Capitaine François qu'il luy demanda, & d'une piece de velours cramoisi, & voulut qu'au bas du traité il fut ajoûté que pour la bonne volonté qu'il portoit au sieur Kirke, il retranchoit des articles qui avoient esté accordez, les deux cens pieces de drap qu'on luy avoit promises, ne desirant autre chose que les cent quintaux de poudre arrestez par le mesme article : Et quand il donna l'audiance de congé aux Ambassadeurs, il ordonna à l'Alcayde Amar de faire conduire à Tanger deux cens bœufs & autant de moutons.

Deux jours aprés le Roy ayant appris par un Espagnol fugitif de Mamora, qui se fit renegat, que la plufpart de la garnison de cette Place estoit malade & mouroit de faim, & que s'il faisoit un peu de diligence, il pourroit s'en emparer, partit de Miquenez pour aller à Marbea joindre ses troupes qu'il y tenoit prestes dans le dessein de marcher contre Mouley Hamet qui se mettoit en campagne pour venir à Maroc, & aller ensuite vers cette Forteresse. Cependant il ordonna à Amar-Hadou d'aller investir la Place avec les habitans de Fez & de Miquenez; de joindre à eux ceux de Toutoüan, d'Alcassar & de Salé, & de couper les chemins par où on pourroit envoyer des Couriers en Espagne.

Amar se rendit incontinent devant la Place, & quand toutes ses

Prise de Mamora sur les Espagnols:

troupes l'eurent joint, il força bien-tost les barrieres faites de pieux, qui s'étendoient depuis les murs de la Ville jusques au bord de la riviere l'espace environ d'une grande portée de mousquet : Ensuite il fit planter de nuit quatre échelles contre deux tours qui défendoient la marine. Les soldats qui estoient dans ces tours se défendirent vaillamment, & tuerent plus de cinquante Maures, sans les blessez qu'ils mirent hors de combat ; mais comme ils n'étoient que douze qui en avoient à combattre plus de dix mille, ils furent contraints de se rendre, à condition qu'on leur donneroit la vie sauve. Amar-Hadou leur accorda non seulement leur demande, mais il les renvoya libres à la Place, avec ordre de dire au Gouverneur & à leurs compagnons, auparavant que d'y entrer, que s'ils ne la remettoient és mains du

Roy, qui arriveroit le lendemain, il les passeroit tous au fil de l'épée, & qu'il ne leur accorderoit aucune grace, s'ils tiroient un seul coup de canon; qu'il leur donnoit trève jusques à son arrivée, & qu'ils eussent soin de consulter entr'eux sur l'estat present de leurs affaires, que luy de son costé ne leveroit jamais le siege qu'il ne s'en fut rendu le maistre, & que la Barbarie y periroit plûtost avec luy: que s'ils se rendoient, il ne leur feroit rien osté de tout ce qui leur appartenoit, & que quoy qu'ils tombassent dans les fers, ils passeroient leurs jours sans travailler jusques à la premiere redemption.

Leurs compagnons qui les croyoient morts, les voyans, demeurerent étonnez de leurs paroles, & le Gouverneur plus que tous les autres. Les soldats commancerent à se mettre en gros & à dire à leurs Officiers qu'ils ne vouloient plus se défendre contre une personne qui leur promettoit beaucoup de douceur s'ils se rendoient, & nul quartier s'ils se defendoient, qu'ils n'estoient que deux cens personnes portans les armes, contre une armée qui seroit le lendemain de plus de soixante mille hommes; que depuis qu'ils étoient exilez dans cette Place, ils avoient soufferts assez de maux, & n'avoient esperance d'aucun bien; qu'ils aimoient mieux passer leurs jours en captivité, que de la défendre plus long-temps. Le Gouverneur se voulut faire obeïr par menaces, mais eux luy presentans leurs armes, il n'osa plus les frapper, il y revint par la douceur, & les exhorta à la fidelité qu'ils devoient à Dieu, au Roy & à leur patrie, mais rien ne les pût toucher.

Les Religieux de l'Hôpital les supplierent à genoux & les larmes aux yeux d'avoir plus de cœur, & leur representerent que s'ils conservoient la Place de ce siege, ils iroient à Madrid demander leur liberté, que le Roy leur accorderoit sans balancer; qu'il ne se faloit point fier aux paroles des ennemis de Dieu, & quoy qu'ils leur promissent, qu'ils n'en verroient jamais les effets; que leur Roy ne permettroit jamais leur rachapt, & qu'il leur faudroit de necessité ou mourir dans les fers d'une cruelle captivité, comme estoit celle de Miquenez, ou de perdre leurs ames. Qu'il leur seroit bien plus glorieux de mourir en défendant leur Foy, & l'honneur de leur Dieu, qui avoit esté consacré sur les Autels dans leur Eglise, qui seroit changée en Mosquée; qu'ils perdroient pour toûjours leurs amis & leur patrie; qu'au contraire s'ils combattoient genereusement ils seroient loüez de tout le monde, & que leurs ames leur devoient estre plus cheres que tous les plaisirs & que tous les biens de ce monde; qu'ils eussent compassion de cinquante pauvres filles & d'autant de femmes, qui alloient estre enchaînées, & d'autant de petits enfans qu'ils verroient renier au premier jour; que tous les malheurs qui arriveroient de cette perte par leur lâcheté tomberoient sur eux, & qu'eux seuls en rendroient compte à Dieu.

Toutes ces remontrances ne les purent fléchir, ce qui obligea le Gouverneur d'assembler chez luy les Religieux & les Capitaines, où ils conclurent qu'il faloit deputer vers l'Alcayde Amar, puisqu'il estoit impossible de se défendre, pour en obtenir une composition honorable. Il fit mettre une enseigne blanche pour marque qu'il vouloit parlementer, & l'Alcayde Amar ayant envoyé sçavoir ce qu'ils demandoient, & ayant sceu qu'on luy vouloit parler, il leur donna toutes les asseurances qu'ils demandoient. Deux des Capitaines vinrent au camp avec des presens, & ayant fait sçavoir les intentions du Gouverneur, il fut conclud par un traité, qui seroit ratifié par le Roy, que le Gouverneur, toute sa famille, l'or, l'argent, & les meubles, qui luy appartenoient dans la Place, demeureroient libres ainsi que les six Capitaines, avec leurs familles & biens, avec l'un des Religieux, & les ornemens de l'Eglise; que l'autre Religieux resteroit pour faire prendre en gré la captivité aux autres, & leur donner des consolations en faisant employer ceux de leur Ordre, qui estoient en Espagne, pour procurer leur liberté; qu'aprés que le Roy auroit ratifié le traité, & l'auroit envoyé au Gouverneur, il sortiroit de la Place pour luy en presenter les clefs, qu'ils seroient seurement conduits avec tout ce qui leur appartenoit & leurs familles jusques à Tanger. Aprés avoir signé de part & d'autre ils se retirerent, & Amar-Hadou envoya promptement avertir le Roy de tout ce qui s'étoit passé, afin qu'il eut à ne point manquer d'estre le lendemain devant la Place.

Le Roy bien joyeux d'une si bonne nouvelle, donna cent ducats d'or à celuy qui la luy porta, & ne prenant que sa cavallerie avec luy, il ne prit aucun repos qu'il ne fut arrivé au Camp, qui fut à la pointe du jour. Amar-Hadou luy presenta le traité qu'il avoit accordé au Gouverneur, qu'il ratifia sur le champ, & l'envoya incontinent à la Place. Le Gouverneur suivy de ses six Capitaines le fut saluër, ils luy baiserent la botte, le Roy leur mit la main sur la teste, & leur

du Royaume de Maroc.

commanda de faire prendre à leurs soldats tout ce qui leur appartenoit, & de les faire sortir dehors; ce qui fut incontinent executé : aprés quoy le Roy en prit possession le vingt-deuxiéme jour d'Avril, soixante-six ans aprés qu'elle eut esté gagnée sur les Maures.

Il y trouva quatre-vingt-huit pieces d'artillerie de bronze, & quinze de fer jusques à quarante livres de calibre, quantité de pierrieres, des pots à feu, des poudres, des balles, des mousquets, & autres munitions de guerre, en beaucoup plus grand nombre qu'il n'en avoit dans toute l'étenduë de ses Royaumes. Ayant admiré toutes ces richesses, il descendit incontinent de cheval, & se jettant la face en terre, il en rendit graces à son Prophete, puis il envoya ordre à tous ses Gouverneurs de faire solemniser cette victoire pendant huit jours. Le Gouverneur luy demanda l'execution de la capitulation, qu'il luy accorda, excepté qu'il iroit à Larache au lieu de Tanger, afin de porter des menaces au Gouverneur de cette Ville, s'il n'en faisoit autant que luy. Il y fut à son grand regret, & il n'y eut pas si-tost mis le pied, qu'on le chargea de fers, & qu'on l'envoya à Cadiz pour y estre mis en prison, en attendant la punition qui luy seroit envoyée par le Conseil d'Espagne. J'estois à Toutoüan lorsque tout cecy arriva, d'où je partis le 13. jour de May avec soixante dix-sept autres captifs, en la compagnie des Reverends Peres Pierre Monnel, Bernard Mege & & Ignace Bernede Religieux de Nostre-Dame de la Mercy, qui nous estoient venu racheter, dont j'ay décrit le voyage au traité de ma captivité.

L'on voit par tout ce que j'ay dit

dit jusqu'icy que ce Prince a usé
de quelques cruautez envers ceux
qui luy ont esté rebelles: Et comme les Maures sont naturellement
libertins, & aiment le changement de maistres, il ne faut pas
s'étonner s'il en a usé ainsi pour
maintenir les autres dans le devoir par l'apprehension d'un semblable chastiment ; car s'il ne l'a-
voit pas fait, il n'auroit pas eu,
depuis qu'il est Roy, six mois de
repos, quoy qn'il n'en ait eu guere
davantage. Ce Prince qui est in-
fatigable à la guerre, marche toûjours le premier à la teste de ses
troupes ; il est vaillant autant
qu'on le puisse estre, fort adroit à
monter à cheval & à courir la lance ; mais il est un peu trop vindi-
catif dans ses victoires, ne sçachant
user de clemence envers un sexe
qui est épargné de toutes les autres Nations, & envers de pauvres innocens qui ont le plus sou-

vent la mammelle de leurs meres dans leur bouche ; il range luy-mesme ses troupes en bataille, les paye par ses mains, & en fait la reveuë en personne : Et afin de voir si le nombre qu'il a payé à ses Alcaydes est complet, il les fait assembler sur les bords de quelque profonde riviere, dont les quays de costé & d'autre sont gardez par des compagnies de ses Noirs ; puis le premier jour il fait passer l'infanterie, le second la cavallerie des Arabes, & le troisiéme les troupes de sa maison, qui sont composées ordinairement de sept à huit mille Noirs des mieux montez, & qui sont les meilleurs soldats de toute son armée. L'on ne l'a jamais veu s'attrister, pour quelque disgrace qui luy soit survenus ; & quoy qu'il se soit veu bien prest de perdre la Couronne, il a toûjours fait voir que son courage estoit au dessus des coups de la fortune. Et lorsqu'on luy portoit la nouvelle de quelque mauvais succés qui estoit arrivé, il ne disoit autre chose, si Dieu m'a donné le Royaume, personne ne peut me l'oster.

Le Chevalier de Chasteau-Regnaud accompagné de Monsieur de la Barre, arriva devant Salé au commancement du mois de Juin, avec l'esquadre des vaisseaux du Roy qu'il commandoit, pour executer les ordres de sa Majesté, & faire sentir aux Maures, que si l'année precedente ils l'avoient méprisé, il les en feroit repentir. Aprés avoir demeuré quelques jours à la rade, & reconnu qu'on ne luy parloit de rien, il commança à donner la chasse aux Corsaires qui estoient en mer; il en prit quelques-uns qu'il envoya à Marseille, & il en obligea plusieurs autres à s'échoüer sur les costes de Barbarie, où ils furent brisez & rendus inutiles.

Amar-Hadou Viceroy des Algarbes, qui faisoit travailler aux deux nouvelles Villes qu'on construisoit sur les bords du fleuve de Mamora, envoya un Courier à Miquenez donner avis au Roy Mouley Seméin son Maistre du desordre que les vaisseaux François commettoient sur ses sujets, & que si l'on n'arrestoit leur fougue par une tréve, ses Estats se verroient bien-tost dépourveus des Corsaires qui leur apportoient tant de richesses & tant de commoditez. Mouley Seméin luy envoya incontinent ordre de negotier une tréve, & de faire ce qu'il jugeroit plus à propos. Amar ne manqua pas d'y obeïr, & envoya à bord du Chevalier Chasteau-Regnaud quelques personnes pour faire sçavoir les intentions du Roy son Maistre.

Monsieur de la Barre mit pied à terre avec quelques autres Officiers, ils furent aſſez bien receus, & aprés eſtre convenus des articles de la tréve, qui furent ſignez & ratifiez de part & d'autre, l'Alcayde Amar voulut ſe retracter, & coupa ſon cachet qu'il y avoit appoſé; ce qui offença tellement Monſieur de la Barre, qu'il envoya faire ſes plaintes au Roy de Fez, qui pour reparer cette injure, diſgracia l'Alcayde Amar, & envoya Lehache Toümin, Lieutenant de l'Alcayde Haly Ben-Abdala Gouverneur de Toutoüan, conjointement avec Caſſom Meniny frere du Gouverneur de Salé, pour ſes Ambaſſadeurs en France.

Ils s'embarquerent avec leur ſuite ſur nos vaiſſeaux, arriverent à Breſt en Bretagne ſur la fin du mois d'Octobre, & à Paris le dernier jour du mois de Decembre, où ils furent receus avec les ceremonies qu'on a accoûtumé de faire aux Ambaſſadeurs extraordi-

naires ; quelques jours après ils
furent conduits à Saint Germain
en Laye pour presenter leurs Lettres de creance au Roy. Léhache-
Toümin complimenta sa Majesté,
& luy protesta *que le Roy son Mai-
tre ne souhaitoit rien au monde avec
plus de passion que de luy témoigner
par l'entretien d'une bonne paix, combien il desiroit que leurs Sujets vés-
cussent en bonne intelligence, & que
charmé de ses vertus, & de la gloire, que ses innombrables victoires luy
avoient acquise par tout l'Univers,
il ne vouloit pas estre le seul des Roys
qui fust privé de l'honneur de son
amitié, pour laquelle il conserveroit
toûjours une sincerité inviolable.* Le
Roy répondit à ses complimens
avec les graces qui accompagnent
sa Majesté dans toutes ses heroïques actions : Les Maures demeurerent dans une telle admiration
de la bonne reception qu'ils receurent de ce Monarque, qu'ils

du Royaume de Maroc. 343
ne pouvoient se lasser de loüer sa magnificence, & encore plus lorsqu'ils eurent esté regalez par tous les divertissemens que la saison du Carnaval fournissoit. Ils retournerent ensuite à Saint Germain pour y faire leurs presens, qui consistoient en une jeune tygresse privée, deux lions & quelques autruches ; & Lebache-Toüimin pour remercier sa Majesté dans l'audiance de congé qu'il luy demanda, luy fit la harangue suivante :

Empereur de France LOUIS XIV. le plus grand des Empereurs et Roys Chrestiens, qui ont jamais esté, et qui seront.

Toutes les grandes choses que j'avois entendu dire en mon Pays de vostre Majesté, sont infiniment au dessous de ce que j'ay veu & appris, depuis que je suis en France. Et comment la renommée pourroit-elle estre juste en publiant vos grandeurs de si loin, puisqu'icy l'application entiere d'un million de personnes pendant toute leur vie ne leur suffiroit pas pour en connoistre le merite & le prix? Je m'en retourne aprés avoir obtenu une paix si souhaitée & si avantageuse à l'Empereur mon Maistre; l'esprit remply d'un nombre sans nombre de merveilles qui se confondent entr'elles. Tout ce que j'en demêle fort distinctement, c'est que tous les miracles du monde sont dans la France; aussi toutes les grandes parties qui peuvent rendre un Empereur accomply se trouvent dans Vostre Majesté. Il ne m'appartient pas d'en parler; je me contente d'admirer Vostre Majesté & de me taire, en souhaitant que le Ciel puisse donner un jour toute l'Afrique à l'Empereur mon Maistre, & à Vostre Majesté toutes les autres parties du monde.

L'Ambassadeur estant retourné à Paris, le Roy qui avoit fait une eftime toute particuliere de fon efprit & de fon merite, dont fa Majefté avoit eu des preuves tres-convainquantes, luy envoya pour prefens une tenture de tapifferie à fleurs, avec douze fauteuïls de mefme, douze montres d'or, fur quatre defquelles il y a plufieurs diamans, huit pieces de brocar d'or, & une piece d'écarlatte, deux pandules, & deux luftres de cryftal, une paire de piftolets, avec un fufil qui tire deux coups, & ils prirent enfuite la route de Toulon, où ils allerent s'embarquer pour retourner en leur païs, où aprés qu'ils furent arrivez, Mouley Seméin récrivit à fa Majefté pour la remercier du bon accueil qu'elle avoit fait à fon Ambaffadeur.

Fin du deuxième Livre.

HISTOIRE DE MAROC.

LIVRE TROISIE'ME.

APRES avoir raconté dans les deux Livres precedens l'histoire de Mouley Archy & de Mouley Ismaël Seméin son frere, Roys de Fez, de Tafilet, & de Maroc, je tâcheray dans ce troisiéme de décrire l'estat de ces Royaumes autant que je l'ay pû connoistre par moy-mesme, & par de frequens entretiens que j'ay eus avec quelques Talbes qui sont les Docteurs & Prestres de leur Loy.

DE LA RELIGION
DES MAURES.

L'Alcoran ordonne de croire cinq choses principales, sans lesquelles personne ne peut estre sauvé. La premiere, qu'il n'y a qu'un Dieu sans trinité de perfonnes, comme il dit que les Patriarches, les Prophetes & le peuple Juif l'ont crû jusques à Jesus-Christ, que ces Barbares appellent *Rebo alla*, qui veut dire *Ame de Dieu*, croyans qu'il a pris naissance d'une Vierge appellée Marie, & a fait une infinité de miracles. Ils disent qu'il avoit apporté au monde la veritable Religion; qu'il estoit le plus saint de tous les hommes qui ont precedé sa naissance, & que son Incarnation a esté telle que nous la croyons, & mesme aussi annoncée par l'Archange Gabriel Ambassadeur de

Dieu; mais qu'il n'eſt point mort comme nous eſtimons, dautant que lorſque Judas le voulut livrer aux Juifs, Dieu l'enleva dans les Cieux, où il eſt en Corps & en Ame, & fit prendre ſa reſſemblance à l'un de ſes Diſciples, qui fut crucifié en ſa place, & qui eſt celuy qu'ils croyent que nous adorons.

Ils croyent encore que ce meſme Meſſié doit revenir ſur la terre vivre quarante années, pour remettre toutes les Nations ſous une meſme Loy & Religion; qu'il ſera enterré au tombeau que Mahomet a fait faire au côté droit du ſien; que tous ceux qui auront ſuivy ſa doctrine juſques à la venuë de Mahomet, qu'ils appellent le grand favory de Dieu, & l'interpretre de ſes volontez, ſeront ſauvez, mais que la doctrine que nous ſuivons aujourd'huy n'eſt pas celle qu'il nous a enſeignée ; dautant, disent-ils, qu'il prophetisa que Mahomet viendroit aprés luy, pour perfectionner ce qu'il n'avoit pas eu le temps d'achever, à cause de la persecution des Juifs.

Le second article de foy est de croire, que les livres de Moyse, les Pseaumes de David, les saints Evangiles qu'ils tiennent traduits & interpretez par Sergius en leur faveur & à leur mode, & l'Alcoran sont écritures saintes & apportées en terre par les Anges ; qu'elles sont les regles certaines de verité, pour conduire les hommes à l'eternité bien-heureuse ; que quiconque ne les croit & ne les observe pas est un infidele.

Le troisiéme est la resurrection des morts au jour du jugement, où Dieu doit juger & rendre à un chacun selon ses œuvres, qu'il y a un enfer pour les reprouvez où ils brûleront pendant toute l'eternité, & un Paradis, où ceux qui auront esté fideles observateurs des Commandemens de Dieu & de sa Loy, seront eternellement recompensez dans la vision beatifique de Dieu, de ses Anges & de Mahomet, & dans la joüissance de soixante & dix Vierges, avec lesquelles ils prendront incessamment leurs plaisirs sans qu'elles perdent pour cela leur virginité ; qu'ils auront à souhait toutes sortes de mets delicieux, des rivieres de lait, de miel & d'eau-roses, afin de les laver, lorsqu'ils auront eu à faire avec ces pucelles ; & que les excremens du corps s'évaporeront en de tres-agreables sueurs, & enfin qu'ils habiteront dans des maisons de delices, construites de pierres precieuses & de perles.

La quatriéme est de croire, que ceux qui ne seront point de la Loy Mahometane souffriront les peines eternelles.

Et la cinquième & derniere est qu'il faut observer les trente jours de leur Ramadan ou Caresme, où ils ne mangent point depuis deux heures avant le jour jusques à ce qu'ils voyent les étoiles au Ciel, ce qu'ils observent si regulierement, que j'en ay veu tomber morts dans les ruës pour ne point violer leur jeûne.

Ces articles sont les fondemens de cette Loy, d'où dérivent toutes les autres ceremonies qu'ils pratiquent, comme la circoncision des enfans en âge non limité, leurs prieres & oraisons de jour & de nuit à certaines heures ordinaires ; les lavemens continuels de leurs corps, dont ils purifient leurs pechez, dautant qu'un homme toutes les fois qu'il a connu sa femme ou fait quelque crime, ne peut entrer dans la Gême ou Mosquée, qu'il ne se soit ainsi purifié au bain, & lavé toutes les parties du corps sans rien reserver. Ils se nettoyent de cette maniere pourveu qu'ils prononcent ces paroles essentielles de la Loy, *La illa illenla Mahamet Dara soulla*, qui veulent dire, il n'y a qu'un Dieu & Mahomet son Envoyé.

Ils sanctifient le Vendredy, qui leur est comme nostre Dimanche: Ils vont ce jour-là à deux heures aprés midy aux Gemmes ou Mosquées principales faire *la Sala*, qui veut dire *Oraison*; y estans appellez par les Talbes, qui sont leurs Prestres, lesquels heurlent de dessus le sommet des tours, qu'ils ont pour cet effet. Ces Talbes sont mariez, & entretenus des revenus des Gemmes, qui sont tres-riches des dons qui leur sont faits par les plus devots en mourant; lesquels fondent aussi dequoy entretenir de petits Hospitaux pour les étrangers infirmes, & pour faire ensevelir & enterrer ceux qui font pauvres. Ils ne peuvent entrer dans ces Mosquées, qu'ils n'ôtent auparavant leurs souliers & leurs calçons, s'ils les ont portez plus d'un jour ; ils n'y peuvent tenir, non plus que dans leurs maisons, aucunes images ny figures.

Ils ont trois Pasques qui se doivent sanctifier sept jours durant, pendant lesquels ils vendent & achetent comme les autres jours, aussi bien que les Vendredis ; la premiere est le premier jour de la Lune d'aprés le Ramadan ; la seconde est de deux Lunes & dix jours aprés celle du Ramadan, pendant laquelle ils font sacrifice à Mahomet, d'autant de moutons qu'il y a d'enfans mâles dans chaque famille, en memoire du sacrifice d'Abraham, pere d'Ismaël, premier pere des Arabes Sarazins, d'où ils croyent que descend la mere de Mahomet. Et la troisié-

Leidos Sereros

Leidem Cubire

Le Mou- me est de trois Lunes & deux jours
lout. après la seconde, qu'ils celebrent
en l'honneur de la naissance de
leur faux Prophete, & pendant le
premier jour de laquelle ils mangent de la boulie en memoire de
ce que Mahomet en mangea. Ils
mettent dans leurs Mosquées la
nuit qui la precede, quantité de
lampes & de cierges allumez, &
tous leurs Talbes chantent ses
loüanges sans cesser jusques au
point du jour.

Toutes ces festes, de mesme que
le Ramadan, arrivent tantost dans
une saison, & tantost dans une autre, dautant que leur année n'est
composée que de douze Lunes. Ils
ont encore une autre feste, dans
laquelle ils sont obligez de don-
Lachera ner au Prince la quarantiéme partie de leur argent. Ils ne la solem-
nisent qu'une journée, pendant
toute la matinée ils se jettent
quantité d'eau les uns aux autres.

du Royaume de Maroc.

Le vingt-quatre Juin, suivant le compte de l'ancien Calendrier, ils font la feste de saint Jean-Baptiste, allans dans leurs jardins faire des feux de joye, & de grandes réjoüissances, brûlans la nuit qui la precede quantité d'encens à l'entour des arbres fruitiers, afin d'obtenir le barqua, qui est la benediction de Dieu.

Lanfers.

Tous ceux qui seront tombez dans quelques pechez lesquels auront merité l'enfer, pourveu qu'ils reclament l'assistance de Mahomet, ils le verront sortir du Ciel pour descendre aux enfers en forme d'un agneau, & ces ames souffrantes se changeront en puces pour se cacher dans sa laine, aprés quoy il remontera au Ciel, où Dieu luy demandera, d'où il vient, (comme s'il ne le sçavoit pas) & il répondra qu'il vient des enfers retirer quelques ames qui avoient imploré sa protection, & qu'elles

Descente de Mahomet en enfer.

se sont cachées dans sa laine, à cause que les Anges, qui gardent les portes du Ciel, ne les auroient pas voulu laisser passer : Ensuite dequoy il demandera à sa divine Majesté misericorde pour elles, & pour lors Dieu à sa consideration leur pardonnera.

Ils croyent encore que tous les enfans qui meurent avant l'âge de quinze ans, soit de peres Chrétiens, Juifs, ou Idolatres, vont au Ciel, dautant qu'ils sont encore innocens, & n'ont point eu la connoissance du bien & du mal, & par consequent sont exempts des peines eternelles; mais que tout aussitost qu'ils passent cet âge sans reconnoistre Mahomet pour le favory de Dieu, ils sont perdus eternellement : toutefois que les filles non Mahometanes, qui sont mortes vierges, sont reservées pour accomplir le nombre des soixante & dix vierges que chacun d'eux doit vent connoiſtre dans le Ciel, ne s'en pouvant pas trouver un aſſez grand nombre de celles qui ont fait profeſſion de la loy de Mahomet.

L'Alcoran ordonne qu'on le faſſe recevoir par force, ſi l'on ne le veut recevoir de volonté, & qu'on faſſe la guerre aux Chrétiens, à cauſe qu'ils adorent Jesus-Christ pour Fils de Dieu, n'eſtant que Prophete, & qu'ils ne veulent reconnoiſtre Mahomet; & il porte que tous ceux qui meurent en les combattant vont incontinent au Ciel, & que s'ils en ont tué quelques-uns, ils meritent des recompenſes infinies, & que les chevaux qui y meurent les accompagnent dans le Ciel.

Il permet la pluralité des femmes; ils en peuvent épouſer quatre, auſquelles ils donnent dot, ſans les concubines, dont ils en peuvent avoir autant qu'ils en peuvent nourir, legitimant les enfans qui naiſſent des unes & des autres. Ils peuvent les répudier lorſqu'ils les trouvent en faute, ou lorſqu'elles ſont ſi bigearres qu'elles ne ſe peuvent accorder avec eux; celles qu'ils ont épouſées, en leur payant leur dot, & les concubines qui ſont leurs eſclaves, en les revendant à d'autres, & gardans leurs enfans.

De la veneration des Saints.

L'Alcoran commande encore de tenir pour ſaints tous les innocens & pauvres d'eſprit; ce qu'on obſerve fort exactement & on les canoniſe dés leur vivant, auſſi bien que ceux qui ſçavent faire quelque ſorcellerie, qu'ils diſent avoir l'eſprit de leur Prophete; & ils bâtiſſent à ceux-cy, aprés leur mort, de petites Chapelles, qu'ils appellent Ronda, où ils vont en pelerinage, & leurs tombeaux exemptent de mort toutes ſortes de criminels, & les perſonnes qui fuyant la colere du Roy, s'y refugient, le pouvoir des Roys ne s'étendant pas à les en faire sortir par violence, mais seulement d'empescher de leur porter de la nourriture.

Ces sortes de saints sorciers sont assez connus en ce païs-là, de mesme que les Morabites, & j'en pourrois raporter plusieurs exemples, & des choses surprenantes qu'ils ont faites par art diabolique, que j'obmets icy d'autant qu'elles passeroient pour des fables. Les premiers vivent la plusparts au milieu des peuples & dans les Villes, où ils sont fort reverez, & les derniers vivent où bon leur semble, mais le plus souvent retirez dans des forests, ou sur des hautes montagnes, où ils menent une vie d'Hermite. Ils vont vêtus d'habillemens racoutrez d'une infinité de pieces de toutes couleurs, portans des bourdons & de certains grands chapelets qu'ils mettent au col.

L'Alcoran fait aussi défense de

joüer à toutes sortes de jeux de hazard pour de l'argent, & s'il y en a qui joüent, il faut que ce soit dans des lieux peu frequentez ou de nuit, dautant que si la justice en estoit informée, ils seroient menez prisonniers, battus de coups de bâtons & payeroient une grosse amande; & si celuy qui a perdu son argent vouloit s'aller plaindre, il luy seroit rendu, & le gagnant subiroit la peine ordonnée par la Loy : qui commande aussi d'honorer ceux qui ont fait le voyage de la Meque, lesquels pour estre distinguez & se faire reconnoistre, portent pendant quelque temps des Turbans verds, qui est la livrée de Mahomet.

Les Chrestiens & les Juifs, qui entrent dans les Mosquées, ou qui sont trouvez avec des Mahometanes, & qui parlent mal de leur Prophete, doivent estre brûlez s'ils ne se font renegats.

DES ROYS.

LEs Royaumes de Fez & de Maroc ne font point hereditaires, les peuples ont droit d'élever fur le trône celuy qu'ils eftiment le plus vertueux, & le plus digne de leur commander, & c'eft le plus fouvent quelque Morabite, neantmoins il arrive quelquefois que des ambitieux s'en emparent par la trahifon ou par la force, & comme il n'y a point de perfidie qu'ils ayent craint de commettre pour regner, & qu'ils n'ont refpecté pour cela ny le devoir ny la nature, ils en trouvent enfuite d'autres, qui ne leur font pas plus fideles, & qui n'ont pas plus de refpect pour eux. Le fils n'épargne point le pere, ny l'oncle le neveu, ny le frere le frere, les teftes de leurs plus proches leur fervent indifferemment de marche-pied

& de degrez pour monter sur le trône.

Les Roys qui se font par élection ne peuvent lever aucuns subsides ny contributions, que ce qui est porté par les loix du païs, qui leur donnent seulement la dixme des bleds & des grains, des bestiaux, des beurres, du miel & des huiles, avec une certaine somme d'argent qui est fixée; & ceux qui se sont violemment emparez de la Couronne, se font payer outre ces droits, de grosses garammes ou tailles que leurs Gouverneurs reçoivent, & contraignant ceux qui n'ont pas dequoy payer, à travailler un certain temps aux ateliers du Roy. Lorsque les Roys par élection vont à la guerre, ils ne sont obligez de donner que la nourriture à leurs soldats, qui doivent se ranger sous leurs enseignes, & les suivre au premier son de trompette, mais il faut avoüer qu'ils en font bien mal servis, & comme les usurpateurs les soudoient & qu'ils gagnent davantage avec eux, dés qu'il s'en éleve quelqu'un, ils abandonnent lâchement leur Prince pour se ranger de son party.

Lorsqu'il faut combattre, ils rangent leurs armées en cet ordre, ils divisent leur cavallerie en deux, & la mettent sur les aîles, l'infanterie occupe le milieu, & prend la forme d'un croissant. Ils ne mettent que deux rangs de soldats lorsqu'ils combattent dans des plaines, mais lorsque c'est entre quelques montagnes ils en mettent davantage, pour n'avoir lieu de s'étendre. Ils font d'abord un grand cry qui est suivy de quelques courtes prieres, pour demander la victoire. Les armes de la cavallerie, qui est toûjours proche de la personne du Roy, sont des fusils & des cimeterres. Elle est ordinairement composée d'esclaves noirs ; les autres cavalliers ne portent que des lances : quant à l'infanterie, une partie est armée de fusils, & les autres d'arbalestes, de frondes, de massues, de demie piques ou zagayes, & de cimeterres. Le Roy de Fez peut mettre sur pied dix mille chevaux & vingt mille hommes de pied, pour faire la guerre à un autre Roy Maure, comme à celuy de Tafilet ou de Maroc, qui en peuvent presque mettre autant ; mais si c'estoit pour faire la guerre contre les Chrestiens, chacun fait gloire d'y aller gagner des indulgences pour satisfaire à leurs pechez, & dans ce temps leurs armées sont sans nombre. Tous les Arabes ou les Barbares par où l'armée doit passer, sont obligez de tenir sur les lieux où elle doit camper, des provisions de bleds, d'orges, de farines, de beurre, d'huiles & de

du Royaume de Maroc. 365
bestiaux pour la subsanter, & s'ils
ne le font pas, ils courent risque
de voir tout ce qu'ils ont, estre
mis au pillage, & d'estre eux-
mesmes taillez en pieces.

Les Roys sont souverains Sei- *De leur*
gneurs sur le spirituel & sur le *autorité.*
temporel. Leur Clergé est autant
obligé de suivre toutes leurs loix
comme le reste du peuple. Ils font
eux-mesmes les Cadiz, deux desquels l'un à Fez & l'autre à Maroc
president sur tous les autres Cadiz
& Talbes des Gemmes ou Mosquées de ces Royaumes, & ces
deux-là jugent & dispensent de
toutes les choses qui concernent
la Loy de l'Alcoran. Lorsque les
Roys font quelques loix, les Gouverneurs les font publier à cry public par tous les lieux où se tiennent les marchez dans leurs Gouvernemens, afin qu'elles ne soient
pas ignorées.

Quant à la police du Royaume,
Q iij

les Gouverneurs en sont les Juges en dernier ressort, & ils ont bientost terminé les procés, car aprés avoir entendu les parties & leurs témoins, ils prononcent la sentence sur le champ, excepté celle de mort. Les larrons pour les deux premiers vols, s'ils sont considerables, ont les mains coupées, & à la troisiéme ils sont décapitez tout traînez vifs. Si c'est de peu de chose, ils reçoivent quatre à cinq [...] Pour les Marchands qui vendent à faux poids ou à fausse mesure, [...] quelque piece de leur marchandise [...] épaules nuës, ils vont publiant [...] la faute qu'ils ont faite, [...] un Bourreau marchant derriere, [...] un bâton d'une main, & une [...] de l'autre, qui leur en donne des coups de temps en temps, puis ayant achevé sa promenade, on confisque la marchandise, &

en conſtituë l'homme priſonnier, pour luy faire encore payer l'amende. Les femmes publiques & les yvrognes, lorſqu'ils ſont trouvez dans leurs delits, ſont punis de baſtonnades, & menez en priſon pour payer l'amande. Les adulteres par ordre du Cady, auquel ils ſe renvoyent, ſont rigoureuſement punis de mort. Les criminels de leze-majeſté ſont jettez ſur des grands cros de fer, décapitez ou traînez à la queuë de quelque mule. Il n'y a que l'abominable peché qui cauſa l'embraſement de ces deux Villes Sodome & Gomorre, qui ſe commet preſque publiquement & avec impunité. La juſtice criminelle ne peut faire mourir perſonne, que le Roy ne l'ordonne, & que le Viceroy, qui en eſt le chef n'en ait un commandement exprés.

Les Roys ne ſe contentent pas d'avoir autant de femmes qu'il leur plaift, ils font encore gloire d'eftre les premiers à s'adonner à cet abominable peché. Lorfqu'ils vont en campagne, les Checqs des Arabes ou Barbares tiennent à grand honneur de leur faire prefent de la virginité de leurs filles, & les leur menent fur des chameaux lorfqu'ils paffent par leurs quartiers, pour obtenir par ce moyen quelques grâces.

Ils menent encore à leur suite leurs femmes les plus cheries qu'ils font accompagner d'une quantité d'Eunuques qui marchent devant & derriere, & qui envoyent des avant-coureurs fur les chemins pour en faire retirer tous les hommes qui s'y pourront rencontrer. Elles font montées fur des mules, fur lefquelles on pofe une maniere de tabernacle couvert d'un linge blanc, pour les garantir des ardeurs du Soleil, & des injures du temps. Lorfqu'elles deviennent groffes, ils les renvoyent au Serrail, d'où elles sont parties, pour en faire revenir d'autres : Elles ont un camp separé de celuy des hommes, où personne n'entre que le Roy & les Eunuques, & sont sujettes à supporter toutes les disgraces & les fatigues d'un penible voyage ; & à ce propos, il me souvient que dans un endroit de la vie de Mouley Semein, lors qu'il fut assiegé des neiges entre les montagnes de Zaiman & de Guriguen, & qu'il se sauva à la faveur de la nuit, plusieurs de ses femmes furent contraintes de cheminer à pied, ainsi que quelques enfans du Roy, l'une desquelles estant laissée tomber en montant, se perdit au milieu des neiges, dont on ne peut avoir aucune connoissance.

Les Roys sont curieux d'avoir *Leurs* quantité de beaux chevaux, qui *exercices.* portent le nom de leurs peres, comme dans les familles, & tels y

Q v

a qui sont si reverez, pour avoir fait un voyage à la Moque, qu'ils servent de protecteurs à ceux qui se peuvent approcher d'eux, comme seroit un Marabout. Lorsqu'il leur en meurt quelqu'un, ils le font ensevelir & enterrer comme eux-mesmes, & n'ont point de plus grand plaisir que celuy de les considerer & de les voir manger. Leurs exercices ordinaires sont d'aller les matins & les soirs à la chasse, ou de courir la bague avec leurs Princes & les Seigneurs, qui les accompagnent à leur retour jusques au Palais, où ils vont prendre leur repas.

Leur maniere de manger.

Voicy la maniere d'ont ils mangent: Leurs tables sont de peaux peintes ou dorées, faites en rond, qu'on estend contre terre sur quelques nates de jonc, bien travaillées, où ils s'assoient avec leurs plus familiers, lorsqu'ils les y appellent. Ils ostent premierement leurs souliers, & s'asseient en rond, à l'entour de la table, les Officiers qui les servent sont leurs Alcaydes noirs. Ils leur apportent un bassin de cuivre jaune, où la compagnie lave la main droite. Le premier de tous les mets qu'on leur donne, & qui sert de potage, est un plat de mouscouffou, qui est de fine fleur de farine semblable à de l'anis un peu conuert, sur lequel sont quelques poulles bouillies, des pigeonneaux ou du mouton, & sans aucune ceremonie, ils disent seulement ces paroles *Mesfin alla*, qui veulent dire, *au nom de Dieu*, puis ils enfoncent leurs mains dans le plat jusques au poignet.

Ces plats ne sont que de fayance fort larges par le haut, & beaucoup étroits par le fond. Ils mangent à poignées, & font comme de petites pelotes de ce couscouffou, qu'ils lancent dans leurs bouches comma s'ils ſçauoient qu'on y mangeaſt. Comme ils ne mettent que la main droite au plat, lorſqu'ils rompent la viande, chacun tire ſon morceau, comme font des chiens qui ſont acharnez autour d'une carcaſſe, ſans dire une ſeule parole pendant le repas. Enſuite on leur ſert dans un grand baſſin de cuivre quelques écuelles de poutre laine ou de terre vernie, (car il n'est pas permis de manger dans de la vaiſſelle d'or ou d'argent) les unes remplies de viandes fricaſſées avec du miel & des amandes, d'autres patiſſeries friſſes dans de l'huile, & quelques confitures à leur mode, qui tiennent lieu de deſſert.

Ayans achevé le repas, ils s'eſſuyent les doigts ſur les bords du plat, & après la langue ils ſe lavent la main une ſeconde fois, en diſant, Lehemdilillà, qui eſt autant comme graces à Dieu. Ils ne boi-

du Royaume de Maroc.

venu que de l'eau en public, qu'on leur sert dans une bourse de cuir, pour estre plus fraîche ; & lorsqu'ils boivent du vin ou d'autres liqueurs, c'est au dedans du Serrail. Ils n'ont point de lieu ordinaire pour manger, la plufpart du temps c'est entre leurs chevaux, & ils n'ont autre plaisir aprés le repas, que de les visiter, ou leurs femmes, envers lesquelles ils n'usent ny de civilité ny de cette douceur qu'on observe en Europe avec ce sexe. Le Roy Mouley-Ismaël Serindin qui regne à present, n'est âgé que de trente-six à trente-sept ans, & cependant il y a deux ans passez qu'il avoit plus de soixante enfans tant garçons que filles, sans compter ceux qui sont morts.

La civilité que les Grands rendent à leurs Roys, c'est d'ôter leurs souliers lorsqu'ils s'approchent d'eux, pour leur parler, &

La civilité qu'on leur rēd.

de leur faire de profondes reverences. S'ils viennent de voyage, d'aussi loin qu'ils les voyent, ils se déchaussent, baisent la terre plusieurs fois, avant que d'arriver à eux, & ensuite ils se jettent à à leurs pieds pour les baiser, & se relevent pour faire leurs complimens, qui sont agreables à entendre.

Les Roys de Fez, de Maroc & de Tafilet n'ont aucun domaine, tous leurs biens sont les dixmes, leurs garauimez ou tailles extraordinaires qu'ils font payer à leurs sujets: Et afin de laisser leurs enfans riches apres leur mort (je parle des tyrans qui s'élevent par force) ils tyrannisent beaucoup leurs peuples. S'ils connoissent quelques familles puissantes & riches, ils en font appeller les chefs, qu'ils obligent de leur donner de grandes sommes, & s'ils veulent s'en excuser, il leur font imposer quelque crime pour colorer leur tyrannie & les ruiner. Quand les Royaumes demeurent sans Roys, comme avant les usurpations de Mouley Archy, chaque Ville & chaque Province a son Alcayde, ou quelque Morabite, qui les gouverne souverainement, & c'est pour lors que la Barbarie est riche & abondante de toutes choses. Ceux qui sont opulans ne cachent point leurs richesses, ils se font les compagnons de leurs Gouverneurs, avec lesquels ils vont du pair, mais si-tost que quelque soûlevé est reconnu pour Roy, chacun se fait pauvre, va mal vêtu, & cache son argent sous terre, de peur que cette sang-suë ne leur oste leur bien.

DU PEUPLE.

COmme la Barbarie est un pays sujet à d'étranges changemens, la tyrannie des Roys fait que chacun est où paroist pauvre: Les habitans des Villes, pour riches qu'ils soient, font toujours apprendre à leurs enfans quelque vacation honorable, pour s'en servir au besoin, & eux-mesmes trafiquent la pluspart en Levant. Les plus pauvres s'adonnent à l'agriculture des Jardins, qui sont en grand nombre autour des Villes, qui sont remplis de poiriers, pommiers, pruniers, abricotiers, orangers, citronniers, amandiers, grenadiers & coignaciers; Ils y sement des laituës, des choux, des raves, des navets, des melons, des citroüilles, des concombres, du persil, du serfeuil, du pourpier, du tabac, & des oignons; quant aux laituës & aux concombres que nous mangeons en salades, ils les mangent avec du pain & du sel; en sortant du jardin, en lavant les unes dans de l'eau, & pelant seulement les autres. Quant aux autres fruits, ils se mangent dans leurs saisons entre les repas, ne se pouvans conserver, excepté les oranges & les citrons, à cause des excessives chaleurs qui les font pourir deux & trois jours après qu'ils ont esté cueillis.

Les gens de campagne, qui sont les Arabes & les Barbares, ne sont propres qu'au labourage, & n'ont aucuns autres métiers ny vacations pour gagner leurs vies ; ce qui les fait vivre misérablement.

Les Arabes demeurent sous de méchantes tantes dans les plaines, où sont les meilleures terres à cultiver, en ayant chassé les Barbares quelque temps après qu'ils y furent amenez par Mouley AL manzor. Ceux qui ne veulent point obeïr au Roy, lors qu'ils sçavent qu'il s'approche de leurs quartiers, chargent tout ce qu'ils ont sur leurs bœufs, & sur leurs chameaux, & se retirent dans des montagnes de difficile accés, où ils se retranchent, jusques à ce qu'il s'en soit retourné, laissant leurs biens dans des cavernes ou matamores qu'ils font sous terre, sur lesquelles ils labourent & sement, afin qu'on ne les trouve point; mais quelquefois il se rencontre des chiens, qui en grattant dessus les découvrent.

Les Barbares, qui sont les restes des Cartaginois, des Romains, & des Vandalles, anciens Conquerans de l'Afrique, se sont retirez aux Montagnes qui estoient auparavant inhabitées, où ils ont bâty des Villages, des Maisons & des Châteaux, y ont planté des vignes, des amandiers, des noyers,

du Royaume de Maroc. 379
& des oliviers, & une infinité
d'autres arbres fruitiers, y nour-
rissent quantité de bestiaux qu'ils
viennent vendre aux Villes, & en
acheptent des grains des Arabes,
qui n'ont nul autre commerce:
Outre la langue Arabesque, qui est
commune à tous ces Païs, ils se
servent en particulier de la leur,
qu'ils appellent *chilba*.

Les Arabes, quoy que les plus
nobles, sont les plus misérables,
ils sont plus foulez de tailles que
les Barbares, & sont obligez de
faire accompagner le Roy à la
guerre, par leur Cavallerie: Lors
qu'il craint qu'ils ne luy soient pas
fidelles dans une Province, il les
envoye vivre dans d'autres, comme a fait Mouley Seméin, à present regnant, aux Charenets, &
aux autres peuples de Maroc depuis la prise de cette Ville.

Les Barbares ne vont point à la
guerre, sinon volontairement, à

cause des garammes qu'ils payent pour cet effet: Aussi ne valent-ils rien lors qu'ils sont hors leurs montagnes, n'estans propres à se battre que lors qu'ils sont à couvert de quelques rochers: ce sont eux qui la pluspart du temps tiennent les grands chemins & volent les voyageurs: Car comme il y a plusieurs Cafilles ou peuples d'entr'eux, qui ne reconnoissent point le Roy, ils descendent sur les Arabes, qu'ils prennent au dépourveu, & leur enlevent tout ce qu'ils ont, avant qu'ils se puissent préparer à se défendre, & quoy qu'ils suivent l'Alcoran, ils vivent comme des Sauvages, sans en avoir que fort peu de connoissance. Ils disent qu'il leur suffit de sçavoir pour aller au Ciel, que leur Prophete Mahomet est amy de Dieu. Ils ne se peuvent accorder avec les Arabes, que lors qu'il faut combattre les Chrestiens, qu'ils

croyent devoir bien-tost aller dans
leur païs, ainsi que les Turcs. Mais
ils aimeroient mieux y voir les
Chrestiens que les Turcs, qu'ils
estiment plus cruels.

Les grands Seigneurs sont vestus
à peu prés de la maniere des Turcs,
de mesme que les bourgeois des
Villes; lesquels portent de grands
capots comme ceux de Bearn. Et
le peuple de la campagne ne porte
qu'une chemise de laine sans calçons, avec une ceinture de cuir, &
par dessus un haïque qu'ils tortil-
lent, comme on voit dans nos ta-
bleaux que sont dépeints les Israë-
lites en sortant du Desert.

Ils croyent tous que les François
doivet aller jusques à Fez, & y mettre le siege, mais qu'ayant assemblé leurs forces, ils nous le feront
lever, comme il est écrit dans leurs
Propheties, & qu'ensuite ils pas-
seront à la conqueste d'Espagne,
& du reste de la Chrestienté. Que

la ville de Salé doit estre la premiere conqueste du Roy, qui entrera dans leur païs ; Dieu fasse que ce soit nostre invincible Monarque. Cette entreprise seroit digne de luy, & il a assez de force & de puissance pour faire de grands progrés dans la Barbarie. Les François sous un si grand Roy sont aujourd'huy capables de tout entreprendre. Cette guerre ne seroit pas moins profitable que glorieuse, & ce seroit beaucoup faire, quand on ne feroit seulement que détruire les Corsaires qui prennent tant de Vaisseaux Chrestiens, dont ils vendent les hommes dans leurs païs ; & les marchandises aux Chrestiens mesmes, qui sont assez lâches pour les achepter, & leur porter en contr'échange des armes & d'autres marchandises de contrebande, dont ils se servent ensuite contre nous : Certainement les Prin-

du Royaume de Maroc.

ces Chrestiens feroient un grand acte de justice en remediant à ce desordre, faisans punir ceux de leurs sujets qui font un commerce si honteux. Autrefois que ce trafic n'estoit point pratiqué, les Barbares ne sçavoient à qui vendre leurs prises, & voyans leurs magasins pleins de choses, qui n'estoient point à leur usage, qu'ils ne pouvoient s'en deffaire, & qu'elles ne leur apportoient nul profit, la pluspart cessoient d'aller en course & quittoient le métier de Corsaires, qui s'estoit presque aboly; mais depuis quinze années les Marchands de Bourdeaux, de Bayonne, de Marseille, de Londres, de Lisbonne, de Cadix & d'Amsterdam se sont empressez d'acheter les dépouilles de leur freres, & ont fait refleurir la piraterie.

DES FEMMES.

LEs Mauresques & Arabesques principalement celles qui habitent les Villes sont tres-belles, blanches, & fort propres dans leurs habits. Les plus estimées sont celles qui sont plus grosses & plus grasses, & afin de devenir ainsi, elles n'ont jamais d'habits qui les serrent. Elles portent toutes des écharpes dont elles se ceignent le ventre. Lorsqu'elles sortent par la Ville, elles se couvrent d'un grand voile blanc, qu'elles appellent haïques, fort délié, & se bandent le milieu du visage, afin de n'estre point veuës par les ruës, laissans seulement les yeux découverts pour voir à se conduire. Elles ne parlent jamais aux hommes dans leur chemin, non pas mêmes à leurs maris, qui ne les peuvent pas reconnoistre
lorsqu'ils

lorsqu'ils se rencontrent, d'autant qu'elles sont toutes vêtuës de mesme sorte.

Elles se tiennent le corps fort propre, & vont souvent aux bains se laver. Quoy que la plufpart n'ayẽt qu'un mary à plusieurs, elles ne sont point jalouses les unes des autres, encore qu'elles vivent la plufpart ensemble. Ceux qui sont les plus riches leur donnent à chacune leur appartement ou leur logis & leurs domestiques à part, demeurans un jour avec une, & un jour avec une autre.

Les Princes & les grands Seigneurs qui n'ont point tant de bonne foy, les tiennent toutes enfermées dans leurs Palais ou leurs Hostels, sous la garde d'un Eunuque, n'ayans point la facilité d'en avoir plusieurs qui les puissent garder separément ; car venans de Guinée en present au Roy, ils n'en peuvent avoir que de luy, qui leur en donne quelquefois.

Quoy qu'il soit impossible aux femmes dans leurs logis d'y voir d'autres hommes, elles ne manquent pas d'industrie pour trouver des galands, ayans des esclaves noires à leur disposition, qui les servent fidelement en ces occasions; Elles prennent le pretexte d'aller aux bains, ou de rendre visite à quelque parente, chez lesquelles elles demeureront un moment, & au sortir de là elles trouvent leurs favoris, qui attendent qu'elles les suivent en des lieux qu'ils disposent à cet effet. Ce qui leur est d'autant plus facile, que jamais on ne s'étonne de voir un homme attendre de pied ferme contre une porte dans la ruë, on ne demande point ce qu'il y fait, y eût-il passé un jour entier; ce qui seroit fort suspect en Europe.

Aucun homme ne les voit dans leur logis; si-tost que quelqu'un

du Royaume de Maroc.

entre elles s'enferment, le mary luy-mesme se mettant au devant d'elles pour les cacher : Et lorsqu'il veut faire regal à ses amis, la femme monte sur le toit fait en terrasse, ou dans quelque chambre haute, attendant qu'ils sortent ; ce qui fait que leurs repas sont courts, ne s'arrestans point à discourir ou à se divertir comme on fait en France. Lorsqu'elles se regalent pareillement avec leurs amies, leurs maris se tiennent entre deux portes, & y couchent aussi, dautant que les femmes ne se regalent pas simplement d'un repas, mais une journée ou deux, & couchent toûjours où elles soupent ; ce qui contribuë encore beaucoup à l'abus des pauvres maris, qui n'osent pas mettre le pied où elles sont pendant ce temps-là. Celles qui sont de qualité ne peuvent si facilement les tromper; car elles sont gardées par des Eunuques qui n'y laissent entrer personne, ny elles sortir dehors, cela leur estant défendu sur peine de leurs testes : Ils ne laissent pas cependant d'estre corrompus d'elles, lorsque leurs maris vont à la guerre.

Elles aiment particulierement les Chrestiens, à cause qu'ils ne sont point circoncis, & elles employent toutes sortes de stratagemes pour gagner ceux qui sont esclaves chez elles, & qui ont permission d'entrer dans leurs logis.

Elles vont testes nuës, n'ayans dessus qu'un simple voile de soye rouge, jaune, ou bleu ; & les cheveux tressez avec des flocons de laine noire, & elles attachent ensemble les deux tresses pendantes derriere. Elles ne souffrent sur leurs corps autres poils que les cheveux & les sourcils. Elle se jaunissent ou noircissent les pieds & le dedans des mains, & se rougissent les ongles. Elles se mettent du vermillon aux joües, & se peignent les sourcils avec de la fumée de noix de galle ; elles portent des colliers de perles, des agrafes d'or ou d'argent à leurs voiles. Elles ne vont point aux Mosquées publiques (estant reputées incapables d'entrer en Paradis, à causes que leurs maris disent qu'elles n'ont esté creées que pour servir à la generation) mais elles font leurs prieres au logis, & les Vendredis elles vont pleurer sur les tombeaux de leurs parens deffunts, pendant que les hommes sont aux Mosquées.

DES ENFANS.

Lorsque leurs enfans viennent au monde, les parentes & amies de l'accouchée demeurent plusieurs jours dans le logis à faire bonne chere, sans en partir. Ils ornent la chambre de beaux épis, qu'ils se presentent les uns aux autres, & font de grands cris de joye, au dedans & à la porte. Le septiéme jour, avec les mesmes réjoüissances, ils leur donnent le nom, sans les circoncir toutefois, & les élevent à la mamelle comme nous; excepté que lorsque leurs meses marchent par la Ville, elles les portent sur leurs dos emmaillottez, & les y laissent dormir la pluspart du temps.

La premiere chose qu'ils leur font apprendre dés l'âge de quatre à cinq ans, c'est de se donner des maledictions les uns aux autres ; leurs parens se faisans un plaisir de les y voir forts experimentez. A l'âge de six à sept ans ils les font circoncir, au moins la pluspart ; car il y en a qui attendent plus tard, & qui ne les font quelquefois circoncir qu'à quatorze ans ; les envoyant ensuite aux écoles pour y apprendre la loy, à lire & à écrire.

Dés le premier jour qu'ils y entrent sans connoistre les lettres, ils leur mettent une plume de roseau à la main, les font écrire sur une planche fort unie de bois de noyer couverte de crayon blanc, & tous les jours ils y effacent ce qu'ils y ont écrit. Les gens du païs ont seuls l'adresse de se servir de plumes de roseau, qu'ils taillent selon les divers caracteres dont ils veulent écrire sur le papier, qui est rare, n'y estant porté que des païs étrangers, & les Europeans s'y servent de plumes de cigognes, qu'on ne peut avoir que quand ces oiseaux muent; car il est défendu par toute l'Afrique, où elles viennent en grand nombre vers le 8. de Fevrier, & s'en retournent au mois d'Aoust, d'en tuer, ces peuples croyant que Dieu, à la priere de Mahomet, a transformé en ces oiseaux une troupe d'Arabes qui voloient les Pelerins de la Meque, & il me souvient à ce propos que dans la premiere redemption du R. P. Monnel, quelques Captifs rachetez en tuerent quelques-unes, & qu'en ayant esté accusez devant le Gouverneur de Salé, ils ne purent se garantir de la bastonnade, de la prison ou des fers, où on vouloit les remettre, que par la somme de trois cens écus que les Religieux donnerent pour eux.

Les enfans continuent d'aller à l'école jusques à ce qu'ils sçachent la Loy par cœur. Ensuite si leurs parens sont riches, ils les font promener à cheval bien vêtus, assistez de leurs compagnons d'école, dont une partie aussi à cheval marchent derriere, & une autre partie à pied marchent devant luy, & encensent à chaque pas une planche où sont écrits les principaux articles de la Loy, que l'écolier porte dans les mains ; ils les font dans cet estat aller dans toutes les ruës de la Ville, afin de donner envie aux autres d'apprendre promptement pour estre promenez de mesme ; & au retour au logis, ceux qui les ont accompagnez sont regalez des parens.

Si leurs enfans sont mis chez des artisans pour apprendre quelques métiers, dés le premier jour les maistres leur payent leurs journées sans les nourrir, & ne prennent rien pour leur apprendre. Ils ne s'assujetissent dans une boutique qu'autant que bon leur semble, ce qui fait qu'il y a peu de bons maistres. Ils les font aller nuës testes jusques à l'âge de quinze ans, qu'ils leur donnent des bonnets rouges, ne les marians jamais avant ce temps-là. Ils ne portent qu'un petit toupet de

cheveux sur le sommet de la teste,
qu'ils tressent lorsqu'ils sont
grands, & ils ne prennent le Turban que lorsqu'ils sont mariez.

DE LEURS MARIAGES.

La crainte qu'ils ont sous d'é-
pouser des femmes qui ne
soient pas vierges, leur fait user
des précautions qu'ils croyent necessaires pour l'éviter. Aucun ne
prend de femme, qu'elle ne luy
soit donnée de ses parens : lorsqu'ils sont en âge d'estre mariez,
le chef de la famille consulte avec
ses amis sur la famille avec laquelle il veut s'allier, en cas qu'il ne
se trouve des filles dans leur lignée
au deux ou au troisième degré, qui
leur soient propres.
La fille estant cherchée & demandée à ses parens, la mere ou la
sœur de l'époux vont la complimenter pour luy, & viennent luy

rendre compte de toutes les beautez & perfections de celle qu'on luy destine, à laquelle on le fait voir sans qu'elle en soit veuë, aprés quoy s'ils se trouvent contens, les parens de l'un & de l'autre s'assemblent avec un Notaire public, & viennent à la porte du logis de la fille y conclure le contrat de mariage, avec la dot qu'elle doit avoir, & l'époux s'oblige de ne point contrevenir aux conditions qui sont accordées, en cas qu'il trouve celle qu'on luy donne telle que la loy l'ordonne, c'est à dire vierge, & en cas qu'elle ne le soit pas, il est porté qu'il luy sera permis de luy ôter tout ce qu'il luy aura donné en faveur de leur mariage, & de la remettre entre les mains de ses parens, pour en faire telle justice que bon leur semblera.

Les accords estans ainsi faits, il luy envoye des habits selon sa qualité, qu'il luy fait porter au son des tambours & des hauts-bois. Le jour des nopces estant arrivé, le marié traite à son logis tous les amis de l'une & de l'autre famille, & la mariée à celuy de son pere, celles qui luy sont proches, & les alliées de son époux; & sur les quatre heures du soir tous les conviez & voisins du marié vont trouver la mariée à son logis, d'où on la fait sortir dans un brancart fait en maniere de tabernacle, couvert d'une étoffe de soye ou de brocart, que huit ou dix hommes portent sur leurs épaules par les ruës de la Ville, au son des tambours, clairons, haut-bois, & autres instrumens, que tous les conviez accompagnent ; le marié marchant devant, avec ses plus proches parens, on la porte de cette maniere au logis de l'époux, où toutes les femmes conviées l'attendent, renfermées dans quelque chambre, pour n'estre point

veuës du marié lorſqu'il entre avec
ſon épouſe.

Ils trouvent leur chambre preparée, & l'époux aprés une colla-
tion d'un quart-d'heure prend
congé des conviez, qui ſe retirent
auſſi-toſt, excepté les femmes
qui ne ſortent point du lieu où
elles ſont retirées, quoy que la
mariée leur faſſe peu de compagnie, parce qu'elle entre auſſi-toſt
dans la chambre de ſon époux,
toûjours couverte. Il n'eſt point
permis au marié de luy découvrir
le viſage ny de la voir en aucune
partie du corps qu'il ne l'ait reconnuë pucelle, & tiré du ſang;
ce qui eſtant fait, il luy oſte ſon
bandeau, & défait ſon calçon teint
du combat, qu'il jette dans la
cour, & que les autres femmes
ramaſſent en chantans & danſans,
en ſigne de joye de ce qu'elle eſt
acceptée pour épouſe. Que s'il ne
la trouve pas vierge, il luy oſte ſes

habits, qu'il luy fait dépouiller à part, sans la voir, la fait sortir de sa chambre, & la rend à ses parentes, qui la reconduisent au logis de son pere, auquel il est permis par la loy de l'estrangler, s'il en veut faire justice.

Lorsque les mariages se font entre parens, cette rigueur se pratique rarement. Afin de ne point deshonorer la famille, le mary tient quelque pigeonneau preparé, auquel il coupe la gorge sur le calçon, qu'il jette dehors afin de garder les formalitez, & il se contentera de faire des reprimendes à sa femme, & de la menacer de la repudier au premier jour, s'il la trouve en la moindre faute contre son honneur. Il y a des precautions dont la plus part usent pour n'estre pas ainsi deshonorées, que je ne rapporteray point. Celles qui ont esté mariées une fois sont exemptes de celles ceremonies; c'est assez qu'elles ayent une bonne renommée, & que le premier mary ne les ait point trouvées en faute.

Les gens de la campagne, Arabes & Barbares, agissent peu de cette maniere, & ne cherchent point de telles précautions, si ce n'est leurs Checqs & les plus riches d'entr'eux; encore passent-ils sur ces considerations, lorsque la fille n'a esté connuë que du Roy, auquel le pere en avoit fait présent, pour en obtenir quelque faveur, passant sur les terres de son Gouvernement; les lettres qu'elle en montre, suffisent pour estre reconnuë vierge, disans que si elle n'avoit pas esté aimable, le Roy n'auroit pas voulu l'approcher; ils les estiment mesme davantage, les croyans cheriies & femmes de Roy.

Des devoirs qu'ils rendent aux Mourans & aux Morts.

Lorsque ceux de cette Religion sont aux derniers abois de la vie, ils leur tournent la teste vers le Soleil levant, estimans que la Meque, où est le tombeau de Mahomet, est en cette partie du monde. Ils leur font repeter le Symbole de la Loy, dont j'ay parlé cy-devant, & comme le malade, à cause de sa foiblesse n'a pû se laver de ses pechez & s'en purifier avec de l'eau, si-tost qu'il est mort, ceux du mesme sexe l'étendent sur une table faite exprés, luy lavent tout le corps avec de l'eau chaude, ensuite avec de l'eau froide, puis ils l'enseveliffent dans un suaire de toile de coton. Ses amis le viennent prendre à sa porte pour l'enterrer, ils le conduisent au cimetiere, en chantant *la illa*

du Royaume de Maroc.

itenla, &c. qu'ils repetent toûjours jusques à ce qu'il soit dans la fosse.

Ils mettent sur le corps quelques planches ou de grandes pierres plattes sur la fosse, à cause qu'ils n'usent point de bierres ny de cercueils. Si c'est une personne qui ait dequoy, l'on orne sa sepulture de fleurs & de balustres, & l'on met dessus dequoy substanter les pauvres, qui y viennent prier pour eux. Aprés que les hommes se sont retirez, les femmes parentes, voisines & amies du deffunt ou de la deffunte viennent pleurer au logis. Elles se mettent tout en rond comme pour danser un branle, & font des cris effroyables, s'arrachans la peau des joües à force de les gratter de leurs ongles. Les femmes du deffunt & ses filles empliſſent leurs habits de bouë ou de suye, sans changer d'habits ny de linge pendant un mois entier : En-

fuite les pleureuses avant que de
se retirer font un bon repas, des
mets que les amis du deffunt ou
de la deffunte y ont envoyez, dautant qu'ils sont plusieurs jours sans
faire aucun feu au logis.

Ceux qui meurent de la peste
ne sont point privez de pareilles
ceremonies, on les assiste jusques
à la mort, comme s'ils n'avoient
point ce mal. Ils vêtent leurs habillemens sans les purifier, dorment sur leurs mesmes lits, & ne
font aucun scrupule de ce mal contagieux, aimans mieux se mettre
au hazard de perdre la vie, que de
brûler ce qui n'est souvent que de
vil prix. Il est vray que ce qui les
rend si hardis est qu'ils croyent à
la predestination, & disent que ce
mal qu'ils appellent *Amanalla* ou
Louba, qui est peste envoyée de
Dieu, est destinée à ceux qu'il
doit tuer, & qu'ainsi s'ils sont
predestinez d'en mourir, quelque

part qu'ils aillent, quand ils se mettroient mesme sous les eaux de la mer, il les iroit trouver.

Neantmoins quoy qu'ils ayent cette croyance, plusieurs qui n'y ajoûtent pas de foy, se sont retirez aux froides montagnes les années 1678. 1679. & 1680. & le Roy le premier afin de l'éviter. Le nombre des morts pendant ces années-là dans les Villes paroist presque incroyable, & j'ay crû devoir le marquer icy pour faire connoistre combien elles sont peuplées d'habitans. On fait compte qu'à Toutouan, où ce mal a duré deux ans, il mourut 25000. personnes, à Alcassar & Arzille 32000. à Miquenez en trois ans 31000. à Fez-Bellé en pareil temps 70000. à Fez-Gedide 15000. à Salé en deux ans 18000. à Azamor 8000. à Maroc en deux ans 40000. à Tarudant 25000. Saphy, Valadil, & Theza sont presque demeurées desertes, & à Tafilet dans la Ville & dans les Châteaux 70000. Ces nombres furent envoyez au Roy, certifiez des Cadiz des Villes, l'année derniere, pour obtenir de la diminution des garammes, qu'il leur demandoit comme à l'ordinaire: A quoy il eût quelque égard; mais il y a bien de l'apparence que les habitans des Villes avoient grossi le nombre pour obliger plûtoft le Roy à leur accorder ce qu'ils luy demandoient. Je ne compte point tous ceux qui font morts dans les campagnes, lesquelles en font demeurées depeuplées, tant ce mal a esté épouvantable, & montre visiblement avoir esté un triste chaftiment des crimes abominables qu'ils commettent.

DES RENEGATS.

Lorsqu'un Chreſtien a témoigné vouloir renoncer à la divine Loy du Chriſtianiſme, pour embraſſer celle de l'Alcoran, ils le font entrer d'abord dans une Moſquée, d'où il ne peut ſortir ſans renier, ou ſans perdre la vie ; ce qu'ils font, afin que le remords qu'il pourroit avoir, y eſtant entré ſoit ſans reſſource : Enſuite il ſe preſente à ſon Patron, devant lequel il prononce à haute voix ces paroles, *la illa illenla Mahamet Dara ſoulla*, ſans autres ceremonies, dautant que s'il deſire apprendre la Loy, il le pourra faire dans la ſuite, par la frequentation des autres Mahometans.

La pluſpart n'en viennent à cette effroyable extremité que pour ſe délivrer des travaux exceſſifs, & des mauvais traitemens qu'ils reçoivent de leurs maistres, qui les persecutent à cause qu'ils sont Chrestiens, & je sçay à la verité que plusieurs ne se rendent que lorsqu'ils n'ont plus d'esperance de leurs rachapts, croyans par ce moyen avoir plus belle occasion de fuir en quelque terre Chrétienne; mais s'ils sont repris en fuyant, ils sont condamnez d'estre brûlez irrémissiblement.

Les esclaves du Roy & des Grands du Royaume, qui apostasient & qui renient la foy, sont promenez à cheval comme en triomphe au son des tambours & des trompettes par la Ville, portans dans leur main droite une petite baguette, le bout vers le Ciel, pour signifier qu'ils ne connoissent & n'adorent qu'un seul Dieu sans trinité de personnes. Delà à quelques jours ils sont circoncis sans aucune ceremonie:

Les uns & les autres ne demeusent pas moins esclaves qu'ils estoient auparavant, mais il est vray qu'ils ne sont pas sujets à tant de travaux corporels. Le Roy en fait ses Gardes des portes de son Palais, lorsqu'il y séjourne; & lorsqu'il est à la guerre, ce sont eux qui marchent toûjours à la teste des troupes, & il les met en pieces s'ils témoignent avoir la moindre volonté de reculer, la moindre faute leur estant aussi cherement venduë qu'aux Maures naturels.

DES NOIRS.

Quoy que les Noirs soient ceux qui sont les plus proches de la personne Royale, & qu'ils luy servent de Gardes, ils n'en sont que plus miserables; & bien qu'ils aillent vêtus de fines étoffes & de draps de soye, pour la moindre faute qu'ils commettent, le Roy les met en pieces,

Les travaux & les ateliers en sont remplis, & on les y voit chargez de fers & de blessures. Il les tient si bas que lorsqu'il les veut frapper du cimeterre, il ne se donne pas la peine d'aller vers eux ; il ne fait que les appeller, & ils viennent devant luy presenter le col pour recevoir les coups, & la mort mesme, telle qu'il voudra leur donner.

La garde ordinaire du Roy & qui va toûjours à sa suite, est de petits Noirs de douze à quinze ans, dont les meres servent dans le Serrail, & qui montent à cheval toutes les fois qu'il va à la promenade, ne voulant pas confier la garde de sa personne à de plus âgez, de crainte qu'ils ne luy joüassent quelque mauvais tour, pour les chastimens dont il use envers ceux-là : il se sert seulement de leurs Officiers pour le servir à table, & executer ses ordres, croyant
ces

ces jeunes enfans incapables d'entreprendre rien contre sa personne, quoy qu'il ne les traite pas mieux que les autres. Ceux qui servent de garnison dans les Châteaux sont un peu mieux, à cause qu'ils sont hors la veuë de leur maistre; & comme ils sont esclaves du Roy, il ne leur donne que la nourriture & les vêtemens.

Il en a toûjours dans son armée, tant de pied que de cheval, environ huit mille, qui sont ses meilleurs soldats, & qui combattent toûjours proche de sa personne avec des armes à feu; ceux qui rendent de meilleurs combats obtiennent les principales charges de l'armée, ou le gouvernement de quelque place. Ces Noirs sont si superbes, à cause de la confiance que le Roy a en leurs personnes, que tous les Maures tremblent devant eux, & les respectent comme des Seigneurs.

DES JUIFS.

LEs Juifs sont en grand nombre dans la Barbarie, & n'y sont pas plus estimez qu'ailleurs, au contraire s'il y a quelques immondices à jetter dehors, ils y sont les premiers employez. Ils sont obligez de travailler de leurs métiers pour le Roy, lorsqu'ils y sont appellez, pour leur nourriture seulement, & sujets à souffrir les coups & les injures de tout le monde, sans oser dire une parole à un enfant de six ans, qui leur jettera quelques pierres. S'ils passent devant une Mosquée en quelque temps & saison que ce soit, il leur faut oster leurs souliers, n'osans mesmes dans les Villes Royales comme dans Fez & dans Maroc, en porter sur peine de cinq cens coups de baston, & d'estre mis en prison, d'où ils ne sortent qu'en

payant une grosse amande.
Ils vont vêtus à la mode Arabesque, mais leurs manteaux & bonnets sont noirs, pour estre distinguez. Dans Fez & dans Maroc ils sont separez des habitans, ayans leurs quartiers à part, ceints de murs, dont les portes sont gardées par des gens établis par le Roy, afin qu'ils puissent faire leur commerce en paix, & sanctifier leur Sabat, & leurs autres festes. Dans les autres Villes ils sont mélez avec les Maures. Ils ne font autre trafic que la marchandise, & leurs métiers. Il y en a plusieurs fort riches, qui ne le portent pas plus haut que les moindres. Ils ont correspondance en Europe avec les Juifs qui y habitent, & qui leur envoyent par le consentement des Consuls des armes & des munitions.

Ils ont dans chacune des Villes un Checq & principal qu'ils éli-

sent, où que le Roy leur donne
d'entr'eux ; ce Checq est celuy qui
leve les garammes sur chacune
maison, pour les payer au Roy. Ils
vont rarement seuls en campagne, parce que les Arabes & les
Barbares les égorgent la pluspart.
Il n'y a presque jamais de justice
pour eux dans ces païs-là. S'ils
parlent trop devant un Gouverneur pour défendre leurs droits,
(car en Barbarie on ne se sert ny
d'Avocats ny de Procureurs, chacun y plaide sa cause) il leur fait
donner des soufflets par ses Gardes. S'il a entorrelit quelques-uns
des leurs, les enfans les accablent
de coups, leurs crachent au visage,
& leurs disent mille maledictions.
Au reste ils ont une admirable
charité envers leurs pauvres pour
ne les point laisser mandier, leur
Checq les taxant chacun suivant
leurs moyens pour subvenir à leurs
necessitez. Voila en peu de mots

les misères que souffre ce peuple, autrefois si chery de Dieu, & qui est aujourd'huy le joüet & le rebut de toutes les Nations, suivant les paroles du 26. chapitre du Levitique.

DESCRIPTION DU ROYAUME DE FEZ.

CE Royaume estoit anciennement connu sous le nom de Mauritanie, ce qui fait que ses habitans, quoy que de diverses Nations, sont encore aujourd'huy appellez Maures. C'est un païs assez temperé, excepté dans les mois de Juin, de Juillet & d'Aoust, que les chaleurs y sont excessives. Il est fertile & abondant en toutes sortes de grains & d'herbages, ce qui est cause qu'on y nourrit quantité de bestiaux domestiques. Ses plaines, qui s'étendent le long de la mer, depuis Taguedart jusques

S iij

à Azamor, ne font habitées que d'Arabes, qui vivent fous des tentes. Ils demeurent en Efté fur le bord des rivieres & dans les lieux marécageux; & dans le temps des pluyes, qui tombent en Hyver avec abondance, ils fe retirent aux lieux les plus élevez, pour n'eftre point incommodez des eaux, d'où vient que ceux qui voyagent font obligez le plus fouvent de coucher à la belle étoile & à l'injure du temps, pour ne pouvoir rencontrer de gifte, & de porter avec eux des vivres, autrement il s'en faudroit paffer, à moins qu'on ne voulut fe détourner de deux ou trois lieuës du chemin pour trouver quelque Adoüar, où à grande peine en pourroit-on avoir.

Ces miferables, qui ne cultivent fimplement la terre que pour ce qu'il leur en faut pour vivre, & pour payer les droits du Roy, fe paffent d'un peu de farine boüillie dans de l'eau, & du lait, ou d'un peu d'orge roſtie dans une poiſle, ou bien de quelque galette qu'ils font cuire dans une terrine avec de la fiante de vache ſeche, dequoy ils ſe ſervent au feu au lieu de bois, qui eſt rare en beaucoup d'endroits.

Lorſqu'ils ſe regalent, ils mangent du couſcouſſou, dont j'ay parlé au manger du Roy, où ils mettent des chardons boüillis dans du lait, des mauves, du fénoüil ſauvage, avec quelque petit morceau de viande ſechée au Soleil, & cela à leurs Paſques, ou lorſqu'ils font des nopces. Il y en a qui ſement le bled avant que de labourer la terre & la fumer, pour n'avoir point tant de travail, & neantmoins il y vient en quantité; car comme ils ſement toûjours ſur des terres nouvelles, la bonté du terroir, & la quantité d'eau qui tombe l'Hyver & le Printemps, le fait venir malgré qu'il en ait.

Ils n'habitent pas toûjours dans un mefme endroit, lorfqu'ils font las de demeurer dans un lieu, ils vont dans un autre, où ils trouvent toûjours du terrain dequoy femer leurs grains ; car la terre ne travaille pas la dixiéme partie de ce qu'elle fait en Europe.

Il y a auffi des païs montagneux qui s'étendent depuis la riviere de Taguedart, qui eft entre Arzille & le Cap Sparcel, jufques aux frontieres de Tremefen. Ces montagnes font habitées d'Arabes de puis Taguedart jufques à Jebel Zebibe, & Benzeroël, & Toutoüan, & depuis Toutoüan tirant droit à Fez & à Meluya ; & de Meluya jufques à Melille, ce font des Barbares qui y ont fait des villages, & conftruit des Chafteaux pour fe défendre des injures du temps & de leurs ennemis.

Outre des fruits, ils ont quantité de ruches à miel, qui leur donnent beaucoup de cire, qu'ils vendent aux Chrestiens sur les ports de mer.

Il y a quelques mines de fer, mais ils ne le sçavent pas rafiner, & ils ne s'en servent que pour faire des clous & autres ferremens grossiers. Leur langage est tout different de celuy des Arabes, comme j'ay déja dit cy-devant. Les Provinces de ce Royaume sont huit, à sçavoir Alcalaya ou Alcaladia, Riffe, Jebel-Zebibe, Benzeroel, & Chechouan, Algarbes, montagnes de Serhon, de Zaonias, de Melaya, Asciz & Temesena.

PROVINCE D'ALCALADIA.

Dans la Province d'Alcaladia est la Ville de Quiviane, & le Chasteau du Dar-Michal, avec la forteresse de Melille, située sur l'embouchure du fleuve de Me-

luya. Elle eſt defenduë par les Eſpagnols; elle a quantité de hautes montagnes, mais auſſi ſes plaines ſont bien fertiles en toutes ſortes de grains. Cette Province eſt
celle qui eſt la plus voiſine du
Royaume de Tremeſen, & qui en
eſt ſeparée par le fleuve de Meluya.

PROVINCE DU RIFFE.

RIffe eſt une Province toute
montagneuſe, il y a quantité
de Chaſteaux, les principaux deſ-
quels ſont Neucour, Boutoya, Ta-
farſis & Bellez, avec la Ville &
Chaſteau de Theza. Les Forteref-
ſes des Algouzemes & du Pignon
ſur la coſte ſont tenuës par les Eſpagnols. Cette Province eſt abondante en fruits, & ſur tout en oli-
ves & en cire.

PROVINCE D'ALGARBE.

ALgarbe est une belle & grande Province, bien fertile en grains & en bestiaux, pour y avoir tres-peu de montagnes, & pour estre arrosée de quantité de rivieres & de ruisseaux, ses Villes sont Alcassar, Arzille Toutoüan & Salé.

La Ville d'Alcassar est bastie sur la riviere de Loucous au Nord-est d'icelle. Il y a quantité de jardins sur les bords de cette riviere, qui les submerge tous, de mesme que la Ville, lorsqu'elle deborde au temps des pluyes. Cette place n'a que de vieux murs sans aucune forteresse, & n'est qu'à cinq lieuës de la mer.

Touotüan est bastie sur la pante d'une montagne en forme d'une croix de saint André, & sur des rochers avec un petit Chasteau au dessus du costé du Nord-oüest. Elle est éloignée de la mer de deux petites lieuës ; il y a une moyenne riviere qui passe au dessous, où les habitans arment quelques brigantins & galiottes, avec lesquels ils vont en course sur les Chrestiens. Cette riviere passe au milieu d'une belle plaine, qui peut avoir quatre ou cinq lieuës de circuit, & est environnée de hautes montagnes. Il y a en cette plaine quantité de vignes & de jardins, & des terres ensemencées.

La Ville d'Arzille est sur le bord de la mer : Cette Ville est peu de chose, elle a appartenu long-temps aux Portugais, mais les Espagnols l'abandonnerent au temps qu'ils estoient maistres du Portugal, il n'y a qu'un petit port pour retirer les barques des pescheurs.

SALE'.

LA Ville de Salé où Sóla est
bastie sur la riviere de Gue-
rou, qui descend des montagnes
des Zaoüias, & passe au milieu des
deux Villes. Celle qui est du costé
du Sud a deux Chasteaux, presque
sur le bord de la mer, au haut d'une
petite montagne. Le vieil est directement sur le bord de la riviére,
& le neuf, qui fut basty par Mouley Archy, en est fort peu éloigné,
& ils ont communication par une
grande muraille qui est entre-
deux. Il peut y avoir dans les deux
trente pieces d'artillerie assez mal
en ordre. Il y a un fortin au dessous du vieil Chasteau sur l'embouchure de la riviere, il est garny
de cinq pieces de canon (trois de
fer & deux de bronze de douze &
quinze livres de balle) pour faciliter la retraite des Corsaires, lors-

qu'ils font poursuivis des Chrétiens.

Les murs de cette Ville, qu'on appelle Raval de Salé, sont de grande étenduë & fort anciens, bastis de chaux & de sable rouge à la mode du païs; il y en a quelques cent toises de tombez vers la marine, & l'on pourroit semer dans leur enceinte dequoy nourrir deux mille personnes.

Elle a au Sud-est une belle & haute tour, semblable à celle de la Cathedrale de Seville en Espagne, & de la grande Gemme de Maroc, on l'appelle Hazans: C'est au pied de cette tour qu'ils fabriquent leurs vaisseaux, & les font hyverner. La mesme tour sert aussi de phar pour donner connoissance de la terre à ceux qui navigent; on court sur le haut à cheval aussi aisément que si c'étoit sur une montagne. Il y a autour de cette Ville quantité de vignes & de jardins, & c'est la principale retraite des Corsaires de ce Royaume.

Il y a aussi sur les costes de cette Province quatre Forteresses, trois desquelles sont encore aujourjourd'huy possedées par les Chrétiens; la premiere est Ceüta, qui n'est qu'à sept lieuës de Toutoüan, à l'embouchure du détroit de Gibraltar, & est gardée par les Espagnols; la seconde Tanger, qui est aux Anglois, n'en est qu'à quatorze; & la troisiéme Larache, qui est bastie sur l'embouchure de la riviere de Loucous, à cinq lieuës d'Alcassar, dans laquelle descend au Nord-est celle de Melay, où le Roy Dom Sebastien de Portugal fut mis en déroute. Il y a une belle forest proche de cette Place, qui est aussi défenduë par les Espagnols. La riviere de Taguedart où se retirent les Corsaires d'Alcassar, est entre Arzille & Tanger. Mamora est aussi sur l'embouchure du fleuve de Sebou, elle a esté tenuë par les Espagnols l'espace de soixante & six ans, mais ils l'ont renduë cette année pour ne l'avoir pas voulu défendre. Ce fleuve est le plus beau de tous ceux de ces Royaumes, il a sur ses bords au dessous de la Place, une grande forest qui peut fournir aux Maures dequoy faire autant de vaisseaux qu'ils desireront. Toutes les Places possedées par les Chrestiens sur les côtes d'Afrique, fournissent plus de Captifs & de renegats au Roy de Fez, que ne font les Corsaires, à cause des mauvais traitemens que les Gouverneurs font aux soldats qui y viennent exilez, & du peu de nourriture qu'il leur donnent.

AMFA.

LA ville d'Amfa ou d'Anafé, est située dans la Province de Temesena, sur le bord de la mer, & est devenuë deserte pour la grande quantité de fourmis qui en ont chassé les habitans. Ses murs & ses maisons sont encore en bon estat, mais ils ne servent que de repaire aux lions & aux autres bestes feroces, qui sont en quantité dans la forest de Bouger, laquelle n'en est guere éloignée. Cette Province est aussi fertile & peuplée d'Arabes comme les Algarbes.

PROVINCE DE SERHON.

SErhon est une Province toute de montagnes fertiles en bleds & en huiles, & en toutes sortes de fruits. Il n'y a aucune

Ville, mais seulement des villages de costé & d'autre, de mesme que dans les Provinces de Jebel-Zebibe, de Benzeroël & de Chechoüan. Elle n'a rien de considerable, outre les choses cy-dessus, que plusieurs grandes montagnes de rochers de sel. Elles se couvrent de neige en Hyver sur les sommets les plus élevez. Quand cette neige se fond en Esté sur les rochers, elle se congele au pied, & se transforme en sel blanc, & chacun en va prendre, sans qu'il luy en coûte rien.

LA PROVINCE D'ASCIZ.

ASciz est une belle Province ceinte des montagnes de Serhon au Nord & Nord-oüest; à l'Est de celles de Theza & du Riffe; au Sud-est & au Sud de celles de Meluya & des Zaoüias. Elle est tres-fertile en toutes choses, & a quantité de rivieres qui la baignent, & qui passent prés des deux villes de Fez & de Miquenez.

DESCRIPTION DE LA VILLE DE FEZ-BELLE'.

FEz vieille, vulgairement appellée Fez-Belé, est la Ville capitale du Royaume, & fut fondée par Mouley Drice, le premier Roy Arabe, qui commanda dans le pays. Il y est reputé pour Saint, pour avoir forcé plusieurs Juifs, dont il la peupla dans sa naissance, d'embrasser l'Alcoran: Ses descendans y demeurent toujours, & dans leur ruë aucun Chrestien ny Juif n'a pouvoir d'y passer. Son tombeau est dans les montagnes de Serhon, où se refugient toutes sortes de personnes qui fuyent la colere du Roy, & les poursuites de la Justice: Sa maison a aussi le même privilege.

Ce Mouley Drice bâtit cette Ville sur la pante de deux montagnes, à cause d'une riviere qui passoit entre-deux : Elle est raisonnablement grande. Son plan n'est ny rond, ny quarré, dautant qu'au Nord-oüest & au Sud-est, les murs s'estendent un peu en long; mais au Nord-est & Sud-oüest, ils sont en forme quarrée. Elle n'a point de faux-bourgs, ny n'en a jamais eu, comme quelques-uns le veulent faire croire; elle n'a jamais esté plus riche ny plus magnifique que je la décris; je parle des choses que j'ay veuës, comme elles sont, & non par rapport, comme ont fait ces Messieurs.

Cette Ville est grandement riche, dautant que c'est où se fait tout le trafic du pays, & c'est elle qui fournit Tafilet, & les autres Provinces éloignées, de tout ce qu'elles ont de besoin. Son circuit sera de quatre lieuës ou environ; mais il y a quantité de jardins dans l'enceinte de ses murs : Elle a de tres-belles maisons élevées, couvertes en terrasses ; & quoy-qu'elles ne paroissent rien par le dehors, elles sont fort propres au dedans. Les ruës y sont fort étroites, & ont quantité de portes avec lesquelles elles se ferment de nuit, afin que personne ne puisse aller d'un quartier à l'autre. Les jardins s'estendent au dehors plus d'une grande lieuë ; ils donnent en abondance des fruits & des legumes.

Elle est gardée par deux Châteaux, qui sont sans artillerie. L'un est fort ancien, & ses murs du costé du Sud-oüest sont la pluspart démolis ; & l'autre neuf, est au Oüest Nord-oüest de la Ville, & fut construit par Mouley Archy pour y loger ses Alcaydes, à qui Mouley Seméin l'ôta du commancement de son regne, pour y mettre une garnison de Noirs.

Il y a aussi deux bastions aux deux costez de la Ville, où la muraille s'avance en long. Ils sont un peu élevez sur des colines, & bâtis en pointe de diamans. Il y a deux canons de fer dans chacun.

Une riviere qui descend de Fez-Gedide, passe au milieu de la Ville, où elle se divise en six branches, & si à propos, qu'elle fournit de l'eau dans toutes les maisons de la Ville, chacune ayant trois à quatre fontaines. Cette riviere ainsi divisée fait moudre trois cens soixante & six moulins, & donne de l'eau à autant de bains.

Il y a aussi trois cens soixante & six fours, pour la commodité des bourgeois ; Et comme ils cuisent leur pain tous les jours, les fours sont toûjours occupez jusques à quatre heures du soir & plus.

Il y a quatre Gemmes ou Mosquées principales, & plus de cinq cens autres inferieures. La premiere appellée Caroüyn, est où reside le Cady, Pontife de leur loy. Elle est de grand circuit, & contient trois cens soixante & six piliers de brique bâtis en arcades de la hauteur de dix à douze pieds. Une grande court est au milieu, où sont douze grandes coquilles de jaspe qui jettet de l'eau pour laver & pour purifier tous ceux qui y vont faire la *Sala*. Le pavé est de quarreaux de toutes sortes de couleurs industrieusement travaillez. Il y a des fontaines au dehors pour donner à boire à ceux qui passent par les ruës; & une infinité de lampes au dedans, qu'on allume la nuit, à l'heure des prieres qui s'y font d'ordinaire : Tous les piliers à la hauteur d'un homme sont entourez de nattes de jongs, peintes de toutes sortes de couleurs, qui divertissent agreablement la veuë; & sur les quarreaux ils en mettent de plus grossieres, sur lesquelles ils s'asseyent.

Cette Mosquée se ferme avec trente grandes portes couvertes de lames de cuivre, & auprés sont quelques Colleges où vont étudier ceux qui desirent d'estre Talbes dans les autres Villes & Provinces du Royaume. Le plus magnifique de tous, est celuy que Mouley Archy a bâty de son temps. Dans ces Colleges on n'étudie que la langue Arabesque la plus pure, c'est à dire, celle en laquelle l'Alcoran a esté écrit, qui differe en beaucoup de choses de celle que parle le vulgaire; & il n'y a que les Talbes, & ceux qui l'ont étudiée, qui la peuvent expliquer. On n'y apprend pas le Latin, ny la Philosophie, comme quelques Autheurs ont voulu faire accroire dans leurs écrits.

Colleges établis à Fez, & leur usage.

Il y a aussi quelques petits Hôpitaux pour les malades étrangers & pour les incurables, lesquels sont entretenus des charitez des plus devots, qui leur font des legs en mourant. On y reçoit les incurables, & les étrangers infirmes, & l'on y donne ce qu'il faut pour enterrer ceux qui n'ont pas dequoy. Les Mosquées ont de grands revenus, car toutes les boutiques leur appartiennent, ainsi que plusieurs jardins. Les Notaires publics tiennent leurs études devant les portes de cette Gemme, qui est placée au cœur de la Ville pour la commodité des Marchands & des artisans, lesquels tiennent presque tous leurs boutiques en ce quartier là, & non aux lieux où ils demeurent, comme en Europe.

Cette Ville a sept portes principales, & le fleuve de Sebou qui passe au Nord-est descend des montagnes de Theza, & reçoit dans son lit, au dessous de la Ville, la riviere d'Oüarga, qui vient de Fazeze, & celle d'Enques qui sort de Serhon. Elle a du costé du Nord une montagne extremement longue & haute, au pied de laquelle il y a quantité d'oliviers, de mesme que du costé du Sud-est; ce qui y rend l'huille à fort bas prix.

Ses habitans sont sujets à la rebellion, & ont souvent resisté aux Roys, & de trente-quatre contre qui ils avoient pris les armes, Mouley Seméin a esté le seul qui les ait tout à fait mis à la raison dans le temps que j'y estois.

LA VILLE DE FEZ-GEDIDE.

LA ville de Fez-Gedide, qui est directement au dessus de Fez-Bellé, luy sert de Citadelle. Elle fut bâtie par Ben-y-mariny il y a environ cinq cens ans, au temps

qu'il tenoit le siege devant l'autre
ez. Elle est enceinte d'un double
mur de dix empans de large, flanqué de bonnes tours, de bastions
& de demies lunes en plusieurs endroits au dehors. Mouley Archy
fit bâtir un Palais & un Serrail,
& redifia les anciens qui comman-
çoient à tomber en ruïne: Ce Palais est au milieu de la Ville, devant la principale entrée duquel
il y a une grande place, où l'on
range les chevaux des Seigneurs
qui viennent à la Cour. Trois cens
Noirs de Guinée gardent cette
Place, dont le Capitaine a le soin
de fermer & d'ouvrir les portes du
Palais & de la Ville, & d'y remplir
les Corps de garde. A main droite
est la grande Mosquée dans laquelle on entre par une grande
porte qui est au plus haut bout, &
droit à la face l'on voit deux autres portes, dont l'une est fort an-
tienne, & l'autre toute neuve,

T ij

par l'ancienne on entre au Palais, & par la neuve au Château & aux écuries que Mouley Seméin a fait faire.

A cette premiere porte on passe sous une chaîne de fer, pour entrer dans une petite ruë assez étroite, qui conduit dans la premiere court. Là se tiennent les valets & les esclaves des Seigneurs qui sont dans la seconde, aux deux bouts de laquelle il y a deux grandes salles de soixante pieds de long, & de trente de large, couvertes de thuilles vernies : les lambris industrieusement travaillez d'ouvrages de menuiserie à la Mosaïque, faits en forme de voûtes, sont peints & dorez ; au dessous desquels de la hauteur de deux pieds on void des ouvrages de plâtre en sculpture qui representent toutes sortes de fleurs qui sont delicatemēt travaillés. Elles sont pavées de petits quarreaux de toutes

du Royaume de Maroc. 435
couleurs, & même autour des
murailles il y en a jusques à la hauteur d'un homme d'un travail extraordinaire & beau, pour estre
tout de petites pieces rapportées
& taillées au marteau, qui representent toutes sortes de roses & de
fleurs. A droit & à gauche sont
des galleries couvertes en plat-
fonds, dont les poutres & soliveaux peints & dorez sont soutenus de hauts pilliers. Elles sont pavées & travaillées en sculpture de
même que les salles, avec quantité de balustres, & deux coquilles
de jaspe, & un grand bassin quarré
de marbre au milieu, qui fournissent de l'eau en abondance, quatre orangers sont aux quatre coins.
A gauche de cette court est une
petite Mosquée où le Roy va faire
ses prieres de nuit, & quand bon
luy semble.

L'on passe aprés sous une grande allée fort obscure (dautant que
T iij

les Maures ont pour coûtume de ne faire aucunes fenestres à leurs logis) recevant le jour par la porte qu'ils tiennent à cet effet fort large, & fort haute. Puis l'on entre dans le dernier Palais, où l'on rencontre un long Vivier avec quantité d'orangers sur les bords d'un costé & d'autre ; aux deux bouts il y a deux salles, l'une desquelles est faite en quarré. Ses lambris sont soutenus de douze colomnes de marbre blanc. Au milieu est une coquille aussi de marbre qui jette quantité d'eau. Ces salles sont peintes, dorées, & d'ouvrages de sculpture comme les precedentes. Elles ont en face des galleries, dont les poutres & les soliveaux ornez aussi de divers ouvrages de sculpture peints & dorez, sont portez par douze autres colomnes de marbre, sur lesquelles posent six arcades de bois aussi industrieusement assemblées

& travaillez, que dans tous les lieux cy-devant declarez. C'est en ce lieu que le Roy prenoit ordinairement son repas, qu'il donnoit audiance à ceux qui avoient à parler à luy, & qu'il faisoit ses massacres lors qu'il demeuroit à Fez.

A droit & à gauche du Vivier sont les Ecuries du Roy, & ses magazins d'armes & de meubles, & l'entrée du Serrail est à main droite, qui n'est qu'une allée couverte de soliveaux peints.

Le Serrail n'est composé que de deux grandes salles peintes & pavées, comme les precedentes, avec quantité de colomnes de marbre blanc de diverses grosseurs, qui soûtiennent aussi des arcades, lesquelles font le tour de la court, comme celles qui sont au Palais. Au milieu boüillonne une fontaine de marbre à quatre degrez, travaillez en forme d'étoille. Au bout en entrant à main gau-

T iiij

che est une tour d'une admirable hauteur, couverte de thuille vernies comme toutes les salles, sur laquelle sont trois pommes de cuivre doré d'une grosseur extraordinaire; c'est cette tour qui trembla avant la mort de Mouley Archy; au bas sont les beins & les lieux communs du Serrail. Il y a au dehors un parterre de fleurs & de fruits, ou ceux de dedans ne peuvent avoir de communication. Avant que d'entrer dans ce Serrail, on trouve un appartement haut élevé. Les murailles & les lambris de ses quatre chambres ne sont couvertes que de lames & de feüilles d'or; il fut fait avec tant de diligence, qu'il s'acheva en un mois: Ce qui fit que Mouley Archy recompensa largement les Maistres qui y travaillerent. Il y logea une renegate Espagnole qu'il aimoit sur toutes ses femmes.

Le Jardin du Roy eſt entre les murailles où ſont les fruits & les legumes pour l'entretien du Serrail, au milieu duquel s'eſtend un long berceau fait d'ouvrage de charpenterie, couvert de treille, qui rapporte des raiſins noirs, dont les grains ſont gros comme des prunes, & d'une ſaveur tres-exquiſe.

Hors la Ville, dans un lieu appellé le Commice, eſt un Château que Mouley Archy avoit commancé, & qui eſt demeuré imparfait, pour le prejudice qu'il apporteroit, ſi ceux qui auroient eſté dedans s'y fuſſent ſoulevez, à cauſe qu'il eſt ſur un lieu eminent & commande à la Ville, qui eſt dans une plaine. Il y a une longue & haute muraille qui tire droit depuis la porte appellée des lyons, juſques prés de ce Château qui ſert de lieu patibulaire, où l'on empale & expoſe les corps de ceux que le Roy & la Justice condamnent à la mort.

MIQUENEZ
SÉJOUR DU ROY.

LA ville de Miquenez est à l'Oüest de Fez-Gedide, dans la même plaine, distante de douze lieuës, & de trois des hautes montagnes de Serhon. Son terroir est fertile en bleds, en bestiaux, en oliviers, & en jardinages. L'air y est fort temperé & beaucoup plus sain qu'à Fez, ce qui a porté Mouley Semein, qui regne aujourd'huy, à y faire construire un Château au Sud-est de la Ville, dont j'ay aidé à parachever les murs, ainsi que le Palais & trois Serrails, où il entretient la plûpart de ses femmes, tant Reynes que concubines.

Quoy qu'ils soient de la même fabrique que ceux de Fez, les ou

vrages en sont bien plus beaux &
plus delicats. Ils paroissent de
loing à la campagne quelque chose de galand, pour la quantité de
tours couvertes de thuilles vernies, qui en rendent la veuë agreable. La riviere de Boüamaire y
passe au Nord-est au pied des murailles, & se va perdre dans un
lac hors les montagnes de Serhon. Les murs du Château du côté de la riviere ont trente empans de large.

Il y a trois murailles de ce côté, la
premiere est de six empans. Elle a
des creneaux, & est flanqué de
tours ; la seconde à trente empans
de fondement, & quinze depuis
rez de chaussée jusqu'au milieu,
d'où en montant en forme de talus
il va toujours en diminuät jusque
à ce qu'il ne reste plus que de dix.
Sur les bords des deux côtez sont
deux petits murs chacun de trois
empans de large, & a plus de la

hauteur d'un homme, entre lesquels, sans estre vûs d'un costé ny d'autre, se promenent tout autour, ceux de la garnison qui ont leurs familles dans les tours qui y tiennent, ils ont aussi des creneaux. Les premieres murailles des Serrails sont fort élevées de ce côté-là pardessus les autres. Elles sont épaisses de huit empans jusques en haut, sur lesquelles il y a aussi des creneaux & des meurtrieres où les Eunuques font la sentinelle la nuit, de crainte de quelque surprise. Quant aux trois autres quartiers de muraille, ils ne sont que de dix empans, & sont toutes faites de terre, de sable rouge, & de chaux pilées à leur mode, par un travail extraordinairemēt rude pour les Chrétiens qui y sont employez depuis l'année 1674. qu'il a esté commencé.

Ce Château, qui est plus long que large, & plus étroit d'un bout

du Royaume de Maroc. 445
que de l'autre, a trois portes, l'une du côté de la riviere, une autre du côté de la Ville, qui est au Nordoüest, & la principale de toutes est au Sud-est, laquelle a deux tours quarrées qui luy servẽt d'embellissement. Devant cette porte est un cimetiere entouré de mur pour empescher les bestiaux d'y entrer, ce que ne font point les autres. Au bout de ce cimetiere, long de la portée d'un canon, parce qu'on n'y enterre jamais deux personnes dans une mesme fosse, est un moindre Château qui a esté fait pour servir de citadelle à celui-cy, & pour le deffendre en cas d'attaque. Ses murs ne sont que de cinq empans, & peuvent estre facilement minez comme tous les autres. La riviere de Beth, qui est entre Salé & Miquenez, n'en est qu'à six petites lieuës, & va mêler ses eauës avec celles de Boüamaire, dans un même lac.

MONTAGNES DE MELUYA.

Meluya sont de hautes montagnes, qui sont partie de l'Athlas, en prenant leur nom du fleuve qui tire son origine du milieu de ces montagnes, & se rend dans la mer Mediterranée au pied de la Ville de Melille. Il y a quantité de pins & de sapins, que les Barbares transportent aux Villes, pour servir à l'edifice des maisons, & c'est là leur principal revenu. Il faut necessairement passer par ces montagnes pour aller de Fez à Tafilet, & l'on compte cent lieuës de traverse. Il y a quantité de lions, de tygres, de sangliers & des loups dans les forests d'Azerot, Safaren & Benyazega.

Lorsqu'on veut prendre des lions & des tygres, on fait aux descentes des montagnes, ou aux sorties des forests où ils se retirent, une fosse ronde & étroite par le haut & allant toûjours en s'élargissant par le fonds, & une autre fosse en longueur aussi profonde que l'autre, & ayant au fond un trou qui fait la cômunication des deux fosses. Sur le trou de la fosse ronde l'on met une trape sur laquelle on laisse un mouton mort, & dans la fosse longue on descend un coffre fort épais remply de cloux au dessus, & dans le fond duquel il y a un quartier de mouton, & on tient levé une porte qui répond au trou qui est entre les deux fosses ; le lion qui ne sort ordinairement que la nuit pour chercher sa proye, court à la chausse trape pour y devorer le mouton qu'il a senty, & comme il s'y jette avec impetuosité, il tombe avec luy dans la fosse, où quelque temps aprés qu'il a mangé le mouton, la faim l'ayant repris, il entre dans la fosse longue pour y manger le quartier de mouton, lequel y est attaché à une machine à peu prés comme est celle d'une ratiere, le lion tirant la chair en la mangeant remuë la machine, & fait choir derriere luy la porte qui l'enferme dans le coffre, qui estant fort étroit, luy oste la liberté de s'y remuer; les Barbares qui le trouvent pris le matin, l'élevent avec quatre cordes liées à quatre anneaux de fer qui sont aux quatre coings du coffre, le mettent sur un cheval & l'emmenent chez eux: Quelquesfois ces Barbares reconnoissent le Roy de Fez, & d'autres fois non.

MONTAGNES DES ZAQÜIAS.

Zaoüias sont d'autres montagnes qui tiennent directement à celles d'Itata, au pied desquelles est située la Ville du mesme nom, par où passe la riviere de Sero, qui se rend dans le fleuve de Marbea, & tire son origine des mesmes montagnes. Dans ce fleuve qui entre dans la mer à Azamor, se rendent aussi les rivieres d'Oumana, Derna, Loüet de Leibit, & les fleuves de Tadela & de Tasaut. Celuy-cy depuis Loüet de Leibit, ou riviere des Noirs, qui est aussi rapide que le Rhosne, fait la separation du Royaume de Maroc d'avec celuy de Fez. Sur ce fleuve il y a un pont entre Derna & Oumana, avec un Chasteau que Mouley Seméin y a fait faire pour la conservation de ce pont; dautant que les Barbares dans leurs revoltes avoient coûtume de le mettre à bas. Ce païs est le plus miserable de tout le Royaume.

ROYAUME DE MAROC.

LE Royaume de Maroc a esté nommé Empire par plusieurs Autheurs, & son Roy est encore aujourd'huy traité d'Empereur par quelques Princes Chrestiens, qui luy ont écrit des Lettres, & envoyé des Ambassadeurs avec des riches presens pour faire la paix avec luy. Je croy bien que Mouley Jacob Almanzor Miramominin, qui avoit conquis tous les Royaumes depuis la Perse jusques en Guinée, & ajoûté une partie de l'Espagne à ses glorieuses conquestes, & qui fut Fondateur de la Ville de Maroc il y a plus de neuf cens ans, meritoit ce titre, tant pour les vertus heroïques qui éclatoient en luy, que pour la quantité de Royaumes & de Provinces qui estoient sous sa domination, mais à present il est gouverné par un autre qui n'a pas la centiéme partie des terres que celuy-là possedoit.

Ce païs est beaucoup plus chaud que celuy de Fez, à cause qu'il est plus proche du Midy. Il est encore plus fertile en grains & en bestiaux, parce que les terres y sont moins sablonneuses. Il y a peu de montagnes, & son étenduë est plus petite ; la Province de Sus qui en dépendoit s'en estant separée, depuis que les armes à feu s'y sont introduites, & que les montagnes d'Ineta, de Zaimby, de Guilaoa, & d'Origue, qui sont partie de l'Athlas, ont secoüé le joug.

Il n'a que cinq Provinces, qui sont Maroc, Tadola, Duquella, Haha, & quelques montagnes proche de Guilaoa, & celles où demeuroient les Chavanus, lesquelles sont maintenant habitées par des Arabes. Les Villes sont Maroc, Azamor, Saphie & Valadie, qui sont ports de mer, où il ne peut entrer que des barques, & qui n'ont que des vieux Châteaux pour toute défense, excepté Maroc qui est à trente lieuës de la mer. Il y a quantité de Chasteaux dans ce Royaume, où les Arabes se retirent en commun, comme font ailleurs les Barbares. Le fleuve de Goudet est le seul dans tout le païs qui se rend à la mer; les rivieres de Rascleyne, de Louydin, qui passe au Nord-est de la Ville, & celles de Mephis, de Mel, de Laquera & de Mesenes mêlent leurs eaux avec la sienne; Fistella & Tasaüt qui sont en Tadela, entrent dans le fleuve de Marbea.

La Ville de Maroc est beaucoup plus grande que celle de Fez; elle est située dans une belle plaine, qui est toute couverte de hauts palmiers, lesquels rapportent des dattes fort grosses & tres-douces. Son Chasteau, son Palais, les Ser-

rails & les jardins, fur le rapport
de ceux qui les ont veus, font autrement magnifiques que ceux de
Fez & de Miquenez. Auſſi l'on
tient que Mouley Hamet Deibit,
qui les embellit, y employa cinq
cens quintaux d'or, fans l'argent
qu'il poſſedoit, pour mettre ces
ouvrages dans leur derniere per-
fection; & comme il n'avoit pas
d'aſſez excellens maiſtres dans ſon
païs, il en fit venir d'Eſpagne &
de Portugal, à qui il donnoit une
piſtole tous les jours, & leur entretien.

Toutes les murailles des ſalles
& des chambres ſont couvertes
de feüilles d'or, de meſme que les
lambris & les portes dont les
cloux, les gonds, les pentures, les
verroüils & les ferrures font toutes
de vermeil doré. Sur la haute tour
de la grande Gemme, il y a trois
boules d'or extrémement groſſes,
qui ſont percées en beaucoup

d'endroits des balles qu'on leur a tirées. Les ouvrages de petits quarreaux & de plastre y sont si delicats, que l'art ne pouvoit rien inventer de plus beau.

Il y a des salles extrémement longues & larges, dans lesquelles il y a de grands bassins d'eau fort claire, où sont plusieurs poissons que l'on voit se promener au haut du plancher par la reverberation de l'eau qui donne dans de grands miroirs, lesquels sont directement au dessus; & il y a une salle entre autres où tous les signes du Ciel sont representez avec tant d'artifice, que lorsqu'on les regarde l'on croit voir le firmament mesme; d'où vient que les Maures tiennent, que pour ce seul ouvrage, Mouley Hamet dés son vivant fut condamné de demeurer jusques à la fin du monde dans les enfers, ayant voulu imiter Dieu dans le plus bel ouvrage de la creation.

Les jardins qui ont deux lieuës de circuit, y sont entretenus avec une symetrie admirable. Il y a quantité d'allées de quatre & de six rangées d'orangers entremeslez de jasmins, de lauriers, de rosiers, & de cyprés: Au milieu desquelles, car elles sont extrémement larges, il y a de longs viviers remplis de poissons. Dans ces viviers sont plusieurs grottes dans lesquelles les Roys prennent leurs divertissemens, & comme je n'ay jamais esté sur les lieux, je ne puis en faire une plus ample description.

Les Portugais ont une forteresse appellée Masagam sur les costes de ce Royaume, laquelle n'est qu'à deux lieuës d'Azamor. Les Arabes & les Barbares des païs circonvoisins y vont en grandes troupes effacer leurs crimes en combattant contre-eux, & croyent y gagner le Ciel s'ils y meurent, &

meriter beaucoup, s'ils tuent ou blessent quelques Chrestiens; mais les Portugais, qui connoissent leur maniere de combattre, ne font jamais de sortie sur eux, qu'ils n'en tuent plusieurs, ou qu'ils n'en emmenent quelques-uns esclaves, pour leur donner le temps de se purger par une longue penitence. Les Portugais entrent souvent dans leurs païs, où ils envoyent premierement des espions ou écoutes, qui vont de nuit reconnoistre où sont campez leurs Adoüars, & le nombre des personnes qu'il y peut avoir, & sur cela ils prennent leurs mesures. Ils marchent toute une nuit, & les surprennent à la pointe du jour, se rendent maistres de leurs biens & de leurs personnes, qu'ils emmenent avec eux pour le secours de la Place.

Ils sont beaucoup plus redoutez dans ce païs-là que ne sont les Espagnols

du Royaume de Maroc. 457
Espagnols & les Anglois, dans celuy de Fez. Aussi les Rois de Portugal honorent ceux qui deffendent cette Ville, dés titres d'illustres Fidalgues, de deffenseurs de la Foy, & d'un habit de l'Ordre de Christ, en reconnoissance des services qu'ils rendent à la Religion & à leur patrie. Ils sont bien entretenus de tout ce qui leur est necessaire: il y a ordinairement trois cens cavaliers, enfans de la Ville, tous mariez, & qui y ont famille; ce qui les oblige d'estre extremement vigilans pour s'y maintenir. Et lors qu'ils se voyent en peril d'estre tuez ou pris, ils choisissent plûtost le premier party que le dernier. L'infanterie qui sert pour défendre les murailles de la Ville, se change avec les Gouverneurs, qui ont tous soin d'en amener de nouvelle; & ainsi on ne voit point de deserteurs de cette Nation, comme des Espagnols & des An-

V

glois qui sont la pluspart criminels, ou gens mis par force, qui
n'ont nulle esperance d'en sortir
jamais.

ROYAUME DE TAFILET.

Tafilet est un grand Royaume
en Afrique au delà du mont
Athlas, éloigné de six ou sept
vingts lieues de la mer, au Sud est
de la ville de Fez, & qui estoit anciennement connu sous le nom de
Numidie; c'est un païs extremement sablonneux & steril presque
par tout, à cause des chaleurs excessives qui y regnent pendant
toute l'année. Il ne peut produire
de bled, & l'orge qu'on y seme en
petite quantité le long des rivieres, & au temps des pluyes qui
sont rares, ny creist aussi qu'avec
beaucoup de peine. Les Cherifs &
les Alcaydes seuls, qui sont les nobles du païs, en peuvent acheter;

à cause qu'elle est trop chere pour le peuple, qui est extrêmement pauvre & miserable, & qui ne vit que de dattes & de chair de chameau.

L'eau est fort rare aux lieux éloignez des rivieres, & il n'y en a point d'autre que celle de pluye, qui tombe quelquefois en de certains Hyvers avec abondance, & qu'on conserve dans des citernes; si bien que les hommes & les animaux domestiques ne boivent la pluspart du temps que du lait de chameau, qui est un animal qui sert à desalterer les autres, & qui se peut passer deux jours sans boire.

Les Provinces qui dépendent de ce Royaume sont celle de Toüet, qui est du costé du Levant, celle de Dras qui est au midy, & les deserts de Sara, qui contiennent les peuples de Berquela, de Toudega, de Leguetify, de Tesguedout, de Sedrat, de Mougouna, de Secoura, & de Hadet, lesquels habitent chacun prés des rivieres de ce nom, & tirent leur origine des montagnes de l'Atlas, Zaimby & Guilaoa.

Il n'y a que la seule ville de Tafilet dans ce Royaume. Elle est assise sur la riviere qui luy donne son nom, & à tout le reste du païs. Les peuples de cet état sont de trois sortes, & sont composez de Cherifs, d'Arabes & de Barbares. Les premiers sont descendus de l'imposteur Mahomet, & demeurent dans des Châteaux. Les Arabes ont esté amenez dans le païs avec ceux-cy, & Mouley Mehemet, qui estoit leur Prince, par Mouley Almanzor, comme nous avons déja dit, & les Barbares sont des anciens habitans, ce sont des gens secs, hauts, & basanez, qui demeurent dans des villages entre les montagnes, & qui nourissent quelques bestiaux, qu'ils échangent avec les Arabes pour des dattes.

Il y a quantité d'Autruches, qui sont grandes comme des genisses de six mois, & fort grasses: on les prend à la course, & elles ont fort bonnes à manger.

Ce païs abonde en dromadaires, qu'ils nomment Mehery, & qui ressemblent presque en tout aux chameaux, horsmis qu'ils ont le corps & les jambes plus deliez, & deux bosses, l'une moindre que l'autre. Ils sont si legers & vont avec tant de vitesse, qu'ils font quelquesfois en un jour & une nuit le chemin qu'un bon cheval ne pourroit faire qu'en sept ou huit jours. Lors qu'ils naissent ils demeurent plusieurs jours sans remuer, & comme endormis. Pour compter les jours qu'ils font en cet estat, les Barbares leur attachent au col une bource de cuir, où ils mettent chaque jour une petite pierre, & ils asseurent, pour l'avoir experimenté, qu'ils pourront faire en vingt-quatre heures autant de chemin, qu'un cheval est capable d'en faire pendant autant de jours qu'ils ont esté sans sortir de leur assoupissement. Plusieurs Chrestiens dignes de foy ont veu un homme à Fez, qui estant party de Maroc au lever du Soleil, avoit esté à Tafilet, où il avoit porté quelques dépesches, & le lendemain à cinq heures du soir il estoit arrivé à Fez, ayant fait pour le moins deux cens lieuës en deux jours, & n'ayant changé que de deux animaux. Le mesme homme ne faisant que d'arriver leur dit, qu'il iroit encore, si ils le vouloient, à Tanger porter leurs lettres, & qu'il leur en rapporteroit des réponses le lendemain à l'ouverture des portes de la Ville, quoy que Tanger soit éloigné de Fez de soixante lieuës.

PRINCIPAUTÉ DE SUS.

LA principauté de Sus, du temps qu'Agader Aguer, ou Sainte Croix estoit aux Portugais, faisoit partie du Royaume de Maroc. Mais depuis que les Espagnols se furent rendus maistres du Portugal, ils abandonnerent cette Place, ainsi que celles de Saphye & d'Arzille. Les Barbares du Païs s'y habituerent, & donnerent le commerce libre à tous les Chrestiens qui voudroient venir trafiquer avec eux, & leur promirent qu'ils leur payeroient au double les armes & les munitions de guerre qu'ils apporteroient à Fez, à Maroc, & ailleurs.

Comme ils ont quantité de mines d'or & de cuivre entre leurs montagnes, & qu'ils en avoient de tout prest & abondament, en peu de temps ils se fortifierent d'armes & de munitions, & refuserent l'obéïssance qu'ils rendoient au Roy de Maroc, voulans estre gouvernez par un Prince choisi d'entr'eux, qui resideroit à Illec, capitale du Païs. Depuis ce temps-là ils se gouvernerent ainsi jusqu'à l'arrivée de Mouley Archy, qui à cause des nombreuses troupes qu'il menoit, & de la trahison de ceux qui deffendoient les passages, les subjugua, & la pluspart furent desarmez. Ils luy obeïrent pendant tout son regne, & les deux premieres années de celuy de Mouley Semein. Mais lors qu'ils reconnurent le naturel avâtre de celuy-cy, & qu'il exigeoit trop souvent d'eux des sommes immenses, ils tuerent ses Gouverneurs, & se donnerent à Mouley Hamet Meherez, auquel ils obeïrent jusqu'à la derniere sortie de Maroc.

Ils furent ensuitte quelque temps sans le reconnoistre, mais les ayans ramenez au devoir, il regne aussi absolument dans ses Estats, que son Onle à Fez & à Maroc. Il n'a que deux Provinces, l'une est Sus, où sont les villes de Tarudant & d'Agader Aguer; & l'autre est Sehel où est la ville d'Illec, qui est grande, riche & bien peuplée d'habitans, lesquels trafiquent ordinairement au païs des Noirs, d'où ils apportent quantité d'or & de Marfil. Ces Provinces sont separées du Royaume de Maroc par des montagnes tres-hautes, & presque inaccessibles; & de la Province de Dras, quelles ont au Sud-est, par d'autres montagnes qui ne sont pas moindres, Il n'y a que deux rivieres, dont l'une s'appelle Sus, & l'autre Mafa. Sainte Croix & Aguilou sont les lieux où les vaisseaux viennent negocier. De vastes deserts sont entre ce païs-là & le Royaume de Sudan, qui est au sud, & la mer qui

V v

le borne au oüeft & au ſud oüeſt. Ce terroir eſt beaucoup montagneux, & tres-fertille en mines, en grains, & en fruits. Il y a quantité de Châteaux & de Villages où les Barbares ſont fortifiez. Ils y ont chacun deux ou trois armes, pour changer, en quoy ils fondent leurs richeſſes. Les Suſis ſont plus adroits aux armes, & plus guerriers que tous les autres Barbares. Ils ont tout ce qui leur eſt neceſſaire pour vivre, excepté la laine qui leur eſt apportée de beaucoup d'endroits par les Chreſtiens, leſquels trafiquent avec eux.

J'aurois enrichy cette Hiſtoire de celle des perſecutions que les Eſclaves Chreſtiens ont ſouffertes depuis vingt ans dans ces Royaumes, avec pluſieurs particularitez fort curieuſes. La maniere dont les Captifs ſont vendus, & les travaux ordinaires auſquels on les occupe: & pluſieurs avantures arrivez à quelques-uns d'entr'eux : Et particulierement la conservation miraculeuse de Bernard Bausset, qui pour n'avoir pas voulu renier la Foy Chrestienne, fut exposé à 14. lions affamez pour estre devoré. J'aurois adjouté aussi un petit traité du Commerce, & de la maniere qu'il se fait avec ces peuples dans les principales Villes de la Barbarie, à quoy j'aurois joint les termes principaux de la langue Arabesque dont on se sert communement en ces quartiers-là : Mais comme la matiere s'est insensiblement grossie, & que cela passeroit les bornes d'un juste Volume, j'en feray la seconde partie de cette Histoire, dans un Tome separé qu'on va imprimer au premier jour.

Voilà ce que j'ay remarqué parmy ces Barbares durant le temps que j'ay esté Captif. Les rudes exercices où j'estois employé tous les jours, ne m'ont pas empesché durant la nuit de retrancher quelques heures de mon repos, pour décrire les choses dont je traite dans cette Histoire. Je sçay qu'il y en a d'autres qui ont écrit sur le mesme sujet; mais je puis asseurer avec verité, qu'ils en ont plus dit qu'ils n'en ont appris, n'ayans pas gardé la sincerité à laquelle ils estoient obligez pour meriter la croyance qu'ils desiroient que receussent leurs écrits.

Je ne dis pas les choses avec autant de politesse & d'eloquence que pouroit faire une autre personne, je l'avouë; mais il faut avoüer aussi qu'il est assez rare qu'un homme qui a esté Captif pendant onze ans, ayant esté pris à l'âge de dix-neuf, & qui pendant un si long-temps est demeuré sans lecture d'aucun livre François, toûjours embarassé & occupé à de cruels travaux, capables de

du Royaume de Maroc.

faire oublier jufqu'à fa langue naturelle, s'en foit fouvenu affez pour fe faire entendre; & qu'au lieu de s'abandonner comme les autres à plaindre fon infortune, il ait cherché dans cette occupation l'art de furmonter avec confiance les malheurs que la captivité traifne aprés elle. C'eft ainfi que je l'ay toûjours fupportée avec une entiere refignation aux volontez de Dieu, qui m'en a délivré dans un temps où j'avois perdu toute efperance de recouvrer ma liberté.

FIN.

TABLE

TABLE
DES PRINCIPALES
Matieres par Alphabet.

A

Arrivée de Monsieur le Comte d'Estrée devant Salé. page 98
Arrivée de Frejus faux Ambassadeur de France vers Mouley Archy. 93
Arrivée de Mouley Hamet Meherez à Theza. 134
Arrivée des PP. de la Mercy à Salé. 154
Arrivée de Mouley Seméin à Maroc. 157
Arrivée du Major de Tanger à Fez. 160
Arrivée de Mouley Aran Roy de Tafilet au Camp de Maroc, & pourquoy. 223
Sa detention, & pourquoy. 232
Arrivée de Mahamet Lehache au Zaoüias. 233
Arrivée d'un Envoyé de Portugal. 237
Arrivée de Mouley Seméin à Tafilet. 258
premiere Arrivée de Monsieur de Chateau Regnaud devant Salé. 296
Arrivée de Mouley Seméin sur les frontieres de Tremesen. 299

DES MATIERES.
Arrivée de l'Ambassadeur d'Angleterre
à Miquenez. 322
Seconde Arrivée de Monsieur de Château Regnaud devant Salé. 339
Arrivée de l'Ambassadeur de Maroc à la Cour de France. 341
Ses Harangues au Roy & son retour. 342 & 343

BAtaille gagnée par Mouley Archy contre Haly Soliman. 16
Sa mort. 18
Bataille de Maroc gagnée par Mouley Seméin, d'où s'ensuit la conqueste de ce Royaume. 123 & 124
Bataille d'Alcassar & la mort du Prince Gayland. 142
Bataille de Maroc gagnée par Mouley Hamet. 198
autre gagnée par Mouley Seméin. 200
Bataille des Zaoüias. 242

COnqueste du Riffe. 25
Conqueste des Algarbes. 38
Conqueste de Jebel-zebibe & Benzeroel. 45
Conqueste des Zaoüias. 49
Conqueste de Maroc, & la mort de son Roy. 55

TABLE
Cruautez de Mouley Archy. 76
Conspiration contre Mouley Archy découverte. 85
Cruauté de Mouley Archy envers ses Neveux; & la fuitte de Mouley Laiby en Espagne, où il se fait baptiser. 88
premiere Conspiration contre Mouley Seméin découverte. 129
seconde Conspiration contre luy découverte. 176
troisiéme Conspiration contre luy découverte. 223
Conqueste de Sus par M. Hamet. 245
Conseil tenu sur la paix avec les Anglois. 312
Chien & son instinc à découvrir la matemores. 372

D.

Détention de Mouley Hamet en Zaimby, ses fers & sa liberté. 126
Déroute de l'Alcayde Cherquy par Gayland. 140
Déroute du Bacha Gerary. 169
Dedicasse du Palais de Miquenez. 243
Défaite du Roy à Itata. 264
Défaite des Barbares par l'Alcayé Benjauja. 316
De la Religion des Maures. 547
Des Rois de Fez & de Maroc, & leurs

DES MATIERES.

plaisirs & richesses. 361
Du peuple. 376
De leurs femmes. 384
Des enfans. 389
Des mariages. 394
Des morts. 400
Des Renegats. 405
Des Noirs. 407
Des Juifs. 410
Description du Royaume de Fez depuis 413. jusqu'à 450. 450
Description du Royaume de Maroc, 451. jusqu'à 458
Description du Royaume de Tafilet. id.
Description de Sus. 463

E

EXil de Mouley Hamet. 109
Election ds Mouley Seméin pour Roy de Fez, & de Mouley Aran pour Roy de Tafilet. 112
Election de Mouley Hamet pour Roy de Maroc. 116

F

FUitte de l'Alcayde Mahamet Burhos-Arase, dans le Pignon de Velez. 26
premiere Fuitte de Mouley Hamet Meherez. 103
Sa prise. 105

TABLE.

Fuitte de quatre mille Chavanets. 133
seconde Fuitte de Mouley Hamet. 152
Fondation des Hospitaux de Fez. 208
Fables des Maures sur les conquestes de
   Loüis le Grand. 239

H

Harangue de Mouley Archy. 13

L

Liberté d'Abdalazize Arafe. 34

M

Mouley Mahamet Roy de Tafilet est mis en déroute par Mouley Archy. 19. & 23
Mouley Aran Vice-Roy de Tafilet. 25
Mort d'Abdala de Ringuy Prince de Fez Gedide. 30
Mort de Cid Serere Gouverneur de Fez Bellé. 32
Mort de Crom-Lehache Roy de Maroc, & pourquoy. 50
Mouley Hamet Meseréz Vice-Roy de Maroc. 54
Mouly Talbe frere de Mouley Hamet est mis en déroute par les Chavanets, 60
Mouley Hamet les met à la raison. 61

DES MATIERES.

Mort de Dom Francisco Carrion. 92
Mort glorieuse de Dom Pedro Lopez
  Gentilhomme Espagnol. 98
Mort de Mouley Archy. 111
Mouley Seméin marche contre Mouley
  Hamet son neveu Roy de Maroc. 118
Mort du Bacha Cidan. 130
Mouley Achem frere du Roy, chassé
  de Fez où il l'avoit estably Vice-Roy.
  170
Mort d'un renegat qui reconnut sa faute.
  249
Mort d'une femme du Roy & de son
  Chirurgien, & pourquoy. 252
Mouley Seméin assiegé par les Neges
  entre Zaimby & Guilaoa, où il perd
  son armée. 270
Mort d'Abdrahaman Filely Visir, &
  pourquoy. 277

N

pre- **N** Opces de Mouley Archy. 33
miere **N** secondes Nopces avec la
  Princesse de Riffe. 35
Nouvelle de l'arrivée d'un Ambassadeur d'Angleterre à Tanger, & ses
  presents, 84

O

ORrigine des Roys de Fez & de Maroc. 2

TABLE

Origine des Chavanets. 61

P

Prison d'Abdalazize Arafe. 26
Persecution contre les Chrêtiens. 58
Preparation de M. Hamer pour ses desseins. 102
Paix de Fez-Bellé. 149
Paix avec les Anglois. 203
Present de l'Alcayde Semac, & sa mort. 211
Paix de Maroc. 227
Peste generale. 247
Present magnifique du Gouverneur de Tanger. 279
Plaisirs du Roy. 280
Procession du Roy en temps de secheresse. 282
Presens du P. Jean de J. Maria. 285
Prise de la Ville de Tagazel. 302
Passe-temps du Roy. 319
Sa pieté envers les Prisonniers. 321
Son eloge particuliere. 327
Prise de Mamora sur les Espagnols. 327

R

Revolte de Mouley Archy contre Mouley Mahamet son frere Roy de Tafilet. 4
Ses prisons. 5
Sa liberté & tuë son Liberateur. 6

DES MATIERES.

Sa retraite aux Zaoüias, d'où il s'enfuit à Quiviane, où il est fait Ministre d'Estat. 7. & 8
Il surprend le Dar Michal, où il est declaré Roy. 10
Sa harangue au peuple. 11
Reduction de Miquenez. 36
Reduction des villes de Salé, d'Alcassar, d'Arzille & de Toutoüan. 40
Remontrance du Prince Ben-bucar à ses Chefs. 41
Reduction de Tarudant. 55
Retour de Mouley Archy à Fez, où il fait quantité de massacres. 56
Reduction des Chavanets. 67
Reduction de Haha. 68
Reduction de Sainte Croix & d'Illec. 71. & 74
Revolte de Mouley Hamet Vice-roy de Maroc. 100
Revolte de Fez-Bellé. 130
Revolte de Theza & du Riffe. 132
Reduction du Riffe. 134
Retour de Gayland dans les Algarbes. 136
Reduction du Dar Michal à l'obeïssance de M. Hamet à sa sortie de Theza. 146
Reduction de Theza à l'obeïssance de

TABLE

M. Seméin. 158
Retour de M. Larby néveu du Roy. 194

S

Siege de Fez-Gedide. 27
Surprise de cette Ville, & la reduction de Fez-Bellé. 29
Soûmission des Barbares des montagnes de Guilaoa & de Zaimby, & des Provinces de Dras & Toüet. 55
Signes apparus dans Fez-Bellé au dernier depart de M. Archy pour Maroc. 106
Siege de Theza par M. Seméin. 137
Et levé. 141
Siege de Maroc levé par les Chavanets pour venir au devant de M. Seméin. 156
Siege de Maroc par M. Seméin. 201
Surprise. 204
Siege de Tanger & prise du Fort Charles avec dix-huit pieces de canon. 288
Tarudant se donne à M. Hamet, où les Chavanets luy viennent offrir leurs services. 163
Trahison du Bacha de Maroc envers M. Hamet, qui le fait mourir. 190
Titre éminent que le Roy d'Angleterre

donne au Roy de Maroc par ses lettres, 309

Fin de la Table.

Ensuivent les noms des Familles illustres, & les plus confiderables des Provinces.

FAMILLES ILLUSTRES.

CElle des Cherifs de Tafilet d'où descendent les Roys dont j'ay décrit l'Histoire, porte les noms Delheusenin & de Meherez.

Celle des Drices descend du Fondateur de Fez vieille, & demeurent dans cette Ville.

Celle des Merinys descend des anciens Roys de Fez, qui fonderent Fez la neuve, & qui perdirent le Royaume à l'arrivée des Cherifs.

Celle des Arases anciens Princes du Riffe, dont Mouley Seméin a détruit les principaux Chefs, & ceux qui en sont restez sont avec Mouley Hamet.

Les Ben-yeticourts alliez des Arases, Seigneurs de Neticour dans le Riffe,

FAMILLES ILLUSTRES.
font auſſi avec Mouley Hamet.

Les Anacaciz parens du Prince Gayland, ſe retirerent aprés ſa mort dans la ville de Ceoüta, où ils vivent ſous la protection du Roy d'Eſpagne.

Les Hamemins font l'Alcayde Amar-Hadou Vice-Roy des Algarbes, & & l'Alcayde Haly Ben-Abdala Gouverneur de Toutoüan.

Filély, qui fut Vizir.

Zelquerin, grand Treſorier.

Menſano, Maiſtre d'Hoſtel ou des Serrails de Fez.

Gerary, qui fut Bacha ou General d'Armée.

Bortema, grand Alcayde, Gouverneur de Mouley Meherez fils aîné du Roy.

Boiſa, grand Eſcuyer.

Bouchiche, qui fut Alcayde des tentes de l'armée du Roy.

Rouſſi, Gouverneur de Fez vieille.

Marino, qui le fut de Salé, & Viceroy des Algarbes.

Squerdo, qui fut Gouverneur de Salé.

Pantouja, *Ibidem.*

Berry, Gouverneur de Miquenez.

Bouſta, General des Noirs du Roy,
&

FAMILLES ILLUSTRES.
& Gouverneur d'Arzille.
Marfauc, Gouverneur de Fez neuve.
Hifpany, General des Chavanets.
Abdrahaman Laiche, Intendant de la Marine de Toutoüan, Renegat Marfeillois, & fils d'un Conful.
Santiago, qui fut Gouverneur de la mefme Ville.
Lehache Tolimin, qui fut Ambaffadeur à la Cour.
Serhony, Bacha.
Loüéty, beau-pere de Mouley Archy & de Mouley Seméin.
Ben-jauja, Meftre de Camp.
Treme-ferry, *Idem.*
Meniny, Gouverneur de Salé.
Henden, Vice-roy de Tafilet & de Toüet.
Zamon, Intendant des bâtimens du Roy à Miquenez.
Mejudoub, Protecteur de Miquenez, où on luy a edifié une Chapelle.
Zebedé, Protecteur de Maroc, *Idem.*
Bona-fat, Protecteur de Fez neuve, où on luy a bâty auffi une Chapelle devant la Juifverie, les defcendans de ces 3. derniers font reputez pour Saints.
Mimaran, grand Checq des Juifs de tout le Royaume, & favory du Roy.

X

FAMILLES ILLUSTRES.

Celles des Provinces qu'on appelle Cabilles.

Linguet & Oülets de Lehache, sont dans la Province d'Alcaladia.

Loüety, dans la mesme Province.

Ben-yazega, est entre Fez & Theza.

Ben-ymelec, demeure dans la Province des Algarbes.

Ben-zeroël, dans les montagnes qui portent ce nom, & dans celles de Jebel-tebibe & de Chechoüan.

Serhony, dans les montagnes de Serhon.

Azerot & Safaro, dans les montagnes de Meluya, au déçà du fleuve.

Leguerizy, Sagaro, Hadet, Toudega, Secoura, Mougouna, Magaram, Sedrat, Touguedout, Itata & Zaimby, dans l'Athlas, de l'autre costé du fleuve, vers Tafilet & Sara.

Guilaoa, dans les montagnes qui sont au Sud de Maroc.

Ben-Bucar, dans celles de Zaoüias.

Urica, dans celles de Sus.

Line, en Sus.

Chavanets, partie sont avec Mouley Hamet, & l'autre partie dans l'Al-

FAMILLES ILLUSTRES.
caladia, proche de Melille.
 Chy, dans la Province d'Afciz.
 Sebahay, entre Salé & la Mamora.
 Chaoüia, dans la Province de Temefena.
 Geraras, dans celle de Haha.
 Oülets Amar, dans celle de Tadela.
 Mentays, dans celle de Duquella.
 Ludeya, proche de Miquenez.
 Et celles del Hamemin & d'Arafe, font dans le Riff.

Dignitez & Charges principales, avec quelques termes Arabes.

Empereur,	Emir.
Roy,	Sultan.
Prince,	Cherif.
Vice-roy,	Califa.
General d'armée,	Bacha.
Miniftre d'Eftat,	Vizir.
Secretaire d'Eftat,	Quetip.
Treforier,	Mouley le Mel.
Gouverneur de Villes, Provinces & Capitaines aux armées,	Alcaydes.
Gouverneur des Montagnes, ou des Cafilles des Arabes & Barbares,	Checq.
Lieutenant,	Bachouda.
Enfeigne,	Leleb.

X ij

TERMES.

Capitaine Corsaire	*Rays.*
Lieutenant Corsaire,	*Sous-Rays.*
Canonnier,	*Tapgi.*
Juge de Police,	*Le Haquem.*
Archers,	*Le Cadem.*

Termes.

Dieu,	*Alla, Arby.*
Jesus-Christ,	*Cid-na-ayfa.*
La Vierge Marie,	*Laceba-Mariem.*
Temple,	*Gema.*
Priere,	*Salla.*
Loy,	*Din.*
Prophete,	*Eneby.*
Juge souverain d'icelle,	*Le Cady.*
Prestre,	*Talbe.*
Religieux,	*Naquociz.*
Hermite,	*Morabite.*
Saint,	*Cüd.*
Martyr,	*Feed.*
Sage,	*Fequen.*
Chrestien,	*Menserany.*
Maure,	*Musulmin.*
Turc,	*Turqui.*
Juif,	*Liboudy.*
Payen,	*Quaifer.*

TERMES.

Paradis,	Gena.
Enfer,	Genema.
Le Ciel,	Cema.
La terre,	Lart.
Palais,	Mechoüar.
La mer,	Lebahar.
Le Soleil,	Chimche.
La Lune,	Gamera.
Les Eftoiles,	Injom.
Monnoye,	Draham.
Or,	Deeb.
Argent,	Mecora.
Perles,	Jora.
Diamant,	Liacot.
Pain,	Lecobus.
Vin,	Laincih.
Eau,	Elma.
Chair,	Lehem.
Veftemens,	Lehaoiche.
C'eft affez,	Alla herba.

J'en diray davantage au Traité de la Captivité.

Extrait du Privilege du Roy.

PAr Privilege du Roy donné à Chaville le 27. Aoust 1682. Il est permis à EDME COUTEROT Marchand Libraire à Paris, de faire imprimer, vendre & debiter un Livre intitulé *Histoire de Mouley Archy, connu sous le nom de Tafilet, & de Mouley Ismaël son frere & son Successeur à present regnant, Roys de Fez, de Maroc, de Tafilet & de Sus, &c.* composée par le Sieur MOÜETTE, en tels caracteres & volumes que bon luy semblera, pendant vingt années, à commencer du jour qu'il sera achevé d'imprimer pour la premiere fois: Et defenses sont faites à tous autres Libraires-Imprimeurs de l'imprimer, d'en vendre ny debiter de contrefaits, à peine de confiscation des Exemplaires contrefaits, d'amende arbitraire, dépens, dommages & interests, aux charges & conditions portées par ledit Privilege, & aux peines y contenuës. Signé, Par le Roy en son Conseil, DIGONO. Et scellé.

Enregistré sur le Livre de la Communauté des Libraires-Imprimeurs de Paris le 19. Octobre 1682.

Signé C. ANGOT, *Syndic.*

Achevé d'imprimer pour la premiere fois le 26. Janvier 1683.

Errata.

PAge 4. ligne 13. des Alceydes, *lisez* des trois Alcaydes.
P. 5. l. 7. il commança, *l.* il recommança.
Ibidem l. 12. de ne le luy. *l.* de ne luy.
P. 8. l 15. dans, *l.* sous.
Ibidem 18. *l.* une embuscade.
P. 16. l. 15. tournerent, *l.* se tournant.
P. 17. l. 7. *lisez* & luy dit que si.
P. 37. l. 10. Quivier. *l.* Quivir.
P. 51. L. 1. Ehceq. *l.* Checq.
P. 55. l. 6. Felquela. *l.* Ferquela.
P. 90. l. 19 Ehecq. *l.* Checq.
P. 97. l. 3. *Dillilks.* lisez *Dillilla.*
P. 100. l. 14. Ehecq. *l.* Checq.
P. 45. l. 24. Cahem. *l.* Achem.
P. 154. l. 24. Pierre *l.* Bernard.
P. 163. l. 6. *ostez* cependant.
P. 245. l. 9. *ostez* le.
P. 323. l. 1. *ostez* pour lequel il l'avoit voulu faire punir autrefois.
P. 336. l. 19. Pierre. *l.* Bernard.
P. 350. l. 12 la. *l.* le.
P. 351. l. 1. la *l.* & le cinquiéme & dernier.
P. 401. l. 25. Valadil *l.* Valadie.
P. 423. l. 19. melay, *l* magazin.

CPSIA information can be obtained
at www.ICGtesting.com
Printed in the USA
BVHW041330180620
581804BV00012B/649